Karin Michalke

Auch unter Kühen gibt es Zicken

Das wahre Leben auf der Alm

Mit 30 Farbfotos und fünf Rezepten

Piper München Zürich

Mehr über unsere Autoren und Bücher:
www.piper.de

Dem lieben Lä einen Gruß in den Himmel

MIX
Papier aus verantwortungsvollen Quellen
FSC® C014496

Erweiterte Taschenbuchausgabe
1. Auflage Mai 2014
2. Auflage Oktober 2014
© 2012 Piper Verlag GmbH, München,
erschienen im Verlagsprogramm Malik
Umschlaggestaltung: Birgit Kohlhaas, www.kohlhaas-buchgestaltung.de
Umschlagabbildung: Eckhard Waasmann
Innenteilbilder: Ulrike Hofbauer (Tafeln 1, 3 u., 4 o., 5, 13 o. r.);
Caro Kipka (Tafeln 10 u., 11 u.); Karin Michalke (Tafel 8);
Ulrike Molsen (Tafeln 6 u.); Maria Reinhard (Tafeln 6 o., 7 o.);
Reinhard Schulte (Tafel 2 o.); Eckard Waasmann (Tafeln 2 u., 3 o., 4 u., 7 u.,
9, 10 o., 11 o., 12, 13 o. l., 13 u., 14–16)
Satz: Sieveking print & digital, München
Gesetzt aus der Antiqua
Druck und Bindung: GGP Media GmbH, Pößneck
Printed in Germany   ISBN 978-3-492-30523-5

Inhalt

Liebe, Sehnsucht, oder wo ist dann die Alm?

Die Alm und das Leben   8
... und vor mir steil bergauf   22
Almauftrieb   43
Nelly   49
Gäste   55
Butter und Blumenwiese   68
Baatz   76
Auf und ab und unter Wasser   82
Bergmesse   88
Nächtlicher Hirsch   94
Zauberblumen   98
Abschiedskränze   102
Almabtrieb   119
Hampi   127

Ein paar Jahre und dazwischen

I wohn wo   142
So groß wie die Welt   159
Auf d' Oim roas'n   163
Kaas oder Kniescheib'n   185
Ein seltsamer Tag   205
So staad   221
Flieg vom Sonnenaufgang   227
Heuwetter   230
Heimgehen   243

Epilog   252
Dank   257
Glossar   258

Liebe, Sehnsucht,
oder wo ist dann die Alm?

Teil 1

Die Alm und das Leben

Ich hatte keine Ahnung, worauf ich mich einlasse.

Ich hab gedacht, was man halt so denkt, über die Alm. Blumenwiese, Bergluft, Milchkaffee am Hausbankerl, Glockenbimbam über sanften Sonnenhängen, weite Touren über wilde Grate, Vollmond überm Gipfelkreuz.

Große Freiheit, großes Glück.

Ich hab nicht an so viel Regen gedacht. Nicht an ein zweites Paar Bergschuhe, wenn das erste aufgeweicht ist. Und auch nicht ans tausendste Mal, dass mich einer fragt: »Sagt do dei Freind nix, wennst' so alloa auf da Alm bist? Ha? Hähä.«

Doch, sagt er schon. Er ist mein Exfreund mittlerweile.

Mein Glück hab ich dann schon noch gefunden. Aber ganz woanders, als wo ich's gesucht habe.

Man kommt halt nicht mehr so runter ins Tal, wie man hinaufgegangen ist auf die Alm.

Wir waren ein Traumpaar. Faust auf dem Auge. Zündschnur am Dynamitfass. Wäre bei unserer ersten Begegnung nicht ein zirbelvertäfelter Mauersturz zwischen ihm und mir gewesen, ich hätte ihm möglicherweise da schon ein Glas auf den Kopf gedroschen.

Dabei war ich damals der Sonnenschein auf der Alpenvereinshütte. Ein Übernachtungshaus für Bergtouristen auf 1900 Metern. Mein Arbeitsplatz war der Quadratmeter hinter der schummrig beleuchteten Bierschankanlage.

Und er war einer von 180 Mountainbiker-Übernachtungsgästen auf dem Weg zum Gardasee.

»Ja, bittschön?«, habe ich ihn gefragt. Lächelnd, hell und strahlend wie immer.

»A Woaz'n.« Das bedeutet Weißbier in meiner Heimat, dem oberbayrisch-schwäbischen Grenzland.

Alles hätte er sagen können. Ganz egal. Er hätte so viele Weißbiere von mir haben können, wie er trinken kann. Aber nicht in diesem Dialekt. Ein Wort, und schon tut sich vor mir das ganze weite, öde Nichts auf, das ich so mühsam hinter mir gelassen habe.

»A Woaz'n.«

Ich hab den Zapfhahn losgelassen, anstatt ihm einfach sein Weißbier einzuschenken, für das er sich bedankt, es an seinen Platz getragen und getrunken hätte, und danach vielleicht noch eins, und am nächsten Morgen wäre er eh davongeradelt, nach Italien rüber, und fertig. Hätte ich machen können. Aber ich hab ihn aus glühenden Augenschlitzen fixiert, unter dem Zirbelmauersturz durch. Und habe ihn gefragt:

»Wo kommst'n du her?«

»Des wer'sch du 'ed kenna.« Er hat gegrinst, breitbeinig dastehend wie ein Top-Fußballer auf dem Mannschaftsfoto.

»Täusch dich nicht«, hab ich gesagt. Scheinbar sanft. Scheinbar ein Kätzchen.

»Aus Ampfling.« Das Grinsen eines Siegers nach dem Spiel.

»Ha, kenn ich!« Ab hier hab ich ihn wohl eher angefaucht, als mit ihm geredet. »Ampfling hinterm Botzberg.«

Der Botzberg ist die Landkreisgrenze, wo Oberbayern aufhört und Schwaben anfängt. Der äußere Rand der zivilisierten Welt. Und alles, was hinterm Botzberg ist – Verdammnis.

Ich komme aus Tandern. Ein Dorf, auch am Rand der Welt. Auch ein Nichts. Aber ich liebe es, und es liegt *vorm* Botzberg. Ampfling dagegen – ganz finster. Was er nicht wahrhaben wollte. Ich hätte es ihm beinah nicht eingeschenkt, sein Weißbier.

Im Frühling waren wir ein Paar. Das Schicksal hat es uns aufgezwungen. Eine gemeinsame Skitour, und er hat mir den kompletten Lempersberg entlang vom Scheitern seiner Ehe erzählt. Bis zum Rotwand-Gipfel hab ich's ausgehalten. Aber dann war meine Wut so groß, dass ich, ohne eine Millisekunde zu zögern, über die große Schneewechte in die Nordrinne runtergesprungen bin und eine Spur in den Schnee gelegt habe wie noch nie in meinem Leben. Eine Spur wie eine Legende. Und dann hab ich hinaufgebrüllt zu der Schneewechte und zu ihm: »Zum Scheitern eines Lebensmodells gehören immer zwei! Aber auf dich gehen mindestens 70 Prozent!«

Trotzdem ist er über Nacht geblieben, und um mich war's für die nächsten zwei Jahre geschehen.

Für ihn war's nur logisch, dass ich bei ihm einziehe, in das Haus, das er mit seinen eigenen Händen gebaut hat. Und dass ich sein Leben mitlebe. Es »teile«. War ja alles da. Große Küche. Waschkeller. Gepflegter Garten. Drei zu füllende Kinderzimmer, zwei Bäder, zwei Balkone. Schlafzimmer mit Schreiner-Einbauehebett und Ahornparkett auf den kompletten 300 Quadratmetern. Keine normale Frau kann zu so was Nein sagen. Es kann also nur ein Ja infrage kommen. Ja zu Fußballfreunden und Spielerfrauen. Zum Dorffriedhofsbild an Allerheiligen. Zu den Kindergartenmüttern mit ihren immer aktuellen Frisuren. Und ihren Luxuseinbauküchen mit all ihren Top-Elektrogeräten, mit denen sie ihre Männer versorgen.

Aber ich war keine normale Frau. Ich wollte Musik um mich haben. Und verrückte Gestalten in verrauchten Kneipen. Ich war gerade mit der Filmhochschule fertig und wollte die Wahrheit über das Leben und die Liebe herausfinden. Kein Tag war wie der andere. Und dann war da noch mein »depressives Syndrom«. Johanniskrauttabletten haben nicht wirklich geholfen. Schon eher Berge. Die waren gut. Ich hab meinem Freund also einen Deal vorgeschlagen: Noch einen Sommer Berg. Auf einer Alm. Und dann, im Herbst, werd ich's versuchen. Anfangen, dein Leben zu teilen ...

Ich war voller Euphorie und wäre doch am ersten Hindernis schon fast gescheitert: Wie eine Alm für einen Sommer finden?

Am einfachsten wär's gewesen, wenn ich jemanden gekannt hätte, der eine Alm hat. Hab ich natürlich nicht. Also hab ich mich beworben, beim Almwirtschaftlichen Verein in Miesbach, Oberbayern. Dort steht der Bürostuhl von Maria Haller. Und der ist Dreh- und Angelpunkt im Almgeschäft. Bei der Maria melden sich alle: die Almbauern, die noch Senner suchen, und die potenziellen Senner, die eine Alm suchen. Maria macht's möglich.

Ich hab gezittert, als ich ihre Nummer gewählt habe.

»Hallo, äh, Grüß Gott, ich such eine Alm ...«

»Mhmmmm ...«, hat sie gesagt und in Zetteln geblättert. »A bissl spät bist' hoid dro.«

Almjobs werden im Januar und Februar vergeben. Zu Lichtmess, dem traditionellen Dienstbotentag am 40. Tag nach Weihnachten, muss der ganze Wer-was-wann-wohin-Zirkus über die Bühne sein. Auch im 21. Jahrhundert.

Jetzt ist Ende März ... Das wird also schwierig. Außer es springt kurzfristig jemand ab. Das mögen sie gar nicht, die Bauern. »So was tuat ma einfach ned. Zefix.«

Schaut nicht gut aus mit meinem Ausweg aus dem Siedlungsneubau.

Doch eine Woche später hat Maria gleich zwei Telefonnummern für mich:

Zweimal Juni bis September.

»Host' so lang Zeit?«, fragt sie.

Ich nicke entschlossen ins Telefon.

»Oiso: Viecher hüten, melken, Milch verarbeiten und ausschenken, wenn a Ausschank dabei is. Is scho vui Arbeit.«

Wieder nicke ich.

»Packst' des?« Maria wartet einen Atemzug lang auf eine ehrliche Antwort.

Rindviecher und Touristen, denke ich. Und leise sag ich: »Gäste kann ich im Schlaf.«

»Na, schau. Dann wer'ma doch was finden für dich.«
Also hab ich angerufen.

Almbauern fragen nicht viel. Kein Warum und Woher, und was erwartest du von deinem ersten Almsommer, und bist du glücklich in deinem Leben. Es ist alles viel einfacher. Viel klarer. Zwei Anrufe. Vier Fragen, acht Antworten.

Erster Anruf:
»Warst' scho moi auf ana Oim?«
»Nein.«
»Und mit de Viecher konnst'as? Meycha, kaasen, buttern?«
»Äh, nein, leider.«
Absage Nummer eins.

Zweiter Anruf:
»Warst scho moi auf ana Oim?«
»Nein, aber ich lern schnell.«
»Und mit de Viecher konnst'as? Braucha scho hiat'n, is a weit's Gebiet.«
»Äh, ja, das krieg ich schon hin, glaub ich ...«
Absage Nummer zwei.

Wer hätte das gedacht.

Vielleicht haben sie recht. Ich bin noch nie auf einer Alm gewesen. Kann weder melken, noch habe ich mich jemals in meinem Leben mit der Herstellung von Butter, Joghurt oder Quark befasst. Außer vorm Kühlregal. Ich kenne keine Giftpflanzen und keine Heilkräuter. Ich habe keinen blassen Schimmer, wie man eine Kuh besamt. Für den Fall, dass das auch zu den Aufgaben einer Sennerin gehören sollte ... Was ich nicht hoffe.

Vielleicht war das eine Schnapsidee mit dem Sommer auf der Alm.

Mitte April hatte ich schon alle Hoffnungen in den Wind geschrieben. Bis zu dem Anruf von Matthias Maier.
»Jaaaa, Grüß Gott, is des no aktuell bei eahna mit da Oim?«
»Ja«, krächzt es aus meinem Hals.

»Jaaa, bei mir aaaa.«

»Ja, sehr gut, dann ...« Dann was? Dann lieber doch nicht? Juni, Juli, August, September in einer Hütte hocken und Viecher hüten? Kein Strand, kein Meer, kein Open-Air-Konzert, kein Public Viewing während der Fußball-WM.

»Ich weiß nicht ... bin mir nicht sicher, ob ich ...«, stottere ich. Und dann zähl ich auf: »Okay, ich glaube, ich bin mutig genug, nachts allein zu sein, mit den leisen Geräuschen, die eine einsame Almhütte macht. Aber ich kann nicht garantieren, dass ich jeden Tag um halb sechs aufwache. Und dass ich's bis September aushalte, nur mit mir allein. Hab ich auf der Alm ein Handynetz – kann ich meine Therapeutin anrufen? Was mach ich in der Zeit mit meiner Katze? Ich frag mich, ob mich jemand besuchen kommt. Was ist mit Heimweh? Ein Sommer ist lang.«

Das alles plappere ich in den Hörer. Es ist ein Wunder, dass Matthias Maier am anderen Ende nicht kopfschüttelnd vor Unglauben den Hörer auflegt und seufzt: »Ah, ah, ah, ah, ah, ah, wie weit is'n kemma mit die Weiber?!«

Als ich aufhöre zu plappern, herrscht Stille im Telefonhörer. Und die Stille fragt mich: Was willst'n – was willst'n wirklich?

Als kleines Mädchen bin ich an der Hand meines Opas vor einer schwarz geräucherten Almhütte im Zillertal gestanden. Mit großen Augen hab ich die Kühe in den Stall gehen sehen. Ein runzliger Mann mit silbernen Augen hat sie gemolken. In dem Stall war's stockfinster. Aber die Milch war wie ein leuchtend weißes Schaumbad in dem Holzeimer. Ich hab dem Opa Löcher in den Bauch gefragt. Warum sind das graue Kühe und bei uns daheim sind sie fleckig? Hat der Mann keine Melkmaschine? Gehen die Kühe dann wieder raus? Dürfen die nicht im Stall schlafen? Beim Opa haben die Kühe *immer* im Stall geschlafen.

Mein Opa hat seine Landwirtschaft aufgegeben, als ich vier war. Ein Drama. Sein Kuhstall ist heute eine Garage. Und aus meiner ganzen Familie hat nur meine Tante Sophie einen Bauern geheiratet.

Mit 19 hab ich meine Leidenschaft für Kühe vergessen. Ich bin ein Bergfex geworden. Im Winter skilehrern und im Sommer bedienen auf der Berghütte. Jeden Tag um halb sechs in der Früh, wenn ich mit geschwollenen Augen und Wollmütze auf dem Kopf Wursträdchen auf 150 Bergsteiger-Frühstücksteller verteilt habe, hat der brasilianische Kuhhirte von der Alm nebenan seine Kühe an meinem Küchenfenster vorbeigetrieben. Jeden Tag im Trikot von »Zico«, Weltfußballer des Jahres 1983. Jeden Tag hab ich ans Fenster geklopft und ihm ein Wurstbrot rausgereicht.

»Oi, Zico!«

»Obrigado, Lucy-in-the-sky.«

»De nada.«

Zico hat mich nach einem Schlager benannt, weil er sich den leichter merken kann als meinen Namen. Er ist anders als alle Menschen, die ich bisher getroffen habe.

In Zicos Augen hab ich's gesehen. Das höchste Leben. Kristallklar. Über Almwiesen laufen. In abgeschnittenen Jeans und Zico-Trikot den ganzen Tag. Die Sonne und den Bergwind auf der Haut, die davon faltig wird und bronzebraun. Und seitdem weiß ich's: So will ich leben. So hoch droben auf dem Berg.

»Ja, sehr gut, dann ...«, sage ich in das stille Telefon.

»Oiso, mir waarn dahoam.« Matthias Maier ist noch dran.

»Jetz' gleich?«

»Ja freile.«

Also fahre ich hin. Ein kleines Dorf, gleich neben der A8, und dann ein Stück den Berg rauf. Man sieht den Chiemsee von hier.

Ein wunderschönes altes Bauernhaus schaut mir entgegen. Links daneben ein nicht ganz fertiges neues. Hausnummer 1 und 2. Zwei Kühe und ein Pony grasen auf der Wiese, und direkt auf der Zufahrt pickt der komplette Hühnerstall

Delikatessen aus dem Kies. Ich fahre Schlangenlinien durch die Hühner, bis eine Katze sich vor mein Auto setzt. Selbstbewusst wie ein Löwe. *Keinen Millimeter rühr ich mich da weg,* sagt sie. Also lasse ich den Passat stehen, wo er steht, steige aus, gehe um die Katze herum zur Haustür, und da kommt er mir schon entgegen, in Schnittschutzhose und Hut.

»Aaaahh«, zwirbelt er unter seinem Schnurrbart heraus, wischt sich die Hände an seinem graugrünen Arbeitshemd ab. Er marschiert mit ausgestreckter Hand auf mich zu, kratzt dann aber seinen Hinterkopf, hin- und hergerissen, und verschwindet durch den engen Spalt von zwei großen Schiebetoren in seine Werkstatt. Ich sehe seine kräftige Gestalt zur Werkbank huschen, etwas suchen. Mit einem Fotoalbum und einem massiven Schlüsselbund in der Hand kommt er schließlich zurück.

»Ich bin die ... Äh, ich hab angerufen«, japse ich eilig, denn irgendwie rechne ich damit, dass er schnurgerade an mir vorbeiläuft, auf seinen Traktor springt und rausfährt ins Holz, um noch die paar Baumstämme rauszuschleifen, zu denen er gestern nicht mehr gekommen ist. Doch er gibt mir die Hand. »Maier Matthias. Aber do hoit' ma uns ned auf mit Sie und so weider. I bin da Hias.«

Ich schüttle seine Holzfällerhand. »Soll ich woanders parken? Die Katze ...«

»Naaa, naaa, mir roas'n eh glei.« Hias eilt voraus zur Haustür. Ich hinterher. Mit einem der vielen Schlüssel sperrt er auf.

»Amiiiii!«, schreit er die Treppe hinauf. »'etz waar' ma do!«

Ami ist seine Frau Amalia. Sie hat Kaffee gekocht, Kuchen gebacken und den Tisch in der »scheena Stu'm« gedeckt. Ihr Hochzeitsfoto hängt am besten Platz an der Wand. In Tracht haben sie geheiratet, wunderschön. Ihre Haare ein geflochtener Kranz um ihr strahlendes Gesicht.

Sie haben drei Mädel und einen Buben. Wir quetschen uns alle nebeneinander auf die Eckbank. Denn dort auf dem Tisch liegt das Fotoalbum. Die Alm, fotografiert in allen Jahreszeiten. Amalias Zeigefinger zeigt auf Nachbarn, Sennerinnen, Jäger, Kühe, Schweine, Puten und Hirsche. Alle Augen folgen ihrem Zeigefinger, alle lauschen ihren Erzählungen. Ab und zu gackert eins der Mädel dazwischen. Und so versinken sie vor meinen Augen in einer anderen Welt. Eine, von der ich keine Ahnung habe. Eine Welt aus Almsommern. Irgendwie versinke ich sogar mit. Ich kann mir zwar nicht merken, wer wer ist, wer noch lebt oder wer schon tot ist. Und doch sind mir die Gesichter auf den Fotos nicht fremd. Als würde ich sie schon lange, lange Zeit kennen. Alle gehören zur Almgeschichte. Und ich stecke mittendrin.

»Host' Schi dabei?«, fragt der Hias, nachdem niemand mehr auch nur ein Brösel Käsekuchen mit Zebramuster essen kann.

»Ja.« Ski hab ich dabei. Durch Zufall, weil ich gestern eine Skitour gegangen bin und zu faul war, mein Auto auszuräumen.

»Na werst d' Hütt'n scho o'schaun wolln.«

»Ja, wenn das geht?«

»Geh, die is doch no zuag'schniem«, sagt Amalia.

Aber Hias winkt ab. Hütt'n o'schaun ist wichtig.

Auf zwei Meter langen hölzernen Langlaufplatten latscht Hias mir voraus durch den Wald. Knietief schlängelt sich seine Spur durch den nachmittagsweichen Sulzschnee. Es ist nicht steil, aber finster. Ich folge ihm schnaufend zwischen den Bäumen durch. Flupp-flupp-flupp federn seine Schritte, wie aufgezogen. Wie macht er das nur, auf solchen Brettern? Ich seh's schon kommen, beim Runterfahren, wie Hias elegante Telemarkbögen in den Bruchharsch zeichnet und sein Jägerrucksack die Schneebatzen von den Fichtenzweigen bolzt, während ich hinter irgendeinem Baumstamm meine Hightech-Atomics ausgrabe. Bergmensch. Hat er keine vernünftigen Ski oder braucht er keine?

»Die Tourenski hob i verhoaz'n miass'n«, brummt er mir, rückwärts schauend, zu. Und dann nuschelt er: »Z' g'fährlich, hot's g'sogt, d'Frau. Wennst' Kinder host, werd ois anders ...«

Dann rutscht er mit einem kräftigen Stockschub unter ein paar dunklen Fichten durch, hinaus auf eine offene, weiß glitzernde Wiese.

Wow, denke ich, was ist denn das? Ich atme tief ein. Das ganze Licht, dieses Schneeleuchten, der eisblaue Himmel – kann das echt sein?

»'s Paradies«, brummt Hias.

»Ah«, sage ich. »Schön.«

»Do«, – ich blinzle, wohin sein ausgestreckter Bambus-Skistecken zeigt – »Lauber-Hütte.«

Ein Stück unterhalb, im Waldschatten seh ich den rauchenden Kamin. Die weiß-blaue Fahne, ein Snowmobil und 15 Schlitten vor der Tür. Die Lauber-Hütte muss für Hias ein extrem vermeidenswerter Ort sein. Er zieht einen Eimer voll Luft durch seine Nase und senkt den Blick auf seine Holzski. »Naaa, i sog's da«, und wir schlagen einen leichten Bogen um das Gasthaus und schieben uns leise über den sanften weißen Hügel vor uns.

Auf der anderen Seite ist es still. Wir stehen in einem sanften Kessel. Eine kleine Senke, in den Berg gestreichelt. Man sieht, wo unter dem Schnee der Weg verläuft, zwei Kurven an einer Kuppe entlang und dann um ein kleines Fichtenholz herum. Meine Augen saugen das alles auf. Und ohne dass ich etwas gemacht hätte, laufen meine Ski dort hinunter.

Dann stehen wir vor der Hütte. Eher ein Schneehaufen mit einer weißen Giebelspitze. Eigentlich sieht man nur das Stallgebäude daneben. Als hätte ich das schon hundertmal so gemacht, schnalle ich meine Ski ab und geh auf den zugewehten Türstock zu.

»So, kennst' di scho aus«, brummt Hias.

Er hat Lawinenschaufeln dabei und zwei Flaschen Bier. Wir graben die Tür aus. Und wo wir gleich dabei sind, schrauben wir auch die Wintertür ab. »A so vui werd's 'etz nimmer schneim.«

Drinnen ist es dunkel. Vor den Fenstern die meterdicke Schneewechte.

Ich trete in den Raum voll abgestandener Winterluft, als wäre ich nach langen Jahren endlich zurückgekehrt. Diese Alm, das ist seltsam, erkenne ich von irgendwoher wieder. Aber ich war noch nie hier. Bestimmt nicht. Früher, hör ich einen Gedanken.

Früher.

»Griaß di, Hütt'n«, flüstere ich. Manchmal trifft man jemanden zum ersten Mal und denkt: Ach, *da* bist du!

Man kennt sich, als hätte man schon ein ganzes Leben miteinander verbracht. Nur vielleicht woanders.

Es stinkt bestialisch nach Ziegenbock.

»Pilatus«, stellt der Hias vor. Pilatus hängt an der Wand. Ausgestopft. Mit beeindruckenden Hörnern.

Hias holt eine massive Taschenlampe unter der Spüle heraus. Die macht Baustrahlerlicht. Eine nagelneue Spüle, bemerke ich. Edelstahl. Und eine Granitplatte, 1,50 Meter mal 2,80 Meter, trennt den Ausschankbereich vom Gastraum. Da wird jeder schön auf seiner Seite bleiben. Bauer dahinter, Gast davor. Klare Sache.

»I hob'n gern mög'n«, brummt der Hias. Gespenstisch fällt der gleißende Lichtkegel auf Pilatus' Antlitz. Seine Augen glimmen fast lebendig zu uns herunter.

»Aber dann hot'a die Ami o'packt, mei' Frau. Und des ...« Zwischen Hias und Pilatus entsteht ein magnetisches Flimmern. Das bestimmt auch vom Batteriescheinwerfer und dem Winterstaub in der Luft kommen kann. Trotzdem merke ich, wie ich den Atem anhalte.

Hias geht bedächtig, fast lautlos, weiter in die Stube. Dort ist es finster wie in einem rußigen Kamin. Man sieht nur den Lichtkegel über die Wand geistern. Dunkel gebeizte Holzwand. Rundrum eine Bank. Drei schmale, lange Holztische, rechts ein fast deckenhoher Ofen, moosgrün gekachelt. Und links im Eck ein grob geschnitzter Jesus am Kreuz. »Den hot' ma der Haus'n Sepp g'schnitzt«, murmelt Hias, und eine stille Sekunde vergeht, bevor der Lichtkegel weiterschwirrt.

»Do – unsere Ahnen.«

Spot auf ein Schwarz-Weiß-Foto an der Wand. Das erste in einer ganzen Reihe zum geschnitzten Jesus hin.

»Ludwig der Erste.« Ein Jäger mit weißem Bart und sein Hund. Stolz hebt sich ihrer beider Blick über den toten Hirschen, der quer vor ihnen liegt. Das Geweih ist höher als der Hund.

Spot auf das Foto links von Ludwig. »Leopold.« Ein stämmiger Patriarch mit Hut. Auch schwarz-weiß. Man ahnt die Flinte über seiner Schulter.

Noch eins weiter. »Ludwig der Zweite.« Ein kleiner, weich aussehender Mann. Ich glaube, er hätte lieber den erlegten Riesenhirschen gestreichelt und wieder lebendig gemacht, als den Fuß draufgestellt, fürs Foto.

»Alle scho tot«, raunt Hias. Nachdenklich leuchtet er seinen Jesus an. Leben und Tod, Himmel und Hölle und der Sinn von allem flattern in einem Augenblick durch die Stube.

Es folgen Leopold der Dritte, Korbinian und ein leerer Fleck an der Wand:

»Bolko.«

Ich schlucke. Wer ist Bolko?

»Abkürzung für Bogislaw.«

Bogislaw?

»Der jetzige Baron.«

Kein Foto?

»Der lebt no.«

O Gott. Kriegt der erst ein Foto, wenn er tot ist?

»Hob i dahoam, muass i no aufhänga.«

Puh.

»Mogst' a Bier?«

Ja.

Hias nickt den Baronen zum Abschied, macht die Tür zur Stube zu, und im Vorbeigehen tätschelt er Pilatus' Wange. »So, Oida, sama wieder da.«

Draußen im Schnee macht er zwei Halbe auf. Skeptisch schielt er mich an. Weit draußen hinter Rosenheim hängt die glutgelbe Sonne. Der Schnee ist ein Parabolspiegel.

Es ist so weit. Ja oder nein.

»Also, ich würd' gern kommen, im Sommer.«

»So, so«, sagt er.

Ich warte. Ein kleiner Schneeklecks fällt vom Rosenstock neben der Tür in das Schneeloch, das wir als Eingang geschaufelt haben.

Er nickt.

Ich nicke.

Und jetzt trinken wir unser Bier. Jeder für sich, die Flasche kurz angehoben, zu sagen ist sowieso nichts mehr.

Der Goldschnee um uns herum färbt sich rosarot und dann zu einer nächtlichen Version von Blau, die ich noch nie gesehen habe. In der Hütte wachen langsam die Ahnen auf, der Hias räumt noch zusammen, was er zusammenräumen will, und ich sag leise: »Pfiadi derweil.«

Wir packen's. Zuerst über den kleinen Hügel wieder rüber und oberhalb der Lauber-Hütte vorbei, übers Paradies und hinein in den Wald. Ich sehe nichts mehr. Der Wald schluckt das nachtblaue Licht. Wie erwartet ist Hias auf seinen Zaunlatten weit voraus, und ich höre, wie sein Jägerrucksack Schnee von den Bäumen bolzt. Und wie erwartet grabe ich mich ein. Klassischer Fahrfehler. Meine superbreiten Powderlatten stecken unter dem angefrorenen Schneedeckel, mein Hintern in einem Loch, und ich ahne, dass das, worin ich hocke, im Sommer ein Froschteich ist.

Es dauert ein bisschen, bis ich mich ausgegraben habe. Der Hias ist längst außer Sichtweite, und ich bin mir nicht sicher, ob ich durch den dusteren Wald überhaupt noch einer Spur folge. Und gerade, bevor mich eiskalt von hinten ein Gedanke anspringen kann, mit dem ich nicht gerechnet hätte, hör ich ihn pfeifen.

»Ich bin schon daaaa!«, schreie ich und sause im Schuss auf ihn zu. Der Gedanke war: Scheißalm.

Drunten in der Stube hat Amalia Brotzeit für zwölf Mann hergerichtet.

»Und, was habt's ausg'macht?«

Hias verschwindet, Worte oder einzelne Silben murmelnd, irgendwohin. Unter die Dusche wahrscheinlich.

Amalia stellt einen Teller vor mich hin.

»G'fallt dir d'Hütt'n?«

»Ja. Wir haben die Tür ausg'schaufelt.«

»Na, sog! War no so vui Schnee?«

»Ja, schön is.«

»Mhm, ja, schee is scho auf da Oim, gell.«

Wir essen. Zwei Brote mit Frischkäse und Essiggurken, eins mit Tomate.

Bis der Hias zurückkommt, eilig, frisch geduscht und entschlossen zu reden.

»Oiso, für di waar de Sach ... in Ordnung, sagst.«

Ich nicke. Mit meinem ganzen Herzen.

Er sollte Fragen stellen. Nach meinen nicht vorhandenen Qualifikationen.

»Ich mag Tiere«, sage ich vorauseilend.

Das bringt mir einen skeptischen Blick vom Hias ein. Nicht, weil er ein Bauer ist und Bauern grundsätzlich keine Tiere mögen. Das ist ein Vorurteil. Natürlich mögen sie ihre Tiere. Es ist vielleicht eher ein mögen auf geschäftlicher Basis. Kühe und Bauern sind füreinander Lebensgrundlage. Existenzsichernd. Keine herzerfrischenden Freizeitgefährten oder Familienmitglieder, Freunde, Lebenspartner. Hund statt Kind, Hund statt Mann. Und deswegen kann ich mir vorstellen, dass so mancher Bauer schon schlechte Erfahrungen gemacht hat mit jungen Frauen, die »Tiere mögen« oder, noch schlimmer, »Tiere lieben«. Weil wir Tierliebhaberinnen das Prinzip Landwirtschaft nicht verstehen und wie viel das alles mit Tradition und dem Selbstbild ganzer Generationen zu tun hat.

»Melken lern ich noch, und ich ... wir haben Pferde daheim«, erkläre ich weiter.

»Jaaa ...«

Und mein Opa hat einen Bauernhof gehabt, bis ich vier Jahre alt war. Und ich weiß nicht mehr, was ich sonst noch sagen soll. Es gibt kein logisches Argument *für* mich.

»Dann pack' ma o mitanand«, nuschelt Hias.

Okay.

»Anfang Juni trei'm ma auf.«

Aha.

»Almauftrieb«, sagt er, bewusst langsam und deutlich, in meine großen leeren Augen hinein.

»Ah, ja«, stammle ich.

»Konnst aber vorher aa scho kemma.«

Gut.

Sehr gut.

Ich geh auf die Alm.

... und vor mir steil bergauf

Noch sieben Wochen normale Lebenszeit bis zum Almauftrieb. Der Versuch, bis dahin Ordnung in mein Leben zu bringen, scheitert glorreich. Meinen VW Passat bringe ich so, wie er ist, nicht durch den TÜV. Meine Kondition ist am Boden, aber auf der Alm muss ich fit sein. Mein Drehbuch wird verfilmt. Doch anstatt das zu feiern, romantisch, mit meinem Freund, und große Träume zu spinnen, fangen wir eine Diskussion über meine Defizite im Haushalt an. Die ich beende. Mit dem Knallen der Haustür, massive Eiche, und einem Schrei, gebrüllt durch sein terrakottagefliestes Treppenhaus: »Hey!! Des Oanzige, wos i bügel, san meine Ski!!!«

Wo soll das hinführen, im Herbst ...

Nicht nachdenken. Ich muss melken lernen.

Gott sei Dank hat meine Tante Sophie noch ein paar Kühe im Stall. Sie ist meine Rettung. Sie kann melken, kranke Euter behandeln, Kälber auf die Welt bringen, Spritzen geben, Hustensaft einflößen.

Also. Lektion eins: Melken.

Meine Tante drückt mir ein Melkzeug in die Hand.

Ein Melkzeug besteht aus vier gummiverkleideten Zitzenbechern, von denen Gummischläuche zu einem Sammelstück führen, das wiederum per Gummischlauch mit der Absauganlage verbunden wird. Die Absauganlage pumpt die Milch in den Kühltank im Millikammerl. Auf der Alm gibt's keine Absauganlagen, und Kühltanks auch nicht. Auf der Alm gibt's Melkeimer. Aber im Prinzip ist das das Gleiche in Klein, sagt meine Tante.

»Jetz' schau her.« Sie rubbelt das Euter der ersten Kuh sauber, und schwupp-schwupp-schwupp-schwupp – stülpt sich das Melkzeug aus ihren Händen wie von Zauberhand ans Euter.

Tsch-g-tsch-g-tsch-g macht es, und schäumend weiß saust die Milch durch das Absaugrohr.

Eine Melkmaschine erzeugt ein Vakuum. Getaktet von einem Pulsator. Saugen, Pause, Saugen, Pause. Daher das Tsch-g-Geräusch beim Melken. Dieses Geräusch, ich weiß nicht, warum, macht mich selig. Wenn ich an einem Kuhstall vorbeigehe, und es ist Melkzeit, und ganz leise surrt die Melkmaschine, und ich höre dieses Tsch-g-tsch-g-tsch-g, hüllt mich Frieden ein. Bleib ich stehen und hör zu. Glückshormone.

»Oiso?« Meine Tante hält mir Lappen und Eimer hin.

Jetzt also ich.

Ich rubble das Euter der zweiten Kuh sauber, und wie ich schon dastehe, ist falsch.

»Weg von de' Hinterhaxn«, warnt meine Tante.

Ich rücke also weiter zum Bauch der Kuh, nehme drei Zitzenbecher des Melkzeugs irgendwie in die linke Hand, den vierten in die rechte und ziele damit auf eine Zitze. Chhr, macht das Vakuum und saugt. Ha! »Jetza, schnell!« Also packe ich den nächsten Zitzenbecher, ziele, das Vakuum macht cchhhrrrrrrrr und pfffpffflllpp – und das Melkzeug liegt im Dreck.

»Ja, do muasst' schau'n dass'd koa Luft neilasst«, bestätigt meine Tante.

Ich klaube das Melkzeug aus dem Dreck, geh damit ins Millikammerl und wasche. Alles, was mit Milch in Berührung kommt, muss klinisch sauber sein. Keine Kolibakterien, keine Streptokokken, keine Schwebeteilchen.

Und dann versuch ich's noch mal. Euter sauber rubbeln, eins-zwei-drei-vier Zitzenbecher anstecken. Schnell und zügig. Ein Kalb tut auch nicht ewig rum, bis es eine Zitze findet und saugt. Die Milch ist ja fürs Kalb gedacht. Nicht für den Tetrapak.

Ohne Kalb keine Milch. Erst nach der Geburt ist die Kuh eine Kuh, und erst dann gibt sie Milch.

»Vorm ersten Kaibe is a Koim«, erklärt meine Tante und steckt ihre zwei Melkzeuge an die nächsten zwei Kühe. Fllp-fllp-fllp-fllp, fertig.

Aus dem Kälberlaufstall strecken sich drei neugierige Nasen zu uns rüber. »Mmmmööh.«

Meine Tante lacht. »Jaa, ihr kriagts aa glei wos.«

Man melkt eine Kuh ein knappes Jahr lang. Bis das nächste Kalb kommt. Dazwischen hat sie ein paar Wochen Pause. Das nennt man trockenstehen. Zu viel mag ich nicht drüber nachdenken, über das Geschäft mit der Milch und dem Muttersein, und wie viele Kälber geboren werden für all die Plastikbecher im Kühlregal.

Aber ich hab's gelernt, das Melken. Und seitdem weiß ich, es ist ein Wunder. Wie viel ein Tier uns Menschen gibt.

Heute ist Dienstag. Ich räum meine Wohnung aus. Die werd ich nicht mehr brauchen. Es gibt gute Tage und schlechte Tage. Schwere und leichte, dunkelgraue und hellblaue. Ich bin ein Hin und Her. Meine Therapeutin sagt, ich sollte mal nachspüren, ob ich für ein Leben in festen Bahnen geeignet bin.

Mittwoch, 31. Mai

Meine Katze hab ich bei meiner Mutter gelassen. Beide sind überglücklich, und damit habe ich auf einen Schlag zwei schwere Sorgen weniger. Heute fahre ich auf die Alm.

Mein Leben passt in einen VW Passat. Inklusive Matratze und Bettdecke. Mein Freund trägt mir die Tüte hinterher, die mein Opa gestern noch vorbeigebracht hat. Da ist eine alte Latzhose drin. Für die Stallarbeit. Ich stopfe sie auf den Rücksitz. »Ja, dann ...« Wir lächeln einen Millimeter aneinander vorbei. Er steht vor seinem Haus, ich steh vor meinem Auto. Ein letzter Kuss, ein wehes Ziehen im Herzen, ich werde dich vermissen ... Besuch mich doch bald ... Ja, klar. Mach ich.

Trotzdem. Unsere Blicke wollen einander nicht loslassen. Als wüssten sie schon etwas, das wir noch nicht wissen. Ich muss die Augen schließen, um die Autotür zumachen zu können. Und dann fahre ich. Meine Reifen rollen von der Kieseinfahrt vor seinem Haus auf den neuen Asphalt der Siedlungsstraße. Dann gleich abbiegen, runter zur Straße in den Ort. Er winkt. Ich lasse die Warnblinker aufleuchten, und dann geb ich Gas.

Die Sonne blendet mir direkt ins Gesicht. Ich fahre nach Südosten. Bald werd ich die Berge sehen. Es bleibt ziemlich wenig übrig vom Tal, denke ich plötzlich. Im Auto ist nicht genug Luft für meine Lungen. Ich brauch Fahrtwind. Die elektrischen Fensterheber vom Passat sind kaputt. Ich müsste beide Hände wie Saugnäpfe an die Scheiben kleben und sie mit meinem ganzen Gewicht nach unten ziehen. Aber ich kann nicht anhalten. Wenn ich anhalte, kehr ich um, und das wäre ein Riesenfehler. Ich hangle mich also, während der Passat sich auf der Autobahn einfädelt, hinter den Beifahrersitz, denn die hinteren Fenster kann man kurbeln. Fahrtwind von hinten.

Ich fahre parallel mit 100 000 anderen Autos die A8 runter. Und trotzdem fühlt sich's einzigartig an. Die Fahrt müsste länger dauern. Tagelang. Zwei Stunden sind zu wenig, um aus einer Welt rauszufliegen und in einer anderen zu landen.

Die Ausfahrt kenne ich schon wie meine eigene. Die Hauptstraße durchs Dorf auch. Die Straße sieht aus wie nach einem Unwetter. Zweige und Blätter liegen auf der Fahrbahn. Vor der Eisdiele hat der Wind den Papierkorb umgeworfen. Langsam fahre ich das Stück den Berg rauf. Den Hüttenschlüssel abholen.

Hallo, Pony, hallo, Kühe. Ich lasse den Passat an seinem angestammten Platz zwischen Hausnummer 1 und Hausnummer 2 stehen, umringt von Hühnern und Katzen. Die Luft dampft, der Kies im Hof ist noch nass, und vor dem Gulli hat sich ein Kieshaufen aufgeschoben. Ich habe plötzlich schwammerlweiche Knie.

»Jaaaa, Griaß di God!« Der Hias. »Jetza host' a Wetter versamt, mei Liaber!«

»Griaß di«, sage ich leise.

Aber er hetzt schon vom Kuhstall zur Werkstatt. Mit einem knapp armlangen Schlüssel kommt er zurück.

»Oiso. Hüttenschlüssel.« Er hält mir den Schlüssel hin.

»Danke«, sage ich. Ich möchte noch mehr sagen. Wie glücklich ich bin, auf die Alm zu fahren, und dass ich mein Bestes geben werde und so weiter.

Aber Hias' Blick schweift bereits wieder unruhig über den Hof. Zum Traktor. Eingrasen braucht's und Viecher füttern, denke ich. Der Hias hat keine Zeit. Menschen, die Wichtiges zu tun haben, hält man nicht auf. Ich bin so erzogen. Also gehe ich rückwärts zu meinem Passat und mach schon mal die Fahrertür auf. Ich gehe niemandem mit meinen unwichtigen, meist eh verschiebbaren Angelegenheiten auf die Nerven. Niemals. Auf keinen Fall.

Aber Hias folgt mir. Jetzt stehen wir beide neben dem Passat. »I kimm sowieso jeden Tog auffe«, sagt er »Wega de

Leut.« Ich nicke. Das haben wir besprochen. Meine Aufgabe sind die Viecher und alles, was dazugehört, denn Hias macht die Wirtschaft. Am Sonntag und wenn uns die Gäste die Bude einrennen, muss ich aushelfen. »Oiso.« Hias fasst mich konspirativ ins Auge, nimmt mir den Hüttenschlüssel aus der Hand und hebt ihn demonstrativ hoch.

»Wenn's amoi waar, beim Aggregat hint' is no oaner.« Mit einer Hand in der Luft zeigt er mir, wie genau ich diesen zweiten Schlüssel erreichen könnte. Aufs Aggregat draufsteigen und dann oben rechts auf der Mauer.

»Schlüssel Numero eins.« Wieder hält er den Schlüssel in die Höhe.

»Schlüssel Numero zwei.« Schwebegriff übers Aggregat.

In der Hütte dann, links wenn man vor dem Schrank steht, da wo die Gläser drin sind, da sind alle anderen Schlüssel. Stall. Millikammerl. WC und Dusche. Meine Kammer. Gaststube. Keller.

Alles klar.

Hias atmet tief und erleichtert ein, als hätte sich vor ihm ein großer, unüberwindbarer Berg plötzlich in Luft aufgelöst. Und endgültig drückt er mir den Schlüssel in die Hand.

»Danke.«

Ich laufe einmal um meinen Passat herum, um die Hühner hinter den Reifen wegzuscheuchen. Ganz ruhig, denke ich. Ganz ruhig. Du fährst nur auf die Alm, nicht über einen Himalajapass.

»An Weg woasst' ja no!«, ruft Hias mir nach, mit einem Fuß schon auf dem Traktortrittbrett. »Do auffe, na links oiche, drunt wieder auffe, Lauber-Hütte, links – Oim.«

Ich muss orientierungslos aussehen, denn er kommt zurück, und seine Hände malen vor meiner Windschutzscheibe noch einmal groß und deutlich den Weg in die Luft:

»Auffe. Links, Gana-Wies'n. Lauber Hütte. Links, Alm.«

»Find ich.«

»Jaaa, guad dann. ... Ha'wee.«

Hias schwingt sich auf seinen Traktor. RRRRoarrrr.

Ich starte meinen Passat. RRRRRRROAARRRRRR. Z'fix. Das war ja klar. Auspuff durch, der TÜV rückt in immer weitere Ferne, ich brauche dringend einen Automechaniker.
Irgendwann.
Jetzt fahr ich erst mal rauf, auf die Alm.

Ich war schon in New York, ich bin in einem Segelflugzeug geflogen, und bin auf einem der letzten Pink-Floyd-Konzerte über die Arenabestuhlung nach vorne gesprungen. Aber zum ersten Mal auf die Alm rauffahren – Gänsehaut und Zittern.

»Auffe, links oiche«, geht noch sehr gut. Kleinere Kontakte zwischen Kies und Ölwanne – und dann, Gott sei Dank, die autobahnähnlich ausgebaute Forststraße, die vom Wanderparkplatz raufkommt. Hier rechts. Meine Bluttemperatur bleibt nur knapp unter kochen. Ich patsche beide Hände ans Seitenfenster und zieh's nach unten. Luft! Eigentlich läuft's ja wie geschmiert. Kein Grund, mir Sorgen zu machen, im Gegenteil: Ich fahre, als hätte ich mein Leben lang nix anderes gemacht! »Hollarääidiiiii!«, juble ich, adrenalinberauscht, aus dem Fensterspalt. Und erlebe 40 Sekunden später, wie mich mein Fahrkönnen komplett verlässt.

Die erste – die einzige Steilkurve – fast 180 Grad. Das Gewitter von vorhin hat eine Rinne schräg über die Fahrbahn gespült. Ich erschrecke. Huuuch, ein Graben! Mitten in der Straße. Ich unterschätze den Anfahrtswinkel, kombiniert mit dem Wendekreis vom Passat. An einen Anfahrtswinkel hab ich von vornherein gar nicht erst gedacht, so schaut's aus, und ich steh *viel* zu zögerlich auf dem Gas. Der Karrn stirbt mir ab. Schräg mitten in der Kurve. Auf der Stelle erstarre ich. Bin gelähmt. Ich glotze hilflos auf den Kurvenausgang vor mir und ignoriere den todessteil abfallenden Rest der Kurve hinter mir. O Gott, wenn jetzt einer entgegenkommt! – So wie ich da stehe, kommt nicht mal ein Mountainbiker an mir vorbei. Ich kann nicht vorwärts, und zurück schon gleich überhaupt nicht. Wenn die kantigen Kieselsteine unter meinen Reifen nachgeben und der Passat anfängt zu rutschen ... hinter mir Gebüsch und dahinter der Abgrund.

Das war's. Was mach ich jetzt?!

Handbremse! Befiehlt jemand in meinem Kopf.

Also ziehe ich die Handbremse.

Kupplung!

»Steh ich eh noch drauf.«

Zündschlüssel drehen, Motor ruhig anlassen.

RR-RRR-RR-RR.

»Ich kann nicht!!«

Mach die Augen zu und stell dir einen Parkplatz vor. Asphalt und eben.

Rrrrrr—RRRRROARRRRRRR!!!

»O Gott!!«

Nur der Auspuff!

»Ich weiß, dass das der Auspuff ist, trotzdem darf ich kurz erschrecken, oder?«

Gas. Handbremse ausklicken, aber voll gezogen lassen.

»Ooooh, Scheiße, warum tu ich mir das an? Scheißalm!«

Handbremse zu einem Viertel lösen. Mehr Gas! Keine Rücksicht auf den Motor, der hält das aus. Kupplung kommen lassen, Handbremse halb – mehr GAS, Herrschaftzeiten!!

Und er fährt. Die Reifen scharren, die Kupplung stinkt wie schmorende Gummischläuche, das Lenkrad macht, was es will, aber er fährt. Danke, Jesus, Madonna und Christophorus. Und ich bleibe auf dem Gas, gnadenlos, auch wenn ich die Straße vor mir nicht sehe. Und auch nicht über die Kuppe, und den Weiderost dahinter nicht. Bitte, Sankt Christophorus, scheuch die Mountainbiker aus der Bahn! Im Halbflug segle ich über die Kuppe und lande auf dem Weiderost. Wumm.

Danach wird's eben. Relativ gesehen. Vor der Lauber-Hütte überquere ich den nächsten Weiderost. *Krrrawach!* Lauber-Hütte links liegen lassen.

Einmal noch um den Hügel sanft herumgeschlängelt, dann steh ich vor der Alm. Gatter auf, durchfahren, Gatter zu, vor der Hütte parken, Motor aus – uff.

Überlebt.

Ich sperre mit zittrigen Fingern die Hütte auf. Drinnen riecht's immer noch ein bisschen nach Winter. Und nach Ziegenbock.

»Servus, Pilatus«, sage ich und pflücke die Keller-, Kammer-, WC-, Duschschlüssel vom Schrank. Ich kraule im Vorbeigehen Pilatus' Ziegenbart, und erst als ich vor der Kammertür steh, schau ich ihn an. »Wehe, du sagst, ich kann nicht Autofahren.«

Nichts sagt er. Aber was er denkt, sehe ich. Soll er doch. Ich sperr die Kammer auf. Das Bett ist rosarot. Rosarot wie Zuckerwatte. Ein Knallbonbon. Es steht auf losen Holzklötzen. »Hallo, Bett«, lache ich. Und es hüpft ein paar Millimeter in die Höhe vor Freude. Endlich! Wo warst'n du so lang!? Und schon lieg ich drin. Die Matratze biegt sich zu einem U. Kein Mensch kann in so was schlafen. Ich schon, denke ich und hüpfe wieder hinaus wie eine Sprungfeder, um mein Zeug in die Hütte zu schleppen.

Glücklich stopfe ich meine eigene Matratze in mein rosarotes Bett und meine Klamotten in das rosarote Küchenbüfett, das als Schrankersatz neben dem Bett steht. Und dann schleife ich den Teppich nach draußen, häng ihn über das große Gatter und klopfe mit einem Haselnussstecken den Winterstaub raus.

Das tut gut!

Es gibt ein paar Gedanken in meinem Kopf, die hau ich auch mit raus, mit dem Haselnussstecken, wie den alten Staub aus dem Teppich.

Normal sollte ich werden, hat mein Freund gesagt. Mir ein normales Leben aufbauen, so wie alle. Dann wäre ich ausgelastet. Und hätte nicht mehr diese Gefühlsschwankungen.

Sssswwsch! Ssssswwsch!

Wie kommt das, dass alle anderen längst wissen, was gut und normal ist, nur ich nicht? Normal. Wer hat denn festgelegt, was normal ist?

Ssssswwsch! Sssssswwsch!

Sieht er denn gar nicht, wie ich bin? Ideen, Phantasie, Herzblubbern in allen Farben, Karlson auf dem Dach, ein völlig unerwarteter Sonnenstrahl – kann das denn gar niemand brauchen? Nicht mal der Mann, den ich geheiratet hätte, wenn er mich gefragt hätte? Muss ich erst ein stilvolles Sofa werden? Junges Wohnen.

Ssssswwsch! Sssssswwsch!

Zeitgemäß. Makellos. Kein Herzblubbern mehr, das stört und Flecken macht.

Ssssswwsch! Sssssswwsch!

Gedanken, Gedanken. Schöne und schlimme. Und einen jeden dresch ich raus aus dem Teppich, mit einer Staubwolke ... SSSwwschsch! Sie kreisen noch ein paarmal um mich rum, wie Fliegen einen Kuhfladen, und dann, Ssssswwsch! Sssssswwsch! Zischen sie ab.

Freiheit.

Ich bin auf der Alm. Und der Rest ... Ssssswwwsch.

Später trink ich noch eine Apfelschorle auf der Hausbank unterm Rosenbusch. Ein Bergfink flattert vor die Haustür. Pickt ein paar Brösel auf.

»Hallo, Herr Fink«, lächle ich. »Wohnen Sie hier?« Er flattert auf die Banklehne und schaut sich mit mir ein bisschen die Alm an.

Die Almwiese vor mir steigt sanft bis zum Gana-Stoa-Gipfel hinauf. Ein leuchtgrüner Teppich mit goldgelben Blumen. Knietief. Der Fink fliegt davon, und ich sitze da, regungslos, bis der Mond über dem Gipfelkreuz steht und die Sterne drum herum glitzern, und frage mich, ob wir Menschen wegen so was an Engel glauben.

Viel zu spät geh ich ins Bett und schlafe todmüde ein. Die Hütte erzählt mir mit ihren Nachtgeräuschen eine Geschichte. Im Traum erkenn ich sie wieder. Eine schöne Geschichte.

Ich wollt sie mir merken, hätte sie gerne erzählt.

Aber um halb sechs klingelt der Wecker. *Nicht* meine Zeit.

Es ist nicht mehr wirklich dunkel. Aber es ist definitiv noch Nacht für meinen Kopf.

Raus. Aufstehen. Almzeit.

1. Juni. Donnerstag. Ruhetag auf der Ganai-Alm. Keine Gäste also. Nur ich und zwei Kühe. Der Rest der Schar wird erst am Wochenende geliefert. 96 Koima und ein Ochse. Klassischen Almauftrieb gibt's auf der Ganai nicht. Sie kommen Ladungsweise, in Lkws oder Traktoren mit Viehanhängern.

Heute ist's noch ruhig. Zum Eingewöhnen. Heute ist der Tag, an dem ich lerne, wie weit ich komme, mit zwei Kühen auf der Alm und nichts als Tierliebe. Oder was der Unterschied ist zwischen Tierliebe und Mordlust. Kein großer Unterschied.

Eine Kuh auf der Alm bewegt sich frei, in unwegsamem Gelände und nicht immer dort, wo man sie haben muss. Tierliebe Touristinnen wie ich denken nicht an so was, wenn sie eine Kuh sehen. Dass diese Kuh manchmal von ihrem momentanen Standort wegbewegt werden muss. Aus Gründen ihrer oder meiner eigenen Sicherheit oder zur sinnvollen Weidenutzung. Oder weil das Gras, das sie so genüsslich frisst, das des Nachbarn ist, der's selber braucht und nicht meinem gefräßigen Rindvieh im Schubkarren hinterherfahren will. Oder – und hier sind wir schon bei meinem ersten großen Problem am allerersten Tag meines Sommers als Sennerin – die Kuh muss in den Stall gehen, der sich in beachtlicher Ferne befindet, um dort gemolken zu werden. Von mir. Aber sie will nicht.

Was macht man da?

Streicheln und gut zureden? Mag sie nicht. Kennt mich nicht. Hat kein Interesse an mir als Person. Sie locken, mit Futter zum Beispiel? Reißt sie mir aus der Hand, frisst's auf und lässt sich gern haben. Am Halsband hinter mir herziehen? – Ja, genau. Eine Fleckviehkuh wiegt 700 Kilo, wenn sie zierlich gebaut ist. Ich habe keine Chance.

Aber ich muss. Kühe melken. Denn heut Vormittag wird mich der Hias in der Alchimie der Milchverarbeitung unterweisen.

Es ist ein regnerischer Sommer. Mehr Wasser als Himmel.

Nach einer Dreiviertelstunde Zickzacklauf über die Almwiesen ist noch keine Kuh in Sicht. Ich bin nass bis auf die Haut, meine Gore-Tex-Bergschuhe sind undicht, meine Socken machen bei jedem Schritt pfcht-pfcht, und ich frage mich, wo in Gottes Namen ich jetzt wäre, als Kuh.

Das Problem bei schlechtem Wetter ist nicht allein, dass es nass und scheußlich ist. Ich höre nichts und sehe nichts. Keine Kuhglocke, keine Kuh. Eineinhalb Stunden. Ohne Kaffee! Ich bin näher dran, mich ins Gras zu setzen, zu heulen und einfach wieder abzureisen, ins Flachland, und normal zu werden, als ich zugeben möchte. Mein Handy ist abgesoffen. Sonst hätte ich meinen Freund angerufen. Aber da – ein kaum hörbares Bimm! Endlich. Am Waldrand, windgeschützt in einer Senke. Seelenruhig. Meine zwei Kühe.

»Hey, Ladys!«, schreie ich. »Höchste Zeit! Auf zum Stall!«

Ja. Da, sagt die Kuh Dora, *kannst du mir einen Schuh aufblasen.* Sie steht unter ihrem Baum grad gar so schön trocken und behaglich und frühstückt. Und es regnet, falls ich das noch nicht bemerkt haben sollte. In einer Dichte, die man mit einem Gartenschlauch nicht hinkriegt.

»Komm, Kuh-di Kuuuh«, singe ich, denn gemolken werden muss sie, daran führt kein Weg vorbei. Dora weist mich mit einem deutlich abschätzigen Blick nochmals auf den Wasserfall hin, der jenseits des Baumes vom Himmel fällt. *Vergiss es!,* sagt sie. *Kommst' morgen wieder.* Dame Dora hasst es offensichtlich, ihre zarte weißgefleckte Haut nass zu machen. Zenzi, ihre ausladend gehörnte Kollegin, ist diesbezüglich nicht so zimperlich. Sie steht im Regen und malmt das nasse Gras in sich hinein wie ein Mähdrescher. Aber auch die Zenzi hat ganz klar keinen Bock, mir zu folgen. Erst recht nicht, wenn ich sie am Glockenband zupfe. *Was glaubst'n du eigentlich, wer du bist?* – und die schaut mich nicht mal an, wenn sie so mit mir redet.

»Auf geht's, Kuh-di, geh' ma!« Ich gebe nicht auf. Ich hebe meinen Haselnussstecken in die Höhe. Um den Damen die Richtung zu weisen. Vielleicht wissen sie ja nicht, wo's langgeht? Ja, von wegen. Der Stecken fliegt, von Doras Horn wie ein Mikadospieß über mich drübergeschnippt, den Graben hinunter.

Okay, denke ich, ich war zu forsch. Und versuch's noch mal, Dame Dora durch Klopfen an den Hals zu motivieren. Was zur Folge hat, dass ich dem Haselnussstecken hinterherfliege.

Mühsam krabble ich aus dem rutschigen Graben wieder raus. Das braucht ein bisschen Zeit, und ich verstehe Doras erste Lektion für mich: Ich habe keine Ahnung, wie man eine Kuh von A nach B bewegt. Das ist eine wertvolle Information für jemanden, der einen ganzen Sommer lang genau das als tägliche Aufgabe zu erledigen hat: Rinder von A nach B bewegen.

Weiterhelfen kann mir diese Information im Moment leider wenig. Ein uraltes Glaubensmuster übernimmt mein Denken und Handeln: Du versagst.

Panik.

Bloß nicht versagen. Kühe um jeden Preis in den Stall bringen. Ich weiß zwar nicht, wie, aber am Ende interessiert das Wie sowieso keinen Menschen.

Eine Kuh reagiert auf Hektik wie ein Fernseher auf einen Blitzeinschlag. Dora ist eine großartige Lehrerin. Wie kann ich nur denken, sie würde mich verständnisvoll anpusten und in alles einwilligen, was ich von ihr wünsche, wenn ich dampfend und keuchend, nasses Laub und Dreck von mir schüttelnd, auf sie zustampfe und schreie: »Hopp jetzt!«

Ist es nicht verständlich, dass sie den Kopf hochreißt, mich anstiert, als wäre ich ein gemeingefährliches Insekt, und so schnell wie möglich schaut, dass sie von mir wegkommt? An sich wäre ja das genau das gewesen, was ich wollte. Dass sie sich endlich bewegt. Nur nicht steil bergab in den Graben hinunter. Noch weiter weg vom Ziel – dem Stall. »Dora!!!«, schreie ich. Keine Chance. Dora, doppelt schlecht drauf, weil der Regen auf sie einprasselt, trabt davon, wird unsichtbar im Nebel.

Okay, denke ich. Kühe sind Herdentiere. Wenn ich die Zenzi zum Stall bringe, wird Dora uns folgen. Die Zenzi hat die ganze Zeit über weitergefressen wie in Trance. Die wird einfacher zu überzeugen sein. Denke ich. Aber offensichtlich hat sie mich die ganze Zeit über genau beobachtet. Sie *kennt* mich jetzt, und meine Taktik. Mampfend lässt sie mich bis auf einen Schritt an sich herankommen. Dann dreht sie sich blitzschnell um, lässt mich stehen und läuft ihrer Freundin nach.

»Zenziiii!«, brülle ich. Und stehe allein im Regen. So was habe ich überhaupt nicht für möglich gehalten. Ich kenne Kühe nur ruhig dastehend. Angebunden, im Stall.

Ich hab im Winter auf einen Marathon trainiert, den ich nie gelaufen bin. Aber ich bild mir darauf was ein, offensichtlich, denn ich denke: Ich überhol sie, schneide ihnen den Weg ab und *zwinge* sie so, zum Stall zu laufen.

Eine halbe Stunde später. Ich habe vier Prellungen und ein an einem Felsbrocken aufgeschürftes Schienbein. Wir sind mit dieser Technik wieder an unserem Ausgangspunkt – zehn Meter vor dem Regenbaum – angekommen. Schwer atmend und dampfend. Hass im Blick, alle drei.

Ich denke an die Terrasse vor dem Haus meines Freundes. An die Gartendusche. Den Kaminofen im Wohnzimmer. Die Fußbodenheizung im Bad. Den kleinen, feinen Supermarkt, wo's herrlich schmeckende Biomilch gibt, die ich nicht vorher aus zwei hinterhältigen Biestern rausmelken muss, wenn ich mir in der Früh einen Kaffee koche. Mit einem gastrotauglichen Espressovollautomaten. In der trockenen, warmen, hellen Designerküche!!

Da höre ich einen Jeep über den Weiderost scheppern. Dora und Zenzi hören ihn auch. Und auf den Schlag verändert sich ihr Gesichtsausdruck. Der Hass weicht sanfter Entzückung. Und mit freudig erhobenen Köpfen drehen sie sich um und wackeln auf den Stall zu!

Ich latsche ihnen hinterher. Ich kann nicht mehr so schnell wie sie und treffe fünf Minuten später ein.

Hias hat ihnen schon ihr Lieblingskraftfutter in den Barren geschüttet und jede an ihrem Platz angekettet. Der Edelstahl-Melkkübel steht neben der glücklich mampfenden Zenzi. Hias bückt sich, um ihr Euter mit einer Handvoll Heu sauber zu rubbeln, und sie grunzt ihn liebevoll an. Ein mit Kraftfutterbrei vermischter Sabberfaden tropft aus ihrem Maul. Ein Bild des Friedens und der Wonne.

»Entschuldigung«, sage ich dünn. »Die sind mir nicht mitgegangen.«

»Jaaaaa ...«, antwortet Hias, in diesem Singsang, der sich wie eine Brücke über eine schwierige Situation schlägt. »Jaaaa, des kriang ma scho.«

Was ich höre, ist mehr Zweifel als Zuversicht. Mehr beginnendes Notfallprogramm als entspannter Auftakt. »Gaaaanz ruhig.« Das ist seine Art, habe ich später rausgefunden, das Chaos um ihn herum einzudämmen. »Jaaaaa, des werd scho.«

Blank liegende Nerven auf der Alm sind wie schlecht isolierte Stromkabel. Morgen treffen 96 Koima, ein Ochse und zehn Puten ein. Da kann's mir nicht wegen jeder Lappalie die Sicherung raushauen. Und dass zum Stall Gehen die alltäglichste aller Lappalien ist, haben die Damen Dora und Zenzi ja soeben vorgeführt.

Das wird ja nett.

Meine normale Reaktion wäre, mir ein Loch zu graben und für immer drin zu versinken. Bei Nacht und Nebel verschwinden und mich für den Rest meines Lebens elender zu fühlen als ein ungeliebter Hundehaufen, immer wenn jemand das Wort Alm ausspricht. Noch ein Trauma angehäuft, herzlichen Glückwunsch.

Seltsamerweise passiert aber etwas anderes.

Das Geräusch der Melkmaschine draußen im Gerätekammerl – ein hohes, immer gleiches Brummen. Der Takt des Pulsators am Melkeimer. Die kleinen Sichtgläser am Melkzeug, durch die man die Milch fließen sieht. Der immer gleiche Rhythmus von Zenzis Kiefern, wenn sie wiederkäut. Doras Schlafzimmerblick. Der Geruch nach Kuh, uraltem Holz, Sägemehl und Regen. All das zusammen wickelt sich um mich wie eine Kuscheldecke, und anstatt wie üblich von einer Welle Panik davongespült zu werden, hocke ich mich neben die Zenzi und warte, bis das Euter leer ist. Der Hias stellt eine 40 Liter fassende Alukanne neben mich. »Millipitsch'n«, sagt er. Darauf platziert er einen verbeulten Alutrichter und legt ein blütenweißes Filterpapier hinein. »Seicher.«

Ich schütte die Milch durch den Seicher in die Millipitsch'n. Und dann melk ich die Dora. Was sie gütig erlaubt.

Ich denke an gar nichts. Höre nur noch den Pulsator tsch-g-tsch-g machen.

Und bin angekommen. Daheim.

Hias hat sich unbemerkt aus dem Stall geschlichen. Das kann er. Es ist eine seiner besonderen Gaben – zu verschwinden, wenn er einen allein lassen kann. Wie stolz mich das macht – allein mit zwei Kühen im Stall gelassen zu werden. Zweifel lösen sich in Luft auf, weil der Hias mich einfach machen lässt.

Er taucht erst wieder auf, als ich die volle Millipitsch'n zum Brunnentrog geschleppt habe und versuche, sie hoch genug zu lupfen, um sie über den Trograd zu bringen. Quellwasser-Kühlung. Kein Kühlschrank auf der Alm. Millipitsch'n ... zu schwer. Hias' Stirn runzelt sich. Aber dieses Problem wird er wann anders lösen. Derweil nimmt er mir einfach die Millipitsch'n ab und versenkt sie im kalten Brunnenwasser. Einhändig.

Für einen so leichten und eleganten Bogen fehlen mir eindeutig alle dafür notwendigen Muskeln. Jemand wird mir einen Kran an den Brunnen bauen müssen.

»Vielleicht wär's im Tal doch besser gewesen für dich?«, mutmaßt Hias' kurzer Blick zwischen zwei leisen Platschern im Brunnenwasser.

Ja, vielleicht, denke ich zwischen zwei Lidschlägen. Aber zurück kann ich nicht. Tut mir leid.

Ich stelle mir vor, wie der Hias sich die Haare rauft, heute Abend, wenn er daheim ist, und zu Ami, seiner Frau, sagt: »Naa, naaa, sei tuat's wos.« Und sie wird wissen, was er meint, leichthin nicken und ihm einen Kaffee hinstellen und ein Leberwurstbrot, das macht's ihm leichter, rein nervlich. Und der ganze Zirkus nur, weil ich nicht einfach in einen Siedlungsneubau ziehen kann und mich glücklich in ein normales Leben füge.

»Des kriang ma scho.« Ich weiß nicht, wem der Hias damit Mut macht. Sich selbst, und mir auch ein bisschen. Ich atme durch, und für eine kurze Sekunde glaub ich's ihm. Ja, des kriang'ma hi.

Am Nachmittag sitzt Besuch auf der Hausbank unterm Rosenbusch. Ein junger Mann, kurze Lederhose, kariertes Hemd. Er grinst glücklich und sagt nichts. Hias stellt ihm ein Bier und eine Brotzeit hin und beachtet ihn nicht weiter.

»Ich bin die Karin«, sage ich und gebe dem jungen Mann die Hand. Das überrascht ihn.

»Hinterberger Hampi«, sagt er.

Mein Bergfink flattert vom Hüttendach runter und setzt sich vor Hampi auf den Tisch.

»Öha«, sagt Hampi. Und legt dem Herrn Fink ein Stückchen Käse vor den Schnabel. Pick, pick, weg ist es.

»Des mag er«, staune ich. Hampi grinst.

Ende des Dialogs.

Es wird vier, und bald ist eh schon wieder Melkzeit. Ich stapfe hinaus auf die Weide. Auf alles gefasst. Das Wichtigste ist, sagt der Hias, dass du weißt, wo's hingeht. Das versteht die Kuh dann schon. Schau ma mal. Die Dora sieht mich schon kommen.

Da taucht der Hampi neben mir auf. Wollt eh grad heimgehen. Belanglos latscht er auf die Dora zu. Schnippt mit seinem Haselnussstecken ein kleines »Hopp« schräg hinter Doras Hintern. Die Kuh trabt los. Im exakt gleichen Winkel schräg nach vorne. »Wia beim Billardspui'n«, mümmelt Hampi und steigt über einen Maulwurfshaufen.

»Ah.«, sage ich, und »Danke.« Hopp, schnippe ich, und die Zenzi latscht los. Der Hampi nickt, geht heim, und ich folge meiner Kuh in den Stall. Hampi ist der Besitzer der beiden Ladys, erfahre ich später, und der Nachbar vom Hias.

Das Zweite, was ich heute lerne, ist der kluge Einsatz von Zauberpulver. Viele Dinge, die eine Kuh vollführen kann, um im Stall nicht an ihrem Platz angehängt zu werden, fallen ersatzlos weg, wenn ich schnell genug einen Eimer Kraftfutter in den Futterbarren schütte. Die Gier lässt sie alles andere vergessen. Dora links, Zenzi rechts, und rein mit dem Zeug.

»Sooo is brav«, säusle ich begeistert, greife nach Zenzis Kette, um sie anzuhängen – und habe sie mal wieder unterschätzt. Wenn das Zauberpulver aus diesem Sack kommt, denkt sie sich, dann wollen wir den ganzen Sack.

»Hey!«, schreie ich, als ich erkenne, worauf sie aus ist. Doch meine Anwesenheit hält sie von gar nichts ab. Zenzi rammt ihren Schädel in den Futtersack. Woraufhin die Dora ihre Hörner gegen Zenzis Schädel rammt. Sie inhalieren das Zauberpulver wie zwei Industriestaubsauger.

Sehr schlecht. Keine Ahnung, ob Kühe an so was sterben können. Zumindest wird ihnen kotzübel. Ich versuche, sie wegzuschieben. Und könnte genauso gut das Betonfundament eines Strommasten bewegen wollen. Ich ziehe den Sack weg. Doch Zenzi verteidigt ihr Festmahl mit den Hörnern. Gezielt in meine Rippen. Mir bleibt die Luft weg, und ich registriere, hilflos auf meinen Hintern plumpsend: Die nehmen mich nicht *ernst*. Ich hole den Almstecken.

Dora sieht's genau. Mampf-mampf. Beobachtet mich schielend. Jede Bewegung. Mampf-mampf-mampf.

»Geh an deinen Platz!«, sage ich.

»Mampf-mampf-mampf.«

Das übersetz ich jetzt nur für mich.

»Dora. Geh an deinen Platz.« Ich touchiere sie leicht mit dem Almstecken am Hals.

Mampf-mampf-mampf-mampf.

Ein bisschen fester. »Dora!«

Unwirsch schleudert sie ihre Hörner nach mir.

»Schluss jetzt!«

Ich klopf ihr den Almstecken auf die Nase.

Verblüfft schaut sie mich an. Sie plant etwas, aber mir reicht's.

»GRRRRROAHHH!«, brülle ich. Und das mein ich aus tiefster Seele so.

Okay, sagt sie, dreht sich um und geht an ihren Platz.

»ZENZI!«, knurre ich. Und auch die Zenzi dreht sich um und rennt an ihren Platz. Dort ist ja auch Zauberpulver. Ich bin schnell. Habe die Kette um den Hals gehängt und befestigt, noch bevor sie ihr Pulver inhaliert hat. Mit Dora verfahre ich exakt genauso.

Yeah. Das ist *mein* Stall. *Mein* Futter. *Meine* Entscheidung, was hier erlaubt ist, und *meine* Entscheidung, wer wann was kriegt.

Wo sama denn, aber ehrlich.

Ich hole das Melkzeug. »Steh um!!«, befehle ich der Zenz'. Und sie macht Platz, für mich, meinen Melkeimer und meinen Euter-Waschkübel.

Jetzt schon in routinierte Handgriffe verfallend starte ich das Stromaggregat. Melkzeug anstecken. Alle Unwegsamkeiten verschwinden. Selig stehe ich neben der Kuh und hör zu, wie die Melkmaschine tsch-g-tsch-g-tsch-g macht.

Stolz und siegreich trage ich die volle Millipitsch'n zum Brunnen. Lupfe sie ... Und zeitgleich kommt der Hias aus dem Keller geschossen. Zielgerichtet marschiert er auf mich zu.

Unterm Arm trägt er eine über den Winter verstaubte Blechschüssel. Blechteile klappern darin. Ich beäuge die Schüssel wie ein noch nie gesehenes Tier, von dem ich nicht weiß, ob es beißt oder nicht.

»So«, sagt Hias. »Des is die Zentrifuge.«

Oh. Okay. Zentrifuge.

In meinen Ohren klingt das wie »mysteriöses Zaubergerät«. In Hias' Augen blitzt etwas auf, amüsiert, aber das sehe ich nicht. Ich lese nur die latente Anspannung.

Die Millipitsch'n vergesse ich dabei. Hias lupft sie mit der freien Hand aus dem Brunnen.

Ich verstecke meine Hände in den Taschen meiner Latzhose. Die von meinem Opa. Die brauche ich, stelle ich fest. Weil sie ein Ort ist, an dem ich sicher bin.

Mit einem wortlosen, kaum sichtbaren Nicken marschiert Hias voraus zum Millikammerl.

Ich trotte hinterher. Ich sehe sein Grinsen nicht. Wie auch. Ich denke immer nur: Das war's. Jetzt hat mein Stündlein geschlagen. Zentrifuge. Ich bin verratzt. Ich kann nach Hause fahren, kapitulieren und hoffen, dass mein Freund mich noch in sein Neubauhaus einziehen lässt.

Hias steigt über ein paar morsche, letzten Herbst zum Zaunschneiden dort hingeworfene Zaunlatten ins Millikammerl. Kanne, Blechschüssel und Hias bilden eine perfekte Harmonie. Balance in ihrer höchsten Form.

Ich hingegen hau mir an den losen Brettern mein Schienbein an, sehe den Riss in der Haut und beiß die Zähne zusammen.

Mit einem tiefen Atemzug versuche ich, Mut zu fassen. Aber die Luft bleibt an meiner dritten Rippe stecken, zu weit oben, um den Mut zu erwischen. Zentrifuge. Ich hab was drüber gelesen, irgendwo. Aber wie genau eine Zentrifuge funktioniert – nein, ich habe keine Ahnung.

Scheu spähe ich am Türstock vorbei. Millikammerl. Ich sehe eine Plastikwanne mit Wasserschlauch, daneben ein massives Eichenbrett, und daraufgeschraubt sitzt ein schwarz-grünes vorindustrielles Ungetüm, auf dem Hias mit völlig unerschrockenen Handgriffen die Blechschüssel befestigt und aus den unzähligen Einzelteilen zwei schnabelartige Abflüsse dranbaut.

»Do kimmt der Rahm aussa.« Hias zeigt auf den rechten Schnabel. »Und do d' Mogermilli.« Linker Schnabel.

Ich schlucke. Mein Hals tut weh. Ich bemerke etwas Seltsames an mir: Vor den Kühen hab ich keine Angst. Aber vor der Milch.

Aus dem Rahm soll ich Butter machen – für die Gäste. Was übrig bleibt, ist für den Winter. Und aus der Magermilch soll Quark werden. Den wiederum Amalia, die Bäuerin, in 20 Zentimeter hohe Zebra-Käsekuchen verwandeln wird. Auch für die Gäste. Zebrakuchen wird keiner übrig bleiben, und der Rest Quark wird eingefroren. »Wennst' magst, konnst kaasen aa'.«, sagt Hias. »Der Keller is guad, und irgendwo homa aa no Kaasbrettl und des ganze Zeug.«

Käsen.

Ich bin ja für einen normalen Talhaushalt schon minderbegabt. Pasta mit Gemüse. Rühreier, Obstsalat. Ich komm durch.

Zentrifuge. Butter. *Käse!*

Auf den paar Metern vom Brunnen bis zum Millikammerl, die ich Hias und der Zentrifugenschüssel hinterhergetrottet bin, habe ich gemerkt, dass nichts, was ich bisher in meinem Leben gelernt habe, mir über diesen Sommer helfen wird.

Für medizinische Notfälle habe ich einen Homöopathie-Pocketatlas dabei. Das war's dann auch schon.

Almuntauglich.

Ich habe keinen versteckten Trumpf. Kein Sicherheitsnetz.

Während die brauchbaren Teile von mir von einer Panikwelle davongeschwemmt werden, wischt Hias mit einer

Hand den Staub aus der Blechschüssel, und dann schüttet er die frische Milch hinein. Millipitsch'n über der Schulter. Die Zentrifuge ist hoch. Höher als der Brunnen. Alles klar, denke ich, hier brauchen wir einen zweiten Kran. Schwach lehne ich mich gegen die Wandfliesen. Meine Finger fahren die Fugen entlang. Grüne Algen wachsen darin.

»Auf der Oim is ned ois so wie im Tal«, sagt Hias und zeigt auf die Fliesenfugen.

»Ja«, sage ich, und dann zerplatzt das Wort Fliesenfugenalge in der Luft, und ich höre auf zu denken. Hias kurbelt die schweren Schwungscheiben an, schaltet den Elektromotor dazu, und dann stehen wir stumm vor der sausenden Zentrifuge und beobachten, wie links die Magermilch in die Kanne schäumt und rechts dicker Rahm in einen Plastikeimer rinnt.

»Des is ois koa Zauberei.«

»Mhm ...«

Ich bin oft in meinem Leben davongelaufen. Und selten war's mir so sehr nach Davonlaufen wie da in diesem Millikammerl auf der Ganai-Alm. Aber ich bin nicht davongelaufen. Ich *kann jetzt* nicht davonlaufen. Ich bin auf der Alm.

Almauftrieb

Samstag
Um neun bringt der erste Bauer seine Viecher.

Zuerst hört man ein schweres Brummen hinterm Fichtenholz. Dann rauscht er mit seinem haushohen MB-Trak in einer Staubwolke bis zum Gatter, dreht eine Schleife auf der Wiese, macht eine Punktlandung neben dem Weg und hangelt sich in derselben Sekunde aus dem Führerhaus. 120 Kilo reine Schubkraft, und doch setzt er, einem Poledancer gleich, die Füße so exakt auf den Boden, dass er mit eineinhalb Schritten hinten am Viehanhänger ist. Klappe auf. Sieben

Koima trampeln heraus. Ihre Körper rund und voll, das Fell klatschnass geschwitzt und auf und auf voller Dünnschiss. Sie reißen die Köpfe und Schwänze in die Höhe und preschen die Gana-Leit hinauf. Eine Sekunde Pause gönnt sich der Bauer. Sagt: »I kimm nomoi, gell, und der Fahrer bringt aa a paar. Pfiadi derweil.« Ein Schwung hoch hinauf ins Führerhaus, der Motor läuft eh noch, und weg ist er.

Ich schau ihm nach. Bin nicht dazu gekommen, auch Pfiadi zu sagen.

»Des war der Grassberger«, sagt Hias. »Der bringt achtzehne.«

Der Monster-MB vom Grassberger taucht hinterm Fichtenholz ab wie *Das Boot*. Seine sieben fleischigen Jungrinder bleiben ganz oben am Waldrand stehen und brüllen wie die Löwen. Der flüssige Dreck tropft ihnen vom Körper, und unter ihrem massiven Fettgewebe zittern mindestens genauso massive Muskeln.

Herzlich willkommen.

Der Nächste ist der Fallerer Flori. Ein junger Bursch auf einem uralten rostroten Traktor. Keine Fensterscheiben drin. Hintendran ein Holzverschlag auf achtzigjährigen Gummireifen. Kein Dach. Das ist sein Viehanhänger. Zwei wuschlige gehörnte Köpfe schauen über die Wand. Euphorisiert wie zwei Teenager im Fünferlooping auf dem Oktoberfest.

Seinen breitkrempigen Filzhut trägt der Flori wie ein Cowboy. Sein türkisblaues Lächeln blitzt direkt zur Sonne und zurück, als er für sein Alter extrem langsam von seinem Traktor steigt. Er schaut sich um. Nickt, als er sieht, dass alles beim Alten ist. Seine Hände wischt er ausführlich an seiner Jeans ab, schiebt seinen Filzhut in den Nacken und sagt »Servus.«

»Hi. Ich bin die Karin.«
»Flori.«
»Freut mich.«
Darauf sagt er nichts.

»Kann ich dir was helfen?«

»Naa, naaa, des geht scho.«

Mit einer Seelenruhe löst er die Verschlusshaken seines Anhängers. Die Klappe neigt sich verschissen zum Boden. Flori sagt ganz tief in der Kehle: »Hoooya«, und schiebt sich an den Hinterteilen seiner zwei Schnuckis vorbei, löst ihre Halfterstricke, sagt zweimal »Hey!«, und ganz vorsichtig steigen die zwei heraus aus ihrem Cabrio. Ein nachlässiger Blick in die Runde, und dann tun sie, was gut und notwendig ist. Fressen.

»Magst du was trinken?«, frage ich ihn.

»Naa, drei hob i no. I kimm nomoi. Pfiadi dawei.«

Ruhig macht er seine Anhängerklappe zu, steigt in Zeitlupe auf seinen Fahrersitz aus Blech mit Kunstfell drauf und tuckert wieder heim.

Ich schau ihm nach. Seit ich auf der Alm bin, schau ich ständig jemandem nach. Ich bin nie die, die wegfährt oder irgendwo hingeht. Immer die, die bleibt. Und wartet, bis sie wiederkommen.

Aber keine Zeit zum Sinnieren. Ein Lkw prescht bis vor die Almhütte. Schlaglöcher sind ihm egal. Die Seitenwände biegt's nach außen. Der Fahrer vom Grassberger. Ausgemergelt, zittrig von zu vielen Zigaretten, reißt er die Ladeklappe auf. Links bleibt sie hängen. Von drinnen schieben die Koima, die wollen raus! »Zefix, damische Viecher!!«, der Fahrer drischt seinen Stock gegen die Klappe, das ändert aber nichts. Also drischt er gegen den Verschlussriegel. Bis er nachgibt. WHAMM – die Rampe knallt auf den Boden. Zwölf Viecher springen aus dem Laderaum.

Eins purzelt seitlich runter. Bleibt mit dem Vorderbein irgendwo hängen, rappelt sich wieder hoch und hinkt davon.

Sie ist anders als die anderen. Kein Fleckvieh. Ihr Fell ist kastanienbraun mit einem weißen Streifen auf dem Rücken und einem weißen Bauch. Sie hat kurze schwarze Hörner, die zur Seite wegstehen. Wie ein kleiner Teufel. Sie ist ziemlich klein. Mager um die Rippen, und Hintern hat sie gar keinen. Dafür hat sie einen Hals und einen Brustkasten für zwei.

Sie schaut niemanden an. Keinen Menschen und kein Tier. Humpelt, bis sie einen Platz findet, an dem sie ihre Ruhe hat, und dort bleibt sie stehen.

»Die hat sich wehgetan.«

»Ach, des werd scho wieder«, hustet der Fahrer, schleudert mir eine Handvoll gelber Rinderanmeldezettel entgegen, schaut auf die Uhr, flucht und flüchtet vor der verlorenen Zeit in seinen Lastwagen. »Pfiad' euch.«

»Jaaaaa, Servus nacha, Pfiadi.« Hias begutachtet die Tiere, ans Gatter gelehnt.

»Die hat sich wehgetan«, sage ich noch mal.

Ein schneller Blick und einmal den Bart glatt streichen. »Ja, jetz' lass derweil guad sei. Do schau ma hernach.«

Also lass ich sie. Der Tag wird noch lang.

Bis der Fallerer Flori wiederkommt, war der Grassberger zweimal da. Und hat zwei Brotzeitteller, vier leichte Weißbier und einen Kaffee im Bauch. Den er streichelt, als er schreit: »Almerin, zoin!«

Ich eile.

Ich versuche, noch im Gehen zweimal 4,50 plus zweimal 2,80 im Kopf zu rechnen – kann aber nicht. Anstatt einem Ergebnis spuckt mein Gehirn nur Comics aus. Vor mir sitzt He-Man. Mit Bauch und Stahlkappengummistiefeln. Ich zeichne einen Hut dazu, einen Schnauzer, einen MB-Trak dahinter. Grassberger, der G-Bau'r.

Er legt mir einen Fünfziger hin, sagt »basstscho«, zieht einen Stapel gelbe Formulare unter seinem Stallkittel raus und drischt sie mit der Faust auf den Tisch. Dazu sagt er: »Wenn oane nochstiert, muasst' hoid Bescheid sog'n.«

»Wenn ... was?«, frage ich.

»Wenn oane nochstiert.«

»Ja«, sage ich. »Ja, mach ich.« Ich höre selber, wie wacklig ich klinge.

Er linst mich von schräg unten an. »Kenna tuast' as ja.«
»Was denn?«
»Wenn's stier'n.«
Hitze lodert bis weit über meinen Kopf hinaus. Mein Gesicht muss neonpink leuchten. Ein Windhauch schubst die gelben Anmeldezettel unter den Tisch. Ich sammle sie auf. Ich weiß nicht, was passiert, wenn die Koim stiert – verhält sie sich dann wie ein Bulle? Und wofür muss der G-Bau'r das wissen? Und was antworte ich ihm? Ich werde hier unter dem Tisch bleiben müssen, bis alle weg sind.

»Jaaa, jaaa, da schau ma scho«, höre ich einen schon vertrauten, lang gezogenen Singsang über mir.

»Gaaanz ruhig.« Damit meint der Hias mich. Denn der G-Bau'r sitzt ganz ruhig da.

Also ruhig. Atmen.

Ich erwische den letzten gelben Zettel und tauche wieder auf. Langsam.

Der G-Bau'r grölt: »Do moan' i host' oane dawischt! Hua, hua, hahaha! Werd koa stierige Koim ned kenna. Hua, hahaha, pass auf, dass da ned sie stierig werd, haha!«

Ich schaue niemanden an. Der Hias nickt sehr kurz, sehr bedächtig. Geh ins Haus, heißt das für mich. Und das mach ich. Ich habe gelbe Anmeldezettel auszufüllen und eine halbe Granitplatte voll Brotzeitbrettln und Gläser abzuspülen.

Hias holt sich seinen verwitterten Wirtshausstuhl, obwohl noch zwei Meter Platz auf der Bank sind, und setzt sich zum G-Bau'r. Sie führen Fachgespräche. Ich hör sie durchs offene Fenster. Es geht um Weiderechte, Pachtverträge und wer den Weg richten muss. Sie diskutieren Für und Wider von Elektrozäunen und die Trennung von Wald und Weide. Und dann geht's um die Jagd. Die Anzahl der Hirsche allgemein und auf der Ganai-Alm besonders – und da merke ich eine kleine Veränderung in Hias' Stimme. Jetzt hat er ausgeredet, auf einmal pressiert's ihm, die Anzahl der Hirsche auf der Ganai-Alm ist offensichtlich ein Thema, das er nicht mag. Oder dem G-Bau'r nicht auf die Nase binden mag.

Der G-Bau'r packt's. Und Hias stellt die Weißbiergläser hinein auf die Granitplatte. Er schweigt. Eisig. Überhaupt niemandem wird hier irgendwas über Hirsche auf die Nase gebunden. Das gilt für alle. Das verstehe ich sofort. Ich nicke. Hias nickt.

Gut. Hama das auch.

»A stierige Koim hoaßt, sie rindert«, sagt er dann.

Ich mache große Augen, denn mein Kopf muss sich anstrengen. Zum Biologieunterricht zurückblättern. Das Rind war nur eine halbe Seite im Buch. Shit.

»Brunft«, sagt Hias. »Brunft sagt ma aa.«

Okay.

Alles klar. Brunft. Brunft erkennen. Und G-Bau'r Bescheid sagen. Mein Spüllappen fährt Kreise auf der Granitplatte. Ich befehle ihm aufzuhören, wringe das Wasser aus, zieh den Stöpsel aus dem Spülbecken und frage nicht, *woran* ich bei einer Koim die Brunft erkenne. Ich werd's schon erkennen, aus.

Aber der G-Bau'r wird sein Lebtag nicht sehen, wie eine Almerin stierig wird. So.

»Kimmst du z'schuss, oder?«, fragt Hias.

»Ja. Alles super«, lächle ich. Keine Fragen mehr!

Da ist der Hias sichtlich froh, denn es ist höchste Zeit, nach Hause zu fahren. Zu seiner Familie, seinem Leberwurstbrot und seinem Kanapee. Oase des inneren Friedens.

»Ha'wee!« Müde startet er seinen Jeep. Ich laufe zum Gatter und mach's auf für ihn.

Und irgendwas von »ganz neuen Seiten« brummend fährt er durch.

Hinter ihm mach ich das Gatter wieder zu. Beinah wäre er trotzdem ausgestiegen, aber so hebt er einfach seinen Zeigefinger zum Gruß, und ich schau ihm nach, mit den Ellbogen auf dem Gatter, bis der Jeep hinters Holz davongeschossen ist, und denke laut: »Des kriang ma scho.«

Nelly

Auf einen Schlag ist es still. Nur die Glocken bimmeln. Ziemlich laut eigentlich, vor der Hütte, neben der Hütte, hinterm Fichtenholz und droben an der Gana-Leit. Und trotzdem ist es still. Die Grassberger-Viecher haben lange Bremsspuren auf der Wiese hinterlassen. Die Fallerer-Mädel schwänzeln flirtend ums Gatter rum. Eine von ihnen streckt ihren weißbraunen Kopf zu mir rüber und will gekrault werden. Also mach ich das. »Murmel«, sag ich zu ihr, und sie bläst mich an. Die Erste, die einen Namen hat.

Suchend schweift mein Blick weiter. Mein Sturzpilot hat sich in eine kleine Senke gelegt, weit genug weg von den anderen. Ich geh rauf zu ihr. Aber kaum sieht sie mich kommen, steht sie auf und humpelt weg. Immer nur so weit, dass sie zehn Meter zwischen sich und mir hat. Ihr linkes Vorderbein ist dick geschwollen.

»Ich setz mich einfach da her. Neben dich. Passt das?«

Sie bleibt stehen. Gleichgültig schielt sie ins Leere. Als hätte sie keine Achtung mehr vor dem Leben. Als würde das alles um sie herum ohne sie stattfinden. Zu tun hat sie damit nichts. Weder mit dieser Almwiese noch mit den anderen Tieren, noch mit ihrem eigenen Körper.

»Hey, du«, sag ich, »schau doch mal her.«

Macht sie nicht.

»Bitte. Schau doch mal.«

Zornig dreht sie ihren Kopf. Und stiert mich an. *Was soll das! Ich hab hier nichts verloren. Ich gehör nicht hierher.* Und mit hierher scheint sie nicht unbedingt die Alm zu meinen. Eher den Planeten. Mutter Erde. Berge, Flachland, Häuser, Städte, Autobahnen. Tiere haben keinen Platz mehr. Betonparkplätze, Landebahnen, Fichtennutzwald, Streuobstwiesen, Siedlungsneubau.

Vielleicht sind das meine Gedanken, nicht ihre.

Ich bleib noch einen Augenblick sitzen, neben meiner sturen kleinen Freundin, und schau mit ihr auf den abendlichen Chiemsee runter. Ein bisschen wie eine Filmkulisse, denke ich. Und dann geh ich zurück zur Hütte.

Sie schaut mir nach. Ich weiß es, ohne mich umzudrehen. Ha! Also doch nicht ganz so ferner Sternenbewohner.

Ich winke ihr. Bis morgen!

Es wird dunkel. Der Mond schwebt langsam hinter dem Gana-Stoa heraus. Die Murmel geht zum Grasen, mit ihren Freundinnen. Und ich geh in die Hütte, an den langen Tisch in der Gaststube. Der führt sich auf wie ein Bürotisch. Weiße Zettel, gelbe Zettel. Auf Servietten geschmierte Telefonnummern. Klarsichtfolien. Ein Ordner. Locher. Sogar ein Telefon.

Ich habe eine lange Liste mit Ohrmarkennummern in der einen Hand und ein Durcheinander an gelben Anmeldezetteln in der anderen. Jedes Tier hat eine Registriernummer. Diese Nummer ist auch die Ohrmarkennummer des Tiers, und die steht sowohl auf der Liste als auch auf den Anmeldezetteln. Das alles muss deckungsgleich sein. Ich verliere den Überblick. Die Anmeldezettel sind plötzlich nicht mehr nach Bauern sortiert. Und es sind weniger Anmeldezettel als Nummern auf der Liste. Und ich habe extra meinen Bürojob gekündigt, vor ein paar Jahren, weil ich das nicht kann. Listen vergleichen. Also auf ein Neues: Anmeldezettel 35173. Haken auf die Liste. Anmeldezettel 35175. Haken auf die Liste. Anmeldezettel. 35178 ... fehlen da welche dazwischen? Stopp. Nicht denken. Einfach abhaken. 35178. Anmeldezettel. Haken.

Die Sennerin auf der Alm im Sparlampenbatterielicht bei der Buchführung.

Der nächste Tag ist ein Sonntag.

Die Damen Dora und Zenz' haben in dem Blätschen-Feld gleich hinterm Stall übernachtet, sehen, dass die Stalltür aufgeht und ich im Zauberpulversack herumraschle – und traben herbei! »Brave Kühe!«

Zauberpulver in den Barren kippen, Kühe anketten, melken. So. Und weil heute Sonntag ist, werden Gäste kommen. Ameisenscharen von Gästen.

Bevor die aber kommen, muss ich noch raus, Koima zählen. Der Hias hat gesagt: »Schreibst de Ohrmarkennummern oi unteranand, dann tuast' da leichter.« Anwesend – gesund – abhakeln. »Des is Sennerins Aufgabe Nummer oans. Ois andere ... kriang ma scho.«

Ich unterteile also ein DIN-A4-Blatt, kariert, in drei Spalten.

In die erste Zeile der linken Spalte schreibe ich den Namen des Bauern. Fallerer Flori. Darunter die Nummern seiner Viecher, und zwar der Reihe nach.

Jedem Rind wird bei der Geburt eine Ohrmarkennummer zugeteilt. Jeder Stall hat seine eigene Nummernkombination, und nur die letzten fünf Ziffern variieren. Und zwar nach Geburtsdatum aufsteigend. Wenn man das einmal verstanden hat, ist der Rest einfach.

Ich schreibe also die Nummern so untereinander, dass das älteste Tier jeder Gruppe in der ersten Zeile steht. Das zweitälteste in der zweiten Zeile. Und so weiter. Das jüngste Tier ist das letzte. Also: 81447, 81448, 81449, 81451, 81455. Am Beispiel der Fallerer-Mädel. Wenn die Nummernfolge unterbrochen ist (451, 455), dann heißt das, die dazwischen geborenen Kälber sind nicht auf der Alm. Wahrscheinlich waren das Stierkälber und sind schon verkauft oder geschlachtet.

Dann lasse ich eine Zeile aus und schreibe den Namen des nächsten Bauern. G-Bau'r.

Und darunter die Nummern seiner Viecher in aufsteigender Reihenfolge.

So verfahre ich mit allen Bauern-Namen und Viecher-Ohrmarkennummern.

Hinter jeder Ohrmarkennummer bleibt die Zeile Karos leer bis zur nächsten Spalte. Und in diesen Karos werde ich dann die Viecher abhakeln, draußen, beim Zählen.

Also.

Liste und Kugelschreiber einpacken. Almstecken mitnehmen. Vielleicht eine Dose Blauspray und Arnica-Globuli für leichte Verletzungen in den Rucksack, und los.

Zuerst versuche ich, einfach durchzuzählen. Wenn's 99 sind, ist alles gut. Also. Eins, zwei, drei ... neun, zehn ... hab ich die hellbraun Gefleckte da vorn schon gezählt oder nicht? Und die daneben sieht genau gleich aus. Und ausgerechnet jetzt wird ihnen dort, wo sie stehen, das Gras langweilig, und sie trotten davon. Kreuz und quer!

Dann halt abhakeln. Ich gehe mit gezücktem Bleistift und unter den Arm geklemmten Almstecken auf mein erstes Opfer zu. Ein weißer Wuschelkopf mit so viel Haaren in den Ohren, dass die Marke nicht zu sehen ist. »Haaallo, Kuhdi«, säusle ich, »zeig mal her, deine Nummer!« Aber das Kuhdi läuft davon. Klar. Ich bin ja fremd. Wo läuft sie denn hin? Ist das eine von den Fallerer-Koima? Oder ... nein. Die läuft ... jetzt ist sie weg. Verschwunden.

Ich soll mir Gruppen einprägen, hat der Hias gesagt. Dann tu ich mich leichter. Die Koima aus einem Stall bleiben normalerweise auch auf der Alm beieinander. »Wennst' siehgst – Fallerer, alle sieme do, na haklst' as natürlich alle auf oamoi ob.«

Aber dazu müsst ich die Faller-Koima von den anderen unterscheiden können. Und, tut mir leid, für mich sehen alle 96 gleich aus.

»Wenn oane oanzeln steht, dann is des meistns koa guad's Zoacha. A Rind is ein Herdentier, woasst'«, hat Hias auch noch gesagt. Aber an so was will ich heute gar nicht denken.

Stur mach ich bei jedem Tier, dessen Ohrmarkennummer ich abgelesen habe, einen Punkt auf meiner Liste.

Das kann jeder Idiot.

Zwei Stunden später torkle ich, fast verzweifelt, zur Hütte zurück.

Laut meiner Liste sind da Viecher auf der Alm, die gar nicht existieren. Und zwei davon sind Kühe mit einem prallen Euter. Wo kommen die jetzt her? Und eins, das da sein sollte, fehlt.

Hias winkt nur ab, als ich ihm die Katastrophe schildere.

Das sind die Viecher von einem gewissen Bauern Bölz. Der kann sich nie entschließen, welche von seinen Kramp'n er dann schließlich auf die Alm bringt.

»Wos sei' Oide hoid ei'dafangt, des bringt er«, schnaubt Hias. De Oide ist dem Bauern Bölz seine Frau. Und der Bauer Bölz hat eine Extrawurst. Und ich sehe deutlich, was Hias von derlei Extrawürsten hält. Ein Einkaufszettel, vollgeschmiert mit Ohrmarkennummern. Bölz.

Ich merke, dass auch ich extrem intolerant gegenüber Extrawürsten werde. Sie fordern zusätzliche Gehirnkapazität, die ich einfach nicht mehr habe. Wild schnaubend schreibe ich eine neue Liste. Und geh noch mal los.

Hias schleppt derweil die zehn Tragl Johannisbeerschorle, die er heut früh beim Getränkemarkt geholt hat, in den Keller.

»Do kimmst' scho eina«, schreit er mir aus seinen Biertraglverlies hinterher. Mit der Zeit wird das Suchen schneller gehen. Ich werde mich in meinem Almgebiet auskennen. Ich werde meine Viecher am Gesicht erkennen und nach und nach die Nummer dazu auswendig wissen. Das erleichtert das Abhakln ungemein.

Eins fehlt. Immer noch.

Es könnte abgestürzt sein, ist mein erster Gedanke. Auch wenn auf meinem Almgebiet weder hohe Felsen noch steile Grate oder Rinnen sind.

Ich muss suchen. So lange, bis ich's gefunden habe. Das ist mein Job.

Ich fluche und weiß nicht, wo ich anfangen soll. Ich laufe den Zaun ab. Kein Draht gerissen, kein Stempen umgedrückt. Ich könnt sie auch einfach übersehen haben. Und sie frisst sich friedlich mit ihren Freundinnen die Wampe voll. Ich werde ein drittes Mal durch die Herde laufen. Ein drittes

Mal die Ohrmarkennummern nicht lesen können, weil aus den Koima-Ohren Haarbüschel wachsen wie Unkraut.

»Hee!«, schreit da jemand. »Hol mal deine Kuh wieder zu dir rüber!«

Die Wirtin der Lauber-Hütte. Sie ist zornig. Zu Recht. Meine vermisste Koim steht vor ihren Blumenkästen. Ich sprinte. Springe über den Zaun und schwinge meinen Almstecken, dass die Koim alles stehen und liegen lässt und zurück zu ihrer Herde rennt. Durch das Drehkreuz neben dem Weiderost.

Ich mach einfach einen Punkt hinter die Nummer 65774. Und merke mir ein weißes, wuschliges Gesicht dazu.

Und dann geh ich, meinen Sturzpiloten in den Stall holen.

Lebensüberdrüssig steht sie an der Ganat-Leit' und glotzt einen verkohlten Baumstumpf an. Blitzschlag.

»Du gehst jetzt mal in' Stall«, sag ich zu ihr.

Und tatsächlich, Schritt für Schritt, geht sie. Vor der Stalltür bleibt sie stehen. *Da rein – nein. Kommt ja gar nicht infrage.*

»Doch«, sage ich und hole einen Eimer Zauberpulver.

Aaah! Sie stiert auf den Eimer.

»Komm halt rein.«

Nein.

Aber ihr Hals wird länger, je weiter weg der Eimer sich bewegt.

»Kimm, feeein!«

Sie macht einen Schritt. *Gib her!*

»Da is fein, schau, daaaa is fein.« Ich fange automatisch an, in einen Singsang zu verfallen. »Muuuucki, kiiiimmm!«

Und sie kommt. Tapp-tapp-ta-tapp, alle Hufe im Stall. *Gib her!!*

»Jetz' is fe-« Fein wollte ich sagen. Zack, rammt sie ihren Kopf in den Eimer. Gerade noch schaff ich's, den Eimer mitsamt ihrem Kopf nah genug an den Barren zu bugsieren, sodass eine Kette um den Hals passt.

Koim hängt.

Puh.
Sie macht keine Anstalten, sich loszureißen. Sie frisst. Und als sie fertig ist, glotzt sie mich an und macht »MMMMMH.«
»Nein, mehr gibt's nicht«, sage ich. »Ungesund.«
»MMMMMMMH.«
»Okay. Okay, einen noch.« Mein Herz quillt über mit einem Gefühl wie warme Sahne. »Aber wirklich bloß einen!« Ich schütt ihr den Eimer in den Barren, und dann geh ich. Später kommt der Tierarzt. »MMMMMH.«
Nein, ich geh jetzt.
Ich hör schon lustiges Stimmengewirr vom Weg drüben. Gäste. Ich muss noch duschen, denn in der verschissenen Latzhose kann ich niemandem ein Bier ausschenken.
Also geh ich.
»MMMMh.«
»Pfiadi.«

Gäste

Der erste Gast marschiert in die Hütte und bricht beim Anblick von Pilatus in lautes Entzücken aus: »Guck mal, Schatz, ein Steinbock!«
»Momeent!«, säuselt die dazugehörige Sie draußen. Zieht sich grade um, vor dem Küchenfenster. Hias schüttelt den Kopf und sortiert weiter leere Limoflaschen in ein leeres Tragl.
Der Gast nähert sich Pilatus. »Gibt's hier Steinböcke?«
»Des war mei Goaßbock«, sagt Hias und stemmt sich in die Höhe.
»Ziegenbock«, übersetze ich für den Gast, denn ich sehe, es ist notwendig. Aber der Gast winkt ab. Er späht in die Stube. Als vermute er dort weitere Steinböcke. Seine Bestellung scheint er vergessen zu haben. »Gämsen ham Se aber einige hier, hä?«

»Naa.« Hias stützt die Hände auf die Granitplatte und fixiert den Gast. »Ois lauter Goaßbeck.«

Der Gast lässt sich nicht im Geringsten beeindrucken. »Guck, Schatz, hier, der Steinbock.«

Ich fasse es nicht.

Pilatus kichert in seinen Ziegenbart hinein, während Hias dem Gast »'n helles Bier« einschenkt.

Der Gast trägt sein Bier, sein Brotzeitbrettl und einen leeren Milchbecher hinaus zu seiner Frau. Ich laufe neben ihm her zum Brunnen, schöpfe eine kleine Blechkanne voll Milch und schütt sie in den Becher. Die Frau strahlt mich an, unter ihren teuer geschminkten Wimpern und seufzt: »Ach, wie authentisch! Sind sie hier oben geboren?«

Ich bleibe stehen. »Nein. Ich komm eigentlich aus 'm Flachland«, sage ich, überrascht.

»Mmmmh«, die Frau nimmt einen tiefen Schluck. »Mmmmh, ist das köstlich«, haucht sie zwischen perlroten Lippen durch und erklärt ihrem Gatten, wie herrlich belebend natürliche Lebensmittel sind. Und zu mir sagt sie: »Wie mutig, sich so ein bodenständiges Leben zu bewahren. So verwurzelt!«

Verwurzelt.

Ich verschwinde schnell im Dämmerlicht der Hütte.

Scheiß dir nix, grinst Pilatus. Aber was kann ein Goaßbock schon wissen über das Wort Authentizität.

Draußen plärrt derweil der Gast zu den Leuten am Nebentisch: »Die ham'n Steinbock in'a Hütte hängen.«

»Nee!«

»Doch.«

»Sind die nich' geschützt?«

»Kann ich nich' sagen. Werd ich zu Hause mal recherchieren. Wird schon gewildert sein, hua, hua, hua!!«

»Spinnt der?«, frage ich Hias.

»Hmpf«, macht er.

Ich blicke hilflos zu Pilatus auf.

Und der grinst noch breiter: *So san's. Preißn.*

Hätte ich nur zwei Wochen in die Zukunft schauen können, an diesem Sonntag, hätte ich gewusst, wie schnell man einen Trennstrich zieht. Wie schnell man sagt: »Scheiß dir nix, des is a Preiß.«

Wir sind auf der Alm unter Unsresgleichen. Und die, die auf Pilatus zeigen und »Steinbock!« exklamieren, das sind die »Preißn«. Wie sie laut reden. Und wie viel sie reden. Und worüber! GPS-Daten. Sie müssen nur kurz checken, wo sie sind. Dabei sitzen sie doch schon auf der schönsten Alm! Warum schauen sie nicht in die Berge? Oder hinaus ins Tal. Da sieht man doch viel besser, wo man ist.

Vor nicht langer Zeit hab ich noch gesagt, »Gäste kann ich im Schlaf«. Aber schon am ersten Sonntag fange ich an, an ihnen zu verzweifeln. Ich komme mir vor wie ein Ausstellungsstück in einem Kuriositätenladen. Ich bin die Milch produzierende Sennerin. Ich bin Fürsorge, Fruchtbarkeit, Versorgung, Gesellschaft und was weiß ich, was noch. »Was sagt denn da dein Freund, wenn du hier den ganzen Sommer alleine auf der Alm bist?« Ha, ha.

Hias ist der wortkarge Almbauer, Eigenbrötler, Bergmensch, von dem man nicht weiß, was er in Vollmondnächten macht. Und Pilatus ist der Steinbock. Punkt. Sie sehen ja Pilatus' Hörner. Ganz egal, was ich sage, und ich sag täglich bis zu zehnmal: Ziegenbock. Und sie sagen immer wieder: Steinbock.

Sie wollen lieber einen Steinbock an der Wand als einen Ziegenbock. Also haben wir jetzt einen Steinbock. Pilatus. Der sagenumwobene Steinbock vom Gana-Stoa. Geschossen in einer Gewitternacht, mit einer fehlgeleiteten Kugel.

Die Gäste kriegen eine Gänsehaut davon.

Dann, am Nachmittag, halb drei. Der Touristenansturm hat Spuren in der Hütte hinterlassen. Auf der Bank neben der Kuchenvitrine hockt der Hampi und füttert den Herrn Fink mit Marmorkuchenbröseln. Ich brühe frischen Kaffee auf. Das ist ein ausgefuchstes System. Auf dem Herd kocht das

Wasser. Die beiden großen Kannen stehen auf dem Stuhl ohne Lehne, neben dem Herd. Auf den Kannen hocken zwei Plastikkaffeefilteraufsätze, mit Kaffeepulver drin. Ich schütte das kochende Wasser mit einem riesigen Schöpflöffel in die Filter. Langsam. Ab und zu muss ich den Filter hochheben, damit ich keine Kaffeeüberschwemmung anrichte, eins meiner Spezialgebiete. Mitten in meine meditative Schöpfer-ins-heiße-Wasser-Tauchewegung latscht ein kleines Mädchen. Mitten in die Hütte. Sie zieht ihren Vater an der Hand hinter sich her. Kritisch schaut sie sich um. Sie kaut auf einem von ihren geflochtenen Zöpfen. Die freie Hand hat sie in die Hüfte gestemmt. So, sagt ihre ganze Haltung. Da bin ich.

Manche Frauen, und die beneide ich aus tiefstem Herzen, haben das schon drauf, bevor sie krabbeln können. Was für eine Gabe. Was für eine Power.

»B'stell mir fei bloß koa Kaasbrot«, schnabelt die Kleine zu ihrem Vater hinauf. Ich muss aufhören, Kaffee aufzugießen, sonst verschütt ich das heiße Wasser mitsamt den vollen Kaffeefiltern. Ich starre sie an. Natürlich erwischt sie mich dabei. »Griaß di! I bin d' Sophie.«

»Griaß di«, antworte ich. Und wünsche mir, dass ich einmal, nur für einen Tag, auch so sein kann.

Mein vorsorglicher Blick erfasst, dass Sophies Papa zuerst in Ruhe die Speisekarte studieren muss, bevor ich ihn nach seiner Bestellung fragen kann. Also tauche ich meinen Schöpfer erneut ins kochende Wasser.

»Wos machst'n du do!«

»Kaffee.«

»D'Mama trinkt aa immer Kaffee.«

»Aha.« Ich schütte vorsichtig den vollen Schöpfer in den Filteraufsatz. Zwölf Löffel Kaffee sind da drin. Und einer oben drauf, für'n Geschmack. Kaffee abmessen ist unantastbares Hoheitsgebiet vom Hias. Ich hab das nur einmal gemacht. Ich habe jeden Handgriff genauso – exakt genau so – gemacht wie er: eins – zwei – drei – vier … zwölf Löffel Kaffee, und einen extra für'n Geschmack. Das war trotzdem nicht dasselbe. Das war gar nix, um die Wahrheit zu sagen. Seitdem stelle ich nur den leeren Filter auf die leere Kanne, wenn der Kaffee aus ist. Und auf der Ganai gibt's wieder den besten Kaffee, den ich in meinem ganzen Leben getrunken habe. Irgendwas macht er noch, der Hias. Irgendwas, das nichts mit der Anzahl der Kaffeelöffel zu tun hat. Nichts mit dem Kaffeepulver und nichts mit dem Wasser. Es ist sein Geheimnis.

»I find Kaffee greislig!«

Was?

Klein Sophie.

Ich muss meinen Zeigefinger davon abhalten, wild an mein kaffeesüchtiges Hirn zu tippen. Tock-tock-tock-tock-tock! Kaffee und greislig! Wo sama denn! Aber mit Gästen fang ich keinen Streit an. Erst recht nicht, wenn sie nur 1,10 Meter hoch sind. Ich linse unter den Filter. Herrlich duftender Dampf steigt aus der Kanne. Einen noch. Dann is voll.

Miss Sophie ihrerseits hält ihren Zeigefinger nicht zurück. Tock-tock-tock-tock-tock macht er an ihrer energischen Stirn. »Kaffee stinkt!«

Ich atme aus.

»So«, sagt Sophies Papa.

Und schon spurt der Hias, präzise wie ein Formel-1-Pilot nach dem Startschuss, aus der Vorratskammer hinter seinem edlen Granittresen. »Jeeeetza. Wos kriang ma.«

Sophies Papa bestellt einmal Brotzeitteller und Bier, und einmal Kaffee und ... zwei Schritte seitwärts zur Kuchenvitrine... ein Stück von diesem Zebrakuchen.

»Amiiii!!«, schreit Hias, während er sich kopfüber ins Biertragl stürzt. »Oamoi B und B, oamoi ZK und K, und oamoi LL!«

Das Ganai-All-inclusive-Paket für die glückliche Familie. Und weil die Ami gerade nicht da ist, richt's halt ich her, das Paket. Brotzeit und Bier für den Papa, Zebrakuchen und Kaffee für die Mama, ein Limo und einen Lutscher fürs Sopherl. Ihre herrische kleine Hand schnappt mir den Lutscher weg, bevor ich »Da schau her« sagen kann. »Erdbeergeschmack, na ja«, kommentiert ihr gerümpftes Näschen.

»Da stinkt's ja immer schlimmer«, sagt ihr Kirschlolli fordernder Mund. Sie schnuppert. Sie steht zwischen Zebrakuchen und Pilatus. Und wie ein Pfeil schießt ihr kleiner ausgestreckter Zeigefinger hinauf zu Pilatus: »Papa schau, a Goaßbock. Uäääh, *der* stinkt!«

»Hey!«, sag ich zu ihr. »Des is der Pilatus.«

»Warum habt'sn ihr an Goaßbock da herin!«

»Des is ein *Steinbock*.«

»So a Schmarrn«, sagt die Kleine. »A g'stinkerter Goaßbock is des.«

Ich klatsche den Zebrakuchen von weiter oben als beabsichtigt auf einen Teller. »Mogst no an Lutscher?«, frage ich sie scharf. Sie nickt und streckt mir ihre Hand entgegen. »Kirsch!«

Hab ich's doch gewusst. Ich mache aus dem All-inclusive ein All-happy-Paket und tu einen Strohhalm zum Limo, damit ja keine Wünsche offen bleiben. 's Sopherl sagt »Danke«, nimmt ihre Lutscher, ihre Limo und den Strohhalm in eine Hand, um sich mit der anderen die Nase zuzuhalten, und watschelt hinaus.

»Pfiadi, Sophie.«

»Pfff-gn-iiad-gn-deee!«

»Pfiadi«, lacht Hias. »Hoaßt den Pilatus an Goaßbock und zwickt si dann d' Nasn zua.«

»Frech«, sag ich. Und bin zornig.

Hias lacht weiter und streichelt Pilatus' Ziegenbart. »A so a freche Goaß, ha, Pilatus.«

»Pilatus, scheiß dir nix«, grinst jemand von der Bank. Der Hampi ist ja auch noch da.

»*So* schlimm stinkst ja gar ned, geeelll, Pilatus!«

Nein, so schlimm stinkt er wirklich nicht.

Und dann geht's weiter, Gast auf Gast. Sonntag ist der Tag der Einheimischen. Hiesige, nennen sie sich selber. Und sie sind beleidigt, wenn man sie nicht kennt. Auch wenn man sie noch nie gesehen hat.

Die Hiesigen trinken von vornherein Bier.

Einer spaziert in die Hütte, vorbei an der Gästeschlange, als würden die an einem anderen Schalter anstehen. Einem, der ihn nichts angeht. Einwanderungsbehörde oder so. Er sieht mich, zuckt minimal erstaunt mit der Augenbraue, zieht den Rest seines Schnupftabaks zurück in die Stirnhöhlen und stemmt die Hände auf die Granitplatte. »Griaß de, Hias'ei.«

»Ja, da Aaloise. Griiaßde.«

»Host' dei Heu drin?«, fragt der Aloise und schnäuzt sich.

Der Hias nickt bedächtig. »Jaaa, is guad ganga, muass i sog'n, dankschön. Und sey'm?«

»Aa, wunderbar. Und so schee. Bloß bei da Holzwiesn, do hob i ma ned traut, is a so soachnoss do drunt, möchst'as ned glaam, gell.« Mr Alois schüttelt den Kopf, und etwas in mir hat auf der Stelle den dringenden Wunsch, sich irgendwo zu verstecken. Natürlich ohne Grund. Dieser Aloise ist weder bullig noch quadratisch, noch derb. Er ist nicht der G-Bau'r. Eher das Gegenteil. Drahtig, fast feingliedrig. Unterarme voller Adern, sein Hals ein einziges Sehnengeflecht, und anstatt auf normalen Beinen steht der Aloise auf zwei komplizierten Trageskulpturen. Er sieht aus wie eine Maschine. Aloinator.

Aber ich sollte lieber seine Brotzeit herrichten, als seine Wad'n zu analysieren, das bringt Unglück.

Und zack, nickt sein Kinn schon zu mir rüber.

»Host' a neue Almerin?«

»Jaaa, jaaaa«, singt der Hias. Als möchte er den Aloinator davon abhalten, weiterzufragen.

»Wos is mit da Almuth?«

»Deeee konn nimmer.«

»Ah! Hot's doch no eig'schlogn.«

»Jaaa, konn ma so sog'n, ja«, nuschelt Hias. Frauenthemen sind nicht seine Stärke, glaube ich. Meine auch nicht. Die Almuth ist schwanger. Deswegen bin ich da.

Und der Hias wechselt das Thema: »Jaaaaaa, mit dera Quell'n a da Holzwies'n, wos machst' na do ...«

»Wer' i doch nomoi fassen miass'n.«

»Jaaa, des is scho guad, so a Wasser. Vielleicht is a Heilwasser.«

»Geh!«, peitscht der Aloinator über die Granitplattentheke wie ein Schuss aus einer Winchester. »Was' no oiwei spinna mit eahna'n Heilwasser!«

Hias zuckt mit den Schultern. Er wohnt nicht weit von einer Heilquelle, erzählt er mir später. Die, die dorthin pilgern, fahren quasi vor seiner Haustür vorbei. Bei Vollmond ganze Scharen. Frauen meistens. Wird also schon was dran sein. Und heilen kann's, das Wasser. Darmbeschwerden, Hautkrankheiten, Frauenleiden. Es ist gemessen worden. Quellen wie diese fließen am Frau'brunna in Tirol, in Altötting und in Lourdes.

Na ja, dem Aloinator wäre halt eine trockene Wiese lieber, dann hätte er jetzt sein Heu drin und seine Ruhe.

Ich stelle ihm sein Brotzeitbrettl hin. Ein riesiger Butterklecks ziert den Brotscheibenfächer um die extragroße Portion Speck. Und ein gekochtes Ei. Die Einheimischen kriegen Brotzeitbrettl mit Ei.

»Aber a Hiesige is ned, gell«, schnieft der Aloinator. Er meint mich.

»Naa«, sage ich. Leise.

»Hob i ma scho denkt.« Dann schiebt der Aloise einen Zwanziger über die Granitplatte und nimmt sein Brotzeitbrettl.

Hias schiebt den Zwanziger zurück. »Des waar ja no des Netter!«

Der Aloise schiebt ihn wieder herüber, und der Hias wieder hinüber.

Der Aloise spannt seine Halssehnen. »Jetz' lass de zoin, Zefix.«

»Nix gibt's, jetz' nimmst dein Lapp'n und schleichst de!«

Ich befürchte eine Schlägerei.

Der Aloise allerdings grinst und schiebt seinen Zwanziger wieder ein. Mir nickt er flüchtig zu: »Pfiade, Oimarin.«

»Pfiade.«

Es ist nicht leicht, die Hiesigen zu verstehen.

Ich bin keine Hiesige. Ich gehör gerade gar nirgends hin. Bald bin ich 30, nicht schwanger, und ich fürchte, dass ich nicht weiß, wie lange ich noch einen Mann in meinem Leben habe. Oder ob überhaupt noch.

Die Alm macht eine Beziehung nicht einfacher. Alles verzehnfacht sich. Die Schwierigkeiten auch.

Gott sei Dank geht's nach dem Aloise nahtlos weiter. Gäste ohne Ende. Einmal Buttermilch, zwei Kaffee, ein Nusskuchen, und »Was ham Se denn für Bier hier?«

Ich frage mich, wie lange eine normale Lendenwirbelsäule so einen Almjob überlebt. Hias ist heute schon ein paar Hundert Mal zu den Biertrageln hinabgetaucht. Und wenn der Tauchgang keine volle Flasche mehr zutage fördert, rennt er in den Keller, reißt drei (!) Kasten Gamsbräu an sich und rennt zurück. Zwei in der rechten Hand, einen in der linken. Die Flugphase zwischen den Laufschritten fällt dabei so gut wie aus, wie bei einem olympischen Marathongeher. Nur statt dem Trikot trägt Hias einen Fürtha.

Ich säble stundenlang Käsescheiben und Tomatenviertel, stochere mit dem Stemmeisen einen Krater in eine 10-Liter-Gastrodose Essiggurken, damit ich den Deckel aufkriege, weil der Dosenöffner nicht auffindbar ist, trenne die Schwarte vom Speck ab, richte das alles auf Brotzeitbrettl um Brotzeitbrettl um Brotzeitbrettl, ein jedes gekrönt mit einem Klumpen Almbutter. Feine, köstliche, einzigartig echte Almbutter.

Nicht von mir gebuttert. Aufgetaut, vom letzten Jahr noch. Und trotzdem immer noch goldgelb, zart, wie eine Blumenwiese duftend, ich möchte mich eincremen damit. Hat die Almuth gemacht. Meine Vorgängerin. Die Almuth war acht Sommer auf der Alm und kann jetzt nicht mehr, weil sie schwanger ist. Almuth kann alles. Melken, buttern, käsen,

Marmelade einkochen und Schmalzgebäck backen seit dem Kindergarten.

Ich kenn sie nicht, aber ich sehe sie vor mir. Hellblond, maximal rotblond, sie trägt die Haare immer hochgesteckt, manchmal in einem traditionellen Schopf. Butterweiche Babyhaut, glatte, stets rasierte Beine und ein klares, aufgeschlossenes Wesen. Belastbar. Vertrauenswürdig. Eine Frau, die man mögen muss. Die perfekte Almerin. Was für ein Verlust für die Alm, fällt mir da ein.

Und was für eine Vorlage für mich – Almuths Almbutter.

Herzlichen Glückwunsch, kann ich da nur sagen.

Ich werde nervös.

Je später es wird, je mehr von dem riesigen Butterklotz ich auf die Brotzeitteller türme, und je weniger davon übrig bleibt, desto größer wird die Panik. Butter-Panik. Ich muss dem Hias mein Geständnis ablegen. Sonst ist das Erwachen böse, wenn sich rausstellt, dass auch das Buttern nicht mein großes Talent ist.

Ich warte auf den richtigen Moment. Der nicht kommt, weil immer noch viel zu viele Gäste die Hütte verstopfen. Also warte ich bis nach dem Stall.

Ich steige in meine Latzhose und marschiere zu meinen zwei kapriziösen Damen auf die hintere Weide. »Kuh-di! Kuh-di!«

Dora spitzt die Ohren. Schaut mich an. Ich fühle, dass es jetzt drauf ankommt. Ich halte ihrem Blick stand. Fest. Und ohne einen einzigen Splitterton Zweifel in der Stimme rufe ich: »Auf geht's! Stall gehn!«

Und sie kommt. Ohne Zickenterror! Von mir nicht und von ihr nicht.

Die Zenz' kommt auch. Beide Damen marschieren in den Stall, als wär's nie anders gewesen, jede an ihren Platz, wo schon das Zauberpulver wartet. Es ist ausgefochten. Wir sind ein Team. Danke, Dora, das werd ich dir nie vergessen.

Sie kriegt eine extra Handvoll Zauberpulver, weil ich so froh bin. Weil sie ab jetzt ihren Job macht, und zwar immer

100 Prozent. Wir haben uns zusammengerauft. Die gute Dora. Sie ist die Beste.

»MMMM!« macht es vom anderen Ende des Stalls.

Die Ladys haben unseren neuen Stallgast noch gar nicht beachtet. Dora hat auch nur einen Sekundenblick übrig, für die halbe Portion da drüben.

»MMMMMHHH!«

Also gut, gibt's für die halbe Portion auch eine Handvoll Zauberpulver.

»Mmh!«

Schluss, das reicht, wenn du auch mal Milch gibst, kriegst du auch mehr Zauberpulver. Aber jetzt nicht.

»Mh.«

Ich melke. Tsch-g, tsch-g, tsch-g macht der Pulsator. Doras Fell riecht nach Heu und Sonne. Zenzi riecht nach frischer Erde. Ohne dass ich's merke, lehne ich mich an Doras Bauch. Warm und rund und fest. Der Bauch hebt und senkt sich mit jedem Atemzug. Es ist ein trächtiger Bauch. Kühe sind quasi nonstop trächtig, bis auf wenige Wochen im Jahr, zwischen dem Kalb und der neuen Besamung.

Frauen, denke ich.

Dora atmet einen tiefen, seufzenden Bauch voll Luft, und fängt an wiederzukäuen.

Ich atme auch einen Bauch voll Luft.

Frauen. Ich bin ganz leise. Um mich herum ist eine Kraft, die ich bis jetzt noch nie bemerkt habe. Pure weibliche Kraft.

Im Bauch, sagt Dora, und grunzt wie ein Wal. Wohlig. Doras Bauch ist wie ein Ball. Und da drin ist eine riesige glühende Kugel. Hingabe ist das. Und Liebe. Ungebändigte Liebe. Einfach da. Muss gelebt werden.

Ich kenne diese Kraft nicht.

Und dort, wo bei ihr die wunderschöne glühende Kugel ist, ist bei mir ... nichts.

Schwarz.

Eine Erinnerung.

An ein Ultraschallbild von einem kleinen schwarzen Punkt. Ein dunkler Klecks, ein bisschen schief und gekrümmt. Und die Worte, die die Ärztin gesagt hat. Drei Stück.

»Tja.« Erstes Wort. »Kein Herzschlag.« Zweites und drittes Wort.

Die haben keinen Satz gebildet. Die sind für sich geblieben, diese Worte.

Sind einzeln um mich herumgehangen wie ein Mobile. Ich hab jedes von ihnen betrachtet, verwundert, und gewartet, dass sie einen Sinn ergeben. Denn Wörter tun das. Einen Sinn ergeben. Diese drei nicht. Tja. Kein Herzschlag.

Kein Herzschlag zu sehen? Oder kein Herzschlag da? Oder kein Herzschlag, weil das Herz noch nicht gebildet ist? Was heißt das?

Das Herz schlägt nicht.

Also hat's ein Herz.

Natürlich hat's ein Herz. Ich spür's ja. Ich fühl's ja. Ich fühl seine Anwesenheit. Ich weiß, dass es ein Bub ist. Er heißt Luis. Und ich werde ihn behüten und beschützen, mit allem, was ich habe, das hab ich ihm versprochen.

Aber sein Herz schlägt nicht.

Die Ärztin hat mich an die Klinik überwiesen. »Man sollte schon was machen«, sagt sie. Sonst kann es mich vergiften, irgendwie.

Was sie noch alles gesagt hat, ist in das schwarze Loch gefallen. Wo auch der kleine schwarze Punkt hineingefallen ist.

Sie haben mir einen Termin gegeben. Man muss in den OP. Sie schaben's raus. Sie reißen tatsächlich ein Loch in den Bauch. Eins, das man von außen nicht sieht. Eins, von dem sie vielleicht auch nichts wissen, denn die Ärzte sind Männer und können's nicht ausstehen, wenn Patientinnen vor der Narkose um ein fingernagelgroßes Embryo weinen.

Geben's ihr was, das ist ja ein Wahnsinn hier.

Still sein.

In ein schwarzes Loch fallen.

Das ist mein Bauch jetzt.

Keine glühende Kugel.

Keine unbändige Liebe mehr, aber vielleicht braucht man die auch nicht.

Doch, sagt Dora. Wird Zeit, dass du's wieder lernst. Ob du willst oder nicht.

Und dann poltert ein tiefer Rülpser aus ihrem Bauch, zwischen zwei malmenden Wiederkäuern. Und um die Sache ganz klar zu machen, hebt sie ihren Schwanz und kackt mir einen Fladen auf die Stallgasse, den ich auf eine Schaufel gar nicht draufbringe. Muss zweimal zum Misthaufen gehen. Hab dabei auch Zeit, Tränen von meinem Gesicht zu wischen. Wieder normal werden. Melkeimer mit heißem Wasser durchspülen und Milchkanne ins Millikammerl schleppen.

Ich lupfe die volle Kanne auf meine Schulter. Alles ist gut, denke ich. Ich schwanke unter dem Gewicht, atme entschlossen in den Bauch, bis ich ruhig und kräftig dastehe, und dann schütte ich die Milch in die Zentrifuge. Die 20 Liter fassend Blechschüssel ist zu klein. Wow, Mädel. Und das war nur die Abend-Melkmahlzeit. Die von in der Früh schwappt längst in unzähligen Gästemägen. Vermischt mit Kaffee, Birnenschnaps und Zebrakuchen.

Alles ist gut, denke ich, und hänge mich mit beiden Armen an die große Kurbel, um die schweren Schwungscheiben anzutreiben. Zaach geht das. Hab noch Puddingarme. Talarme. Aber das wird sich ändern, bestimmt ...

Der Rahm rinnt dick und cremeweiß in seinen Plastikeimer. Die Magermilch schäumend und leuchtweiß in die große Kanne. Ich kann nicht anders, ich laufe im Stallwand in die Hütte, hol die Tasse mit der Rose drauf aus dem Regal und mach sie halb voll Kaffee, ignoriere Hias' verwirrten Blick, laufe wieder hinaus ins Millikammerl, und da trinke ich Milchschaumkaffee, direkt aus der Zentrifuge.

Ja, genau. Genau so muss das sein. Dafür bin ich auf der Alm.

Und, ja, für ein paar andere Dinge auch. Ich denk drüber nach, Dora.

Der Rahmkübel ist voll. Ich pfloppe den Deckel drauf. Trage ihn in den Keller, zum Kühlen. Neben die anderen drei Kübel, die da schon stehen.

Aus diesen Kübeln voller Rahm werde ich etwas machen müssen. Butter halt, irgendwie.

Mehr weiß ich nicht, und das ist es, was ich dem Hias noch sagen muss. In einem geeigneten Moment.

Der wäre dann jetzt, fürchte ich.

Butter und Blumenwiese

Die Gäste sind weg, alle Gläser von draußen sind reingeräumt und die Brotzeitbrettl gespült. Alles ist ruhig. Nur die Alm-CD dudelt leise durch die Hütte.

Hias hat aus dem Autoradio und den Boxen aus seinem havarierten Suzuki-Jeep eine Alm-Stereoanlage gebaut. Die läuft mit dem Strom aus einer Lastwagenbatterie.

»Hias, so an Butter wie die Almuth – oiso, so an Butter kriag i ned hi, fürcht i.«

Hias wischt mit großen Kreisbewegungen seine Granitplatte ab. W-schsch, w-schsch. Lappen auswaschen. Er schaut nicht auf, er antwortet nicht, er wischt. Aber gehört hat er mich. Denn sein Blick heftet sich an sein Schwammtuch, als könnte es, wenn es nur lang genug wischt, ein Wunder zum Vorschein bringen. Das Wunder eines sorglosen Sommers. Vergeblich, das Hoffen. Er wird im schlimmsten Fall sagen müssen, des kriang ma scho. Es wird ihm nichts anderes übrig bleiben. Fürchte ich. Ich möchte im Gulli verschwinden. Da stoppt seine Hand, am Ende eines großen Wischkreises. Seine Augen schielen nach links. »Jaaaaa, des kriiiiang ma scho.«

Ich hab's befürchtet.

»Mmmmm«, macht es im Stall. »MmmmMMM.«
Mein Sturzpilot.

Hoffentlich ist nichts passiert. Einer Koim können tausend Dinge passieren auf der Alm. Sie kann gestolpert sein, und kommt nicht mehr hoch mit dem verletzten Bein. Sie kann sich in der Kette verfangen haben und halb erwürgt unterm Barren hängen. Sie ...

»MMMMMH!«

»I kimm glei wieder«, sage ich zum Hias und laufe rüber in den Stall.

Sie steht da und glotzt mich an. Mein Herz rast noch einen Augenblick weiter, bis es kapiert, dass nichts passiert ist.

»Was is'n?«

»MM.«

Hunger.

Draußen unterm Vordach hängt die Sense.

Ich angle weit über den Brennholzhaufen und eine alte Rolle Stacheldraht drüber, erwische den Griff und fädle die Sense aus dem Dachbalken raus. Ein Wetzstein steckt in einem Astloch neben dem Stallfenster. Perfekt.

Als Kind, mit meinem Opa, hab ich solche Sachen gemacht. Vogelhäusl bauen. Gartenzaun streichen. Brennholz aufrichten, in Rundhaufen, die so hoch waren, dass wir fürs Dach eine Leiter gebraucht haben – und das lange Gras unterm Nussbaum mit der Sense mähen.

Ich such mir ein Stück Wiese. Ein Stück mit viel Löwenzahn. Wunderschön. Wenn ich ein hungriges Koibal wär, ich würde genau hier fressen.

Ich hole aus, nach rechts, und schwinge die Klinge. Nach links. Und in den Boden. Uups. Wenn das der Opa gesehen hätte. Wieder hole ich aus. Und mit Schwung nach links ... ssssummmmm. Dreivierteldrehung. Und kein Grashalm umgefallen. Gut. Dann noch mal: Ausholen nach rechts. Arme anspannen. Durchziehen nach links. Rrrpffff. Eine Handvoll Gras mehr ausgerissen als abgemäht. Is ja voll stumpf. Kann ja gar nicht funktionieren. Gut, zuerst Klinge wetzen.

Hey, Opa, wie war das gleich noch mal? Das hab ich doch mal gekonnt. Oder hast du mir das nur weisgemacht, dass ich's kann? Wer hat die Wiese unterm Nussbaum gemäht?

Das war doch ich. Oder?

Mein Freund hätt's mir nicht zugetraut, glaub ich, das Mähen mit der Sense. Ist das das Gleiche? Einander was zutrauen und Liebe? Keine Ahnung. Was weiß ich schon über L –

Und zack, schneidet die stumpfe Klinge einen langen Riss in meinen Finger. Shit!

Die kleinen Sünden bestraft der liebe Gott sofort, weil er's sonst vergisst. Ich wickle ein Stück Isolierband um den Finger. So. Und jetzt mäh ich die Wiesn da.

Rrrpffff. Macht die Sense. Rrrrpffff, Rrrrpfffffff. Liebe leben. Einfach gesagt. RRrrrpffff.

Ah, lasst's mich bloß in Ruhe mit der Liebe!

Rrrrrpfffff. Rrrpff, Rrrpff, Rrrpff.

Für Liebe hab ich kein Talent, da kann nix rauskommen.

Rrpfff.

Kann nur wehtun.

Rpf.

Ein Batzen Erde fliegt durch die Luft.

Rrrpfff!!

So.

Gemäht.

Ich kratze das Gras mit den Händen zusammen und stopfe es in den Schubkarren. Und dann schiebe ich die ganze Ladung zum Stall.

»Mmmh.«

Mein Stallgast glotzt mir entgegen.

Ich stopfe das Gras in den Futterbarren vor ihr.

So. Friss!

»Mmmh«, sagt sie. Frisst sie nicht.

Wie, frisst du nicht. Und Hunger? Was war mit Hunger haben?

»Mmm.«

Fünf Minuten setze ich mich neben sie. In zwei Metern Entfernung. Ich will ja nicht mit ihr reden, ich will, dass sie frisst. Ein Maulvoll nimmt sie. Und spuckt's wieder aus.

Noch zwei Minuten.

Okay. Dann kipp ich das Gras auf den Mist. Aber noch einen Schubkarren voll mäh ich nicht. Dann gibt's halt morgen wieder was. Ohne Löwenzahn.

»Frisst's as ned?«, fragt Hias hinter mir.

Ich wirble herum und starre ihn an. Die Menschen, die ich so anschaue, drehen sich normalerweise weg. Das gibt mir ein Gefühl dafür, wie meine Augen dann sind. So ähnlich wie Feuerwerfer. Hias allerdings bleibt völlig unbeeindruckt. Er lässt sich von mir den Wetzstein geben und hebt die Sense auf, wo ich sie hingeschmissen habe. Mein Fleck gemähte Wiese sieht aus, als hätte ein Wildschwein darauf gewütet. Hias stellt die Sense umgedreht auf den Stiel, legt den Unterarm auf die Schneid wie um die Schulter eines guten Freundes und fängt an, die Klinge zu wetzen.

Schz-schz-schz-schz—Sschschzzzz, Sschschzzzz.

Schz-schz-schz-schz—Sschschzzzz, Sschschzzzz.

Viermal kurz auf der Rückseite, zweimal lang auf der Innenseite.

Die Augen hält er halb geschlossen dabei.

Schz-schz-schz-schz—Sschschzzzz, Sschschzzzz.

Bald blitzt ein goldener Strahl der Nachmittagssonne über die Schneid. Hias steckt den Wetzstein in seine ausgebeulte Hosentasche. Ich glaube, er könnte seine halbe Werkstatt in seinen Hosentaschen transportieren. Und dann lässt er die Schneid zum Boden hinuntersinken. Gemächlich balanciert er die hölzernen Griffe in seinen Händen. Langsam wiegt er die Sense in seiner Hand und lehnt seinen ganzen Körper nach rechts. Und sanft schaukelnd nach links. Zzzzzzzzzz. Macht die Klinge.

Und ein Streifen Gras fällt um wie Millionen Dominosteine.

Hmmmm, schwingt die Sense zurück nach rechts. Und Zzzzzzzz.

Hmmmmm, Zzzzzzzz.

Hmmmmm, Zzzzzzzz.

Hmmmmm, Zzzzzzzz.

So geht das.

Sauber und duftend liegt jedes Blatt, jeder Halm.

Gemäht mit Hingabe. Nicht mit Wut.

Er spießt das Gras mit einer Heugabel auf den Schubkarren. Ich schieb's zum Stall. Und leg's in den Futterbarren.

»MMMMMHHH!«, sagt die kleine Madame. Und frisst wie ein Förderband.

Ich setze mich wieder auf meinen Platz zwei Meter neben ihr auf den Rand des Futterbarrens. Etwas pocht hinter meiner Stirn. Worüber hab ich mich eigentlich aufgeregt? Über die Liebe?

»Mampf, Grmps, Mampf-mampf-mampf-mampf.«

Hias lehnt an der Stalltür und zwirbelt die Enden seines Schnurrbarts. »Mei Oma hot aa so oane g'habt. A Pinzgauer. De hot Nelly g'hoassn.«

Flupp! Klappen die großen braunen Ohrtrichter nach vorne. Sie glotzt ihn an.

»Nelly«, sage ich.

»MMMh.«

Sie bläst mich an. Und mein Herz pumpt wie ein Maikäfer, spreizt die staubigen Flügel und lupft seine acht Tonnen Bleigewicht in die Höhe, um ihr zuzufliegen.

Nelly.

»Mm.«

»Hallo, Nelly.«

In meinem Bauch, dort, wo das schwarze Loch ist, blitzt ein Lichtstrahl auf. Wie die Nachmittagssonne auf der Sensenklinge. Wwwzzzzz, macht's, und der Lichtstrahl trifft etwas und sprengt es. Ein Granitblock zerbröselt. Irgendwann, wenn der Staub sich gelegt hat, wird da wieder eine Blumenwiese wachsen. Glücklich, denke ich, und die Nelly rülpst mir einen Hauch Löwenzahn ins Gesicht.

»... do wer' ma glei nomoi an Tierarzt o'ruafa wega' dem Hax«, nuschelt Hias in seinen Bart hinein.

Nelly reckt den Hals, so weit die Kette es erlaubt, zum Schubkarren und streckt die Zunge raus, einen halben Meter, wie ein Chamäleon. Sie erwischt einen Grashalm.

»MMMMMMMHH!«

Okay, okay. Ich packe das übrige Gras mit beiden Armen und schichte es sorgfältig in den Futterbarren. Aufgelockert. Ein paar Löwenzahnblätter gerade gezupft. Eine Blume noch, Paul Bocuse für Rinder. Und die Nelly rammt ihre Schnauze hinein, in den grünen Haufen, fasst ein Maulvoll und schleudert alles, was drum herum ist, mit einem Schwung hinter sich, hurra, holladrio.

Nelly!

Mampf. Sie schielt mich an. Spitzbübisch.

Mampf-mampf-mampf. Ka-wuzzsch, fliegt die nächste Ladung.

Hey!

Ich sammle alles wieder auf, leg's zurück in den Barren und sage: »Ich geh dann.«

Mampf, Kawwuzzsch.

Also noch mal einsammeln.

»Pfiadi, Nelly.«

»Mmmh ...«

»Schön brav sein.«

Pfiadi.

Ich schleiche aus dem Stall.

Mampf-mampf, höre ich. Und lächle selig. Leicht und leise bin ich.

Mampf-mampf-mampf.

Ka-wuzzzsch.

Ein Lieferwagen fliegt um das Fichtenholz wie ein Geschoss. Der Tierarzt. Er nickt, anstatt Grüß Gott zu sagen, und setzt mit Riesenschritten in den Stall. Ein Griff an Nellys Bein. Gleichzeitig weicht er ihrem Schädel aus, der gezielt nach ihm boxt. Ein Blick auf die andern drei Beine. Ein Faustdruck gegen die Schulter.

Angussverbände mit essigsaurer Tonerde wären das Beste, sagt er. Aber ... Sein Blick schweift resigniert zum Boden und bleibt am Stallbesen hängen, als wäre das ein weltweit einmaliges Orakel. Eins, das Antworten gibt auf Fragen, die er längst schon nicht mehr stellt.

»Aber was?«, frage ich und mache mir Sorgen.

Dass es den Aufwand nicht wert ist, denkt er. Rentiert sich nicht für so ein windschiefes Koibal. Er kann ihr auch einfach ein Schmerzmittel spritzen.

Jetzt glotzen wir ihn beide an. Nelly und ich. Wie – rentiert sich nicht? Wie – einfach ein Schmerzmittel spritzen? Schmerzmittel heilen doch nichts.

Nein, sagt er. Wenn's wird, wird's, und wenn nicht, mei. Immer noch spricht er zu meinem Besen.

Ich stelle also den Besen woandershin und stemme die Hände in die Hüften wie die kleine Sophie. Und sage »Also: Wenn das Bein wieder heilt, mit Angussverbänden, dann mach ich Angussverbände.« Und Arnica-Globuli in D12 geb ich ihr, das macht man doch bei Verletzungen. Und den Wassereimer schieb ich ihr hin, wenn sie Durst hat, damit sie mit dem kaputten Hax nicht extra aufstehen muss zum Trinken. Aber das sag ich nicht, man muss es ja nicht übertreiben.

Der Tierarzt kratzt sich am Hinterkopf. »Rhus Tox wäre besser als Arnica, für Sehnen gibt man Rhus Tox.« Sein Blick hängt jetzt, ohne Besen, hilflos einen Meter über dem Boden. Ein bisschen besorgt sieht er aus. Nicht um die Nelly, eher um mich, hab ich das Gefühl. Als hätte ich noch ein hartes Stück Erkenntnis vor mir. Denn er spricht von seiner Realität. Oft rentiert sich's nicht. Oft ist's praktischer, so ein

Koibal wegzutun, bevor man lange rumdoktert. Aber das ist ja nicht seine Sache. »Ja, dann, gut, dann lass ich dir die essigsaure Tonerde da, und dann schau ma«, sagt er.

Ja, denke ich, schau ma.

Der Tierarzt kramt in seiner Medikamenten-Alubox. Fördert eine Flasche zutage. Und ein Pulver, das ich mit Wasser anrühren soll. Am besten wär's, wenn ich den Baatz komplett von oben bis unten an das Bein schmiere und dann mit Frischhaltefolie umwickle. »Schaust halt, wie du zurechtkommst.«

»Danke«, sage ich noch schnell. Denn das war's schon. Noch eine eilige Unterschrift auf das Formular, und weg ist er. Sein Auto sieht nur von außen aus wie ein Lieferwagen. In Wahrheit ist es eine Rallye-Maschine. Ich glaube, Männer wie er brauchen solche Autos. Männer wie er haben extrem wenig Zeit.

Von der Stalltür aus schau ich ihm nach. Hoffentlich kommt ihm hinter dem Sonnbichl keiner entgegen. Aber das Rallye-Motorbrummen wird ganz normal leiser, ohne über Schotter scharrende Reifen und ohne den Knall zerberstenden Blechs.

»So, Nelly«, sage ich. Sie glotzt mich an. Ich halte da ein paar Dinge in der Hand, die ihr suspekt sind. Eine Flasche mit stinkender Flüssigkeit drin, eine raschelnde Tüte mit irgendeinem Pulver, eine verbeulte Emailschüssel und einen Eimer *Wasser*. Ich werde sie nass machen! Und knisterndes Zeug um sie wickeln! *So war das nicht ausgemacht. So nicht!*

Meint Nelly.

Ich meine, das macht ihr Bein wieder heil, also muss es sein, ob sie's mag oder nicht.

Eine halbe Stunde später habe ich gewonnen. Schweißüberströmt, aber der Verband ist dran. Sieht aus wie ein Astronautenanzug.

»Brav«, sage ich. Und tätschle sie lobend hinterm Ohrlöffel.

Wwwuzzzsch!

»Na gut, du mich auch, dann geh ich. Bis morgen!«
Ich stampfe zur Stalltür. Mit all meinen Heilmitteln.
»MMM ...«
»Ja, hab's auch nicht so gemeint. Pfiadi.«
»Mhmmmm ...«

Dunkel wird's. Ein ewiger Sonntag. Müde Augenringe hat der Hias, als er in seinen Jeep steigt. »Des mit dem Buttern nehm ma morg'n durch«, seufzt er. Ich mach ihm das Gatter auf. Er hebt den Zeigefinger zum Gruß und gibt Gas. Fontänen sprühen über sein Dach, wenn er ungebremst durch die Pfützen schießt. Ich mach das Gatter wieder zu.

Das ist die leiseste Zeit auf der Alm. Wenn's den ganzen Tag so laut und voll war, und dann, innerhalb einer Sekunde, ist niemand mehr da. Kein Geräusch mehr.

Erst nach ein paar Minuten kehren die Geräusche zurück. Andere. Ein Fuchs läuft vorbei, eine Eule schreit irgendwo in den schwarzen Fichten und der Wind tanzt ein paar nächtliche Figuren auf das Blechdach.

Ich bleib noch ein bisschen unter dem Rosenstock neben der Tür sitzen.

Bis der Mond hinter dem Gana-Stoa auftaucht und ich weiß, dass es allerhöchste Zeit ist, schlafen zu gehen, in meinem rosaroten Bett. Denn morgen in der Früh heißt's Buttern.

Baatz

Haah! Butterstunde fällt aus. Das Stromaggregat hat den Geist aufgegeben. »Probierst' as hoit dawei a so.«

Die Almuth hat in weiser Voraussicht ihren ahnungslosen Nachfolgerinnen einen Zettel hinterlassen. Den drückt mir der Hias in der Früh in die Hand:

Butter
Sauerrahm (8–12°C) im Butterfass rühren, bis sich feste Klumpen bilden. Buttermilch abfangen. Butter ausschlagen. Evtl. in Buttermodel formen.

Probier ich's halt dawei. So schwer kann das nicht sein. Hias zwängt sich also in seinen alten Mechanikerkittel und verschwindet in den Untiefen des Dieselmotors.

Sauerrahm (8–12°C) im Butterfass rühren, bis sich feste Klumpen bilden.

Ausgangsmaterial ist also Sauerrahm. Der sollte in den Rahmkübeln entstanden sein, die ich seit Tagen in den Keller stelle.

Dem Rahm darf's nicht zu warm sein, aber auch nicht zu kalt, sonst vermehren sich die guten Milchsäurebakterien nicht, und anstatt feinem Sauerrahm gibt's gestockte Sahne. Baatz und grünliches Wasser.

Der Hias sagt, die Almuth hat den Rahm aus der Zentrifuge für einen Abend neben den Ofen gestellt und dann erst in den Keller. Da säuert er gut. Also mögen's die guten Milchsäurebakterien warm, aber nicht zu lange ...

Das allein ist schon eine Wissenschaft.

Ich hole also meinen Rahmkübelturm aus dem Keller. Nach der Geruchsprobe (Süß? Frisch? Sahnejoghurt?) sind noch vier Kübel übrig. Die anderen – Putenfutter.

Ich rede mir immer noch ein, Buttern kann nicht so schwer sein.

Sauerrahm im Butterfass rühren ...

Ich scheu mich auch nicht vor dem, was da steht. Aber vor dem, was da nicht steht. Almuth ist Hauswirschaftsmeisterin. Also Meisterin im Handwerksberuf Hauswirtschaft. Das heißt Winterschule, Berufspraxis, Meisterprüfung. Ich glaube, dass Almuth davon ausgeht, dass alle in dieser Liga denken. Hauswirtschaftstechnisch. Amateure, Kreisklasse, Dilettanten – existieren quasi nicht in Almuths Welt.

Ein Butterfass.

Das ist ein Holzfass. Es ist liegend auf einem arm dicken Eichenbrett neben der Zentrifuge montiert. Durch dieses Fass geht eine Kurbel, an der sich zwei Flügel drehen.

Angetrieben werden diese Flügel entweder über einen Elektromotor und einen Gummiriemen oder über eine Handkurbel.

Auf der Ganai haben wir dank Dieselaggregat die Elektromotor-Ausführung. Der ist auch auf das Eichenbrett geschraubt. Zentrifuge, Motor und Butterfass sehen aus wie eine vorindustrielle Werkbank. Das Millikammerl riecht nach Schmierfett und Eisenspänen.

Ich sehe schon unkontrolliert durcheinanderwirbelnde Kurbeln vor mir. Wild gewordenes Rattern. Maschinen außer Rand und Band. Und alles fliegt mir um die Ohren, mitsamt den Rahmkübeln. Aber bei der Almuth hat's ja auch hervorragend funktioniert, wie man an ihren Butterkunstwerken sieht. Sie hat angeblich sogar Butter*blumen* geschnitzt.

Bei Almuth funktioniert aber auch der Rest ihres Lebens. Und bei mir nicht.

Keine rosigen Aussichten also, rein buttermäßig.

Mein Opa sagt immer: Do derf'sch ed so g'schricke sei. Der redet sich leicht. Er macht ja sein Leben lang schon nur das, was er ausnehmend gut kann.

... *im Butterfass rühren* ...

Hinterm Stall springt das Aggregat an. Geht wieder! Der Hias ist ein Genie. Ich mache also den Deckel des Butterfasses auf, schütte den Rahm rein und schalte ein. Unverhofft macht's platsch-platsch-platsch, und der Rahm spritzt durch die Ritzen im Butterfass und den undichten Deckel überallhin. Ergießt sich in einer spuckenden Kaskade über den Elektromotor, die mechanischen Antriebsteile der Zentrifuge, den Gummiriemen, das Eichenbrett und bedeckt die grünen Algen auf den Wandfliesen. Stopp!! Ausschalten.

Was für ein Saustall. Der Rahm hat sich in jede Ritze gesaugt. Klebt wie Uhu in den trockenen Holzfasern des Butterfasses.

»Aaah, eiwoacha muasst' as scho vorher«, seufzt Hias hinter mir, mal wieder aufgetaucht aus dem Nichts. Er kratzt sich am Kopf. Hin- und hergerissen.

»Kimmst du z'schuss, i muass nomoi obe. Der Sprit war aus.«

»Ups.«

Ich lasse das Butterfass voll Wasser laufen und warte. Einweichen. Dann schütte ich den nächsten Eimer Sauerrahm hinein und mach den Deckel drauf. Ein Plexiglasdeckel mit Gummidichtung und Schnappverschluss. Und zwei alten Spanngurten. Keine Ahnung, für was die gedacht sind. Sollte man vielleicht mal abschneiden.

Elektromotor einschalten.

Die Holzflügel im Butterfass drehen sich. Man hört ein schnelles, dumpfes Patsch-Patsch-Patsch. Das Fassl und das drangeschraubte Eichenbrett wackeln wie ein Propellerflugzeug beim Start. Und – pffflllllltsch, die ganze Soße an der Wand.

Spanngurte festziehen ist die Lösung zu diesem Problem. Eventuell muss man sich zusätzlich mit beiden Händen auf den Plexiglasdeckel stemmen. Je nach Tagesform des Butterfasses. Dass das Fassl immer ausufernder wackelt und rattert, ist normal, glaube ich. Denn der Rahm geht von seinem flüssigen Zustand zuerst in Schaum über, dann trennen sich dicke Flocken, und bald schon fliegen faustgroße Fettklumpen durch eine eher wässrige Flüssigkeit …

Butter und Buttermilch.

Ein Wunder. Direkt vor meinen Augen.

Jetzt sofort ausschalten.

Idealerweise, das habe ich schnell gelernt, dauert das alles zwölf Minuten. 12 ist überhaupt die magische Butterzahl.

12°C sollte der Rahm haben, aber auf keinen Fall mehr als 12°C das Butterfass – lieber weniger.

Die Almuth zum Beispiel wäre nie auf die Idee gekommen, das Butterfass mit heißem Wasser einzuweichen, weil's dann schneller geht. Ich schon.

Putenfutter.

Die Buttermilch lässt man aus dem Fass ablaufen (da gibt es einen Stöpsel und ein Loch vorn im Fass), in ein Gefäß, das groß genug sein sollte, die Menge auch zu fassen.

Dann müssen die Butterklumpen aus dem Fass.

Mit der Hand holt man die raus. Die gleiche Hand, die grade vorhin noch den Stall ausgemistet und Nellys Hintern gekrault hat. Hygienevorschriften. Auf der Alm gibt's Kernseife und siedend heißes Wasser vom Herd.

Jetzt sind in diesen Butterklumpen noch viele winzige Luftlöcher und Reste von Buttermilch und Wasser enthalten. Die müssen rausgeschlagen oder rausgeknetet werden. Wenn die Almbutter innerhalb von drei Tagen umkippt, ist das ein Zeichen dafür, dass noch zu viel Eiweiß in Form von Butterwasser drin war.

Die Puten freuen sich.

Nächster Schritt.

Butterbatzen wieder runterkühlen. Idealerweise in eiskaltem Wasser in einem Steinguttopf. Kühlschränke gibt's auf der Alm nicht, und auch keine Gefriertruhen. Nur Quellwasser. Das ist so gut wie eiskalt. Die Hände werden blau davon.

Dann alles wieder abspülen. Rahmkübel, Butterfass, Melkzeug, Melkeimer, Milchkanne. Möglichst kochend heiß. Wegen Kolibakteriums Freunden. Davon werden die Hände feuerrot.

Dann kommt die Kür: die kalten Butterbatzen, idealerweise kälter als 12°C, in eine ansprechende Form bringen. Ein Butterkunstwerk.

Dafür gibt es Buttermodeln. Aus Holz. Wir wissen mittlerweile, was das heißt: einweichen und erst verwenden, wenn sie eiskalt sind. Sonst ... Putenfutter.

Auf der Ganai-Alm gibt es einen 1-Kilo-Model. Lang und breit und flach. Mit wunderschön eingelassenem Schriftzug: *Ganai*.

Almuths perfekte Vorlage vom letzten Jahr liegt in noch dreifacher Ausführung im Keller.

Aber es geht auch anders.

Ich habe meinen Butterbaatz schön kalt, glatt und hellgelb in den Buttermodel hineingestrichen, bring ihn aber ums Verrecken nicht mehr heraus.

Hier ist auch der Hias am Ende seines Lateins. »Die Almuth hat's halt immer auf so a Brettl g'haut«, brummt er und verschwindet im Stall, Dieselkanister aufräumen.

Ich haue also den Buttermodel auf ein Brett.

Der Model ist aus massiver Eiche. Das Brett irgendein anderes Holz. Ahorn oder so. Es kriegt Dellen von den Einschlägen. Aber der Butterbatzen kommt nicht raus.

Vielleicht mit einem Schlag von oben?

Hias hat einen Gummihammer in der Werkzeugschachtel. Den hole ich. Hole aus. Der volle Buttermodel liegt umgedreht auf Brett und Butterbrotpapier.

Dusch.

Brett, Butterbrotpapier und Buttermodel springen in die Höhe nach dem Aufschlag. Sonst ändert sich an der Situation nichts. Ein Kilo Butter *im* Model. Bombenfest.

Neues Butterbrotpapier. Brett. Hackstock.

DUSCH!

Nichts.

Vielleicht ist der Gummihammer zu weich.

Vielleicht muss ich mit der Axt ... Aber der Buttermodel ist ein Einzelstück. Handarbeit.

Also kratze ich das Kilo Butter wieder heraus aus dem Model, knete wieder Batzen draus und werfe sie zurück in ihr kaltes Wasser.

In den Model schütte ich kochendes Wasser. Der Rest Butter löst sich auf.

Aaah, denke ich. Wunderbar.

»Vielleicht muss der Model warm sein, dass der rausgeht?«, unterbreite ich meine Erkenntnis dem armen Hias.

»Hmmm ...«

Also Butterbatzen wieder in den Model. An den Rändern schmilzt's. Wunderbar. Umdrehen, schütteln, mit den Ecken aufs Brett schlagen, und Simsalabim, mit einem Schmmmzffggpsch pflatscht ein Butterbatzen auf das Brett.

Ein armseliger, schleimiger, wässrig weißer Haufen. »Ganai« sollte da in geschwungenen Buchstaben stehen.

Hias kratzt sich hinter den Ohren und sagt nicht mal mehr, des kriang ma scho.

»Sorry«, sage ich.

Wir betrachten unser Werk. Lange und still.

»Lesen kann man's nicht«, stelle ich fest.

»Wenn ma ned woass, wos' hoast, ned glei, naa«, bestätigt Hias. »Heraus is auf jeden Fall«, sinniert er weiter.

Puuuh. Was mach ma da? Soll ich die Almuth anrufen?

»Ja, i woass aa ned, wia die des oiwei g'macht hot.«

Na, super.

»Machst' hoid Batzn.«

Ja. Gut. Mach ich halt Batzn.

Meine Lektion für heute habe ich gelernt.

Dass das Leben manchmal einfach so ist. Wenn alle anderen Kunstwerke erschaffen, Karrieren starten und Kinder kriegen. Und ich nicht.

Dann mach ich halt Batzn.

Das geht auch.

Auf und ab und unter Wasser

Die Nelly ist über den Zaun gesprungen.

Als ich am Nachmittag die Kühe holen gegangen bin, war sie nicht da. Wie vom Erdboden verschluckt. Ich habe geschrien, gepfiffen, mit dem Zauberpulvereimer geschappert – keine Nelly.

Seit ein paar Tagen darf sie wieder raus. Zusammen mit Dora und Zenz' auf die untere Weide. Für die zwei Ladys ist es nur angemessen, ihre eigene frische, unberührte Weide zu haben. Sie fressen den ganzen Tag kniehohe Gräser und Blumen. Die andern 96 Koima und der Ochs müssen sich die obere Weide teilen. Vom Gana-Stoa bis zur Lauber-Hütte. Der Ochse heißt Lenzi. Er ist ein Sopran. Deswegen nennen wir ihn Farinelli, wie der Opernstar. Hias und ich schließen schon Wetten ab, wem's bei seinem Gebrüll als Erstes das Trommelfell zerreißt. Oder die Nerven. Oft brüllt er den ganzen Nachmittag. In dieser Stimmlage: *MmaäIIIIIIIIHH!* Nicht auszuhalten.

Ich hoffe, die Nelly hat sich nicht in ihn verliebt.

Denn ich finde sie, mitten in einem Pulk um Farinelli herum. Die Nelly, zwei stierige Koima und der Ochse. Hinüber und herüber drehen sie sich, schnauben einander an und reiten aufeinander auf. Sogar auf den Ochsen. Und der lässt sich's gefallen. Wahrscheinlich hat er völlig vergessen, was er ist, der Arme. Das einzige männliche Element.

»Nelly! Spinnst du! Auf geht's, geh ma!«, schnaube ich und werde ignoriert.

Ich hole einen Halfterstrick und meinen Almstecken. Das wäre ja noch schöner. Da schmier ich wochenlang Heilpaste an ihren Hax und schütt essigsaure Tonerde in den Verband, und sie rennt bei der ersten Gelegenheit raus und besteigt den Ochsen! Geht's noch!

Flammend vor Empörung werfe ich ihr den Strick um den Hals, nehme ihren Schädel in den Schwitzkasten, zieh ihr die Schlinge über die Schnauze und das Strickende hinter den Ohren rum. Halfter angelegt. »Heimgehen, aber flott!«, befehle ich, zupfe am Strick und gehe los. Und ich dulde keinen Widerspruch.

Sie tappelt mit. Wie ein Hund. Ein bisschen humpelt sie.

»Das hast du jetz' davon«, knurre ich.

Tappel-Tappel-Tapp. »Mmmmmh.«

Wir marschieren vorne in den Stall hinein und hinten wieder raus. Der Stall und der Zaun trennen die obere von der unteren Weide. Vor dem Stall ist die obere Weide. Vorn ist verboten. Kapiert?

Mit einem Klapps auf den Hintern lasse ich die Nelly laufen. Die Dora und die Zenz' erwarten sie schon. *Und? Was läuft so, drüben?* Und was macht sie? Die Nelly? Tappelt schnurstracks zum Zaun, streckt ihre braune Schnauze drüber und hüpft. Zack, drüben ist sie. »MMMaaäiiiiiIIIIHHHHHHH«, brüllt Farinelli, und schon klebt sie ihm wieder am Arsch.

Ist denn das zu fassen.

Ich wiederhole meinen Stunt mit dem Strick.

Tappel-Tappel-Tapp, in den Stall. Hinten wieder raus. »Geh zur Dora!«

»Mmmmmh.« Tapp, Tapp, Tapp. Zaun – drüber.

»MMMaaaaäiiiiiIIIIIIHHHHH, ÄäiiiIIIIIHHHHH !!!« Er wieder.

»Was findst'n an dem!«, brülle ich ihr nach. »Mit so einer Stimme! Furchtbar!«

Ich werde ausgelacht. Von unterm Rosenbusch.

Da sitzen der Hias und noch jemand. Ein zweiter Jeep steht vor der Hütte. Den hab ich gar nicht bemerkt. Ein junger Mann in Zimmererhosen, grünem Hemd und Filzhut grinst mir entgegen.

»Servus, i bin der Kilian«, sagt er. »Der Jager von do.«

»Ah …«, sage ich. Jäger waren mir nie sympathisch. Da, wo ich herkomme, sind das unleidige g'wamperte Frührentner mit dem Gewehr permanent im Anschlag, und wenn du zur falschen Zeit an irgendeinem Waldrand auftauchst, kann's dir passieren, dass dir einer droht, auf dich zu schießen. Weil du in seinem Wald nichts verloren hast. Unwillkürlich weiche ich zurück vor diesem Jäger. Auch wenn er nicht aussieht wie einer.

»Karin«, stelle ich mich vor.

»Is dir dei Koim auskemma?«, fragt er. Freundlich. Sein Lächeln ist offen.

»Des is ned mei Koim, leider die g'hört dem G-Bau'r.«

»Wem?«

»G-Bau'r.«

»Grassberger«, übersetzt der Hias.

»Ah, dem. Der wo hinter Rosenheim drauß' die Jagd hot.« Kilian nickt, über alles im Bilde.

Also, jetzt ist mir die Welt der Bauern schon fremd. Aber die Welt der Jäger ist wie ein komplett neues Universum.

»Maääiiih!«

Mir wird das alles zu viel. Ich geh in die Hütte und mach mir ein Schwammerlbrot.

Schwammerl aufm Herd

Rezept

Das Rezept für Schwammerl aufm Herd hab ich von der Ami. Und die Ami hat's von ihrer Oma. Schwammerl aufm Herd sind praktisch, weil's schnell geht und keinen Dreck macht. Mit Dreck meine ich Zeug, das man später abspülen muss. Auf der Alm spült man möglichst wenig ab.

Ich habe einen alten Stoffturnbeutel voller Steinpilze. Na ja – nicht ganz voll. Zwei Steinpilze hab ich. Mehr hab ich nicht gefunden. Es ist mir ein Rätsel, wie der Hias manchmal drei solche Turnbeutel voll daherbringt.

Also, heute war's so weit. »Heid is a Schwammerltag«, hat er gesagt, als Erstes in der Früh. Ein Schwammerltag ist ein warmer, sonniger Tag, aber kein trockener. Am besten hat's die ganze Woche geregnet, und am Schwammerltag steigt dann der feuchtwarme Dampf vom Waldboden auf.

»So a Schwammerl wachst ned überoi«, hat der Hias noch gesagt. Und als ich gefragt habe, wo, hat er seinen Blick nachdenklich und gründlich auf mir ruhen lassen. Ich glaube, das bis heute bestgehütete Geheimnis des ganzen Voralpenlandes ist ein guter Schwammerlplatz. Aber auch bei den Schwammerln ist der Hias eine Ausnahme. »Do«, hat er gesagt und mir den Turnbeutel in die Hand gedrückt. Und dann hat er gesagt, wo ich hingehen muss. Den genauen Baum. Den ich hier nicht verraten werde.

Von dort sind die zwei Steinpilze.

(Ich wollt daraufhin auch einen Schwammerlplatz finden. Meinen eigenen. Ha, ha. Gute Schwammerlplätze werden vererbt. Vom Ururopa auf den Opa auf die Kinder.)

Man schneidet die Schwammerl in Scheiben. Ein paar Millimeter dick. So, dass sie noch stabil sind.

Die Herdplatte (logischerweise Holzofen und Eisenplatte) muss heiß sein, aber das ist sie ja meistens sowieso auf der Alm.

Ab jetzt muss man schnell sein. Eine Handvoll Salz auf die Herdplatte streuen. Es macht nichts, wenn das Salz durch die Topfringe fällt oder in den Ritzen hängen bleibt. Salz ist Lebensenergie. Mutter Erde. Und es verbrennt ganz unspektakulär.

Dann die Schwammerlscheiben drauf. Je heißer die Herdplatte ist, desto kürzer bleiben die Schwammerl drauf. Ungefähr 30 Sekunden pro Seite. Eine Minute dauert nämlich länger, als man denkt. Schwammerl umdrehen mit einem Messer, einer Gabel oder, Luxus, mit einem Pfannenwender – aus Metall oder Holz, kein Plastik.

Schnell ein paar Butterbrote schmieren. Nebeneinander auf ein Holzbrettl legen. Auf die Butterbrote kommen jetzt die Schwammerl. Je mehr Butter, desto besser. Der fließt dann um die Schwammerl rum. Schnell pfeffern. Eine Pfeffermühle sollte man haben. Auch auf der Alm. Vor allem auf der Alm.

Schnittlauch drauf, fertig.

Schnell ein paar Zeitungsblätter zerknüllen und damit die Ofenplatte abschrubben. Einschüren. Ofenplatte sieht aus wie neu, glänzend schwarz. Und die Küche riecht wie Waldaroma.

Aus dem Tragl fische ich noch eine rote Schorle. Das alles trag ich raus, stell das Brettl mit den Schwammerlbroten zwischen Hias und Kilian, setz mich dazu, esse und beobachte mit Argusaugen die Nelly und ihren neuen Freund. Das passt mir nicht, wie sie sich über den hermacht. Und ich sage ihr, so deutlich ich kann: »Noch mal drei Wochen Folienverbände mach ich nicht. Dass du's weißt!«

Ist ihr egal. Momentan zumindest. »MmaäiiiiiiiiiHHH!«

»Mogst' no oan?«, fragt Hias den jungen Jäger, und der kratzt seinen Dreitagebart. »Eigentlich ...«

»A Flucht-Achterl«, bestimmt der Hias, verschwindet mit Kilians Glas und bringt es, bis zum Rand mit Rotwein gefüllt, zurück.

Die Männer reden über die Jagd, die Hirsche auf der Alm und in den Wäldern um die Alm rum bis zum Lauber, dem nächsten Berg hinter dem Gana-Stoa. Es ist ein großes Gebiet, das der Kilian betreut. Und so lerne ich, dass man Jäger auch von Beruf sein kann.

Interessant, denke ich. Vom Sonnenaufgang bis in die Nacht hinein ist er am Berg unterwegs. Sommer und Winter. Man sieht's ihm an. Er hat immer ein Stück Himmel in seinem Blick.

Es ist wie ein ganzes Leben auf einer Alm. Nur größer. Und er hat Hirsche, Gams' und Auerhähne anstatt zahmer eingezäunter Koima. Für ihn sind wir die Sommergäste.

Übers Schießen redet er nicht.

Darüber will ich auch nichts wissen. Gar nichts.

Ein zweites Schwammerlbrot lang überlege ich hin und her, ob ich die Nelly einfach lasse, wo sie ist – das wäre das Einfachste –, oder ob ich noch ein bisschen zum Amüsement auf der Hausbank beitrage und zum dritten Mal meine Lassonummer durchziehe.

Eigentlich bin ich überbesorgt. Ich weiß schon. Denn wer dreimal unbeschadet über den Zaun springt, hält auch ein bisschen Umeinanderstieren aus ...

»MmaäiiiiiiiiiHHH!«

Ich hol den Halfterstrick. Meine Stirn legt sich in Falten, als wär ich Al Capone, meine Hände sind Rocky Balboas Fäuste, und das Lasso hat mir John Wayne vererbt. Ich fange meine Koim ein, führe sie in den Stall, und binde sie dort an. So.

Nix mehr »*MmmaäiiiIIH.*«

Ich mach die Tür zu und räum den Strick wieder auf.

»MMMM.«

»Nein.«

»MMMMmmmmhhh.«

»Gute Nacht, Nelly.«

Bergmesse

Heute ist Sonntag. Wir haben herrliches Wetter. In ein paar Bundesländern sind schon Ferien. Heute wird's brutal zugehen auf der Alm. Gäste. Millionen.

Gott sei Dank sind alle Viecher anwesend, gesund und glücklich.

Nellys Verliebtsein hat sich über Nacht in Luft aufgelöst. Sie stopft sich gerade zusammen mit Dora und Zenz' mit einer Wagenladung Almgras voll.

Ich dusche, binde mir die Haare zurück und steige in eine saubere Jeans. Von mir aus können sie kommen. Zebrakuchen und Käsebrote vernichten in rauen Mengen und Buttermilch in sich reinschütten, fasslweise.

Aber als ich hinter die Theke gehe und anfange, Tomatenviertel zu schneiden, hör ich Hias in seiner Vorratskammer umeinandergruschln.

»'etz werd's amal Zeit, dass du a Hochalm siehgst«, sagt er.

Er stellt seinen grünen Jägerrucksack auf die Granitplatte und packt ein: zwei Liter Milch, einen Keil Käse, einen Keil Speck und frische Erdbeermarmelade von der Ami.

»Heut' is Bergmess' drob'n auf der Hochalm. Des schaust' da o.«

Hias schiebt den Rucksack zu mir rüber. Die Sachen sind für den Haus'n Sepp, den alten Almerer droben. Mit einem schönen Gruß. Dann zitiert er mich zum Gatter, stützt seine Ellbogen drauf, reibt seinen Bart, macht seine Augen zu konzentrierten Schlitzen, die einen Punkt unterhalb vom Gana-Stoa fixieren: »Siehgst' do den Baam, unterhalb der Kohlstatt, wo moi der Blitz eig'schlogn hot?«

Ich nicke.

»Guad. Do gehst jetz' Luftlinie a paar Meter auffe. Do steht a höhere Fichtn.«

Ich nicke wieder.

»Guad. Do einne.«

Hias sieht 15 Fragezeichen in meinem Gesicht.

»Do is a oider Steig. Den gehst auffe.« Energisch zeigt er zu der höheren Fichte, damit ich ebenfalls wieder dorthin schaue. »Auffe, auffe, auffe, über d' Gana-Stoa-Alm drüber, Lanereck gradaus, gradaus, und *dann* derfst'as ned versaama, do geht der Steig leicht links wieder as Holz eine. Wenns'd im Eiskeller bist, bist z'weit. Oiso. Ficht'n – auffe. Alm – links. Holz – einne. Drüber über's Lanereck, ent'n wieder o'we, und dann bist' do.«

Nicken.

»Guad«, seufzt er. »Na hama des aa.«

»Ja, danke«, sage ich, doch der Hias winkt ab und schaut, dass er wieder in seine Hütte kommt, um sich für den Ansturm zu wappnen.

Ich finde den Steig. Nicht sofort. Aber ich finde ihn. Er führt über eine steile Sumpfwiese. Ich habe das Gefühl, ich gehe durch einen Dampfkessel, und wünsche mir ein Buschmesser. Lange Stängel Baldrian und Farn und Blätschen wuchern von beiden Seiten in den Weg und greifen nach meinen Beinen. Grrr. Eventuell bin ich doch nicht für die Wildnis gemacht. Zumindest nicht für eine sumpfige. Ich geh einfach ein bisschen schneller.

Schon bald schaut die obere Gana-Stoa-Alm zu mir runter. Der Weg verliert sich in der Almwiese. Ich laufe links an den drei Almhütten vorbei. Die Türen sind verriegelt. Keiner daheim. Die sind alle auf der Bergmesse heute. Ein paar Koima liegen mit dösigen Augen hinter dem Stall. Denen ist's auch schon zu heiß.

Ich folge einem vagen Gefühl nach links in den Wald. Nach ein paar Schritten find ich den Weg wieder. Ich schnaufe übers Lanereck und mitten in eine Lichtung. Wie eine Badewanne voll Sonnenlicht, die Wiese unter meinen Füßen so weich. Und kein Geräusch.

Ich bleibe stehen.

An so einem Ort spielen die Märchen, die ich mir als kleines Mädchen ausgedacht habe. Die Geschichten, in denen bei Mondschein die Feen zusammenkommen und Kinderträume aus Spinnweben nähen. Mein Herz klopft schneller. Ich hab nicht damit gerechnet, dass es diesen Ort wirklich gibt.

Da steht ein Gamsbock. Bloß ein paar Schritte vor mir. Aufmerksam schaut er mich an. Ich rühr mich nicht. Ich hab noch nie so nah eine Gams gesehen. Daheim im Wald mal ein Reh. Einen Fuchs. Ein paar Raben. Aber so einen majestätischen Bock nicht.

Ich versuche, nicht zu atmen. Er schaut. Dann pfeift er scharf durch die Nasenlöcher und trabt in den Wald zurück.

Langsam gehe ich weiter. Die Bäume sehen anders aus hier oben. Knorriger und ein bisschen zerfranster. Der Wind und im Winter der Schnee machen ihnen das Leben offensichtlich nicht leicht. Sie sehen tatsächlich aus wie Hexen, Elfen und Trolle.

Jetzt führt der Weg bergab, über den Zaun und bald auf die steilen steinigen Wiesen der Hochalm.

Ein Almlied klingt zu mir herauf. Der Weg verliert sich, kurz vor einer großen Tanne, die ausgerechnet auf einem Felsen wächst. Von hier aus sehe ich die Alm. Zwei Hütten stehen einander gegenüber in einem grünen Kessel. Vor einem Marterl neben einem großen einzelnen Felsbrocken ist der Altar aufgebaut.

Die Messe hat schon angefangen.

Rundrum hocken Menschen in der Wiese oder auf Steinen. Almleute, Bauern mit ihren Familien und Freunden, kleine Mädchen im Dirndl, die Buben in Lederhosen.

Ich gehe so leise wie möglich und bleibe neben einem Latschenbusch stehen.

Eine junge Frau hockt ein paar Schritte weiter im Schneidersitz in der Wiese. Sie lächelt mich durch den Busch an und klopft neben sich auf den Boden. Ich versuche, nicht mit den Marmeladengläsern im Rucksack zu klimpern, und setze mich neben sie.

»Hi«, flüstere ich.

»Hallo. Ich bin die Annika.«
»Karin.«

Ich streck ihr meine Hand hin, und da klimpern doch die Marmeladengläser. Laut, mitten in die Stille nach einem Gebet hinein.

Die Leute drehen sich nach mir um. Manche nicken. Manche schauen einfach wieder nach vorne zum Altar.

Der Pfarrer ist eine junge Frau. Und anstatt des patriarchisch schonungslosen Kirchenbayrisch spricht sie Schwäbisch. Oberallgäu oder so. Sie spricht von Tieren, die uns anvertraut sind, von Natur, die zu uns spricht, und von uns allen. Wie ähnlich wir einander sind, wenn's um essenzielle Dinge geht. Zweifel und Vertrauen in Gott. Angst. Liebe.

»Glaubst du an die Liebe?«, flüstert Annika.

»Keine Ahnung«, flüstere ich zurück.

Annika grinst mich an, und dann halten wir die Klappe, bis das letzte Lied gesungen ist.

»Komm, jetz' trink ma an Schnaps. Kennst du meinen Nachbarn schon? Den Sepp? Den musst du kennenlernen!« Annika schleppt mich hinter sich her. Sie ist auch Almerin hier oben, auf der zweiten Hütte. Aber nach der Messe gehen alle zum Haus'n Sepp. So ist die Tradition.

Der Haus'n Sepp ist ein weiser alter Mann. Einer, der mir mit einem Augenzwinkern beibringt, was für ein Mensch man sein kann. In seiner Hütte ist niemand fremd. Ich bin daheim und willkommen, auch wenn ich das erste Mal hier heroben bin. Der Sepp grinst mich einfach an, schüttelt mir die Hand und schenkt mir einen Schnaps ein. Und als ich Hias' Schätze auspacke, hat er Tränen der Rührung in den Augen. »Naaa, der Bua werd nimmer g'scheiter!«

Der Sepp erzählt, dass er den Hias kennt, seit er als 13-jähriger Bub zum ersten Mal allein auf dieser Alm war. »Des war nix für den Buam. So alloa. Und da herob'n – de Wetter ... Des war scho' hart für den Bua'm ...«

Der Sepp ist 82. Sein weißer Bart fällt ihm bis auf die Brust. Er ist drahtig. Oder dürr. Seine Knie knicken ihm ab und zu nach außen weg, wenn er geht. Haudegen. Das ist das einzige Wort, das auf ihn passt.

Er ist ein Jäger und ein Wilderer. Sein Rucksack steht gepackt neben der Tür. Immer. Und wenn seine Augen, ganz unbemerkt, ein paar kleine Blitze unter die Leute schießen, denke ich, man unterschätzt ihn.

Er trinkt nicht viel. Aber uns allen flößt er seinen Schnaps ein. Ich muss einen zweiten und einen dritten trinken, wo ich doch nicht mal einen vertrage. »Madl, trink. Da wirscht' stark. Weil schee bischt' ja schon.«

Ich hab ihn auch unterschätzt. Er ist ein Jäger, ein Wilderer und ein Weiberer.

Annika stößt mit mir an: »Und, bist du auch wegen Liebeskummer auf der Alm?«

»Nicht ursprünglich.«

»Aaaah!«, grunzt sie, als wäre das von vornherein zu befürchten gewesen. »Die Männer musst du aus deinem Lebensplan streichen. Wenn du mich fragst. Als Frau heutzutage musst du deinen Weg gehen. Du kannst dir ja einen Mann nehmen, wenn du willst. Für ab und zu. Wenn du damit etwas *für dich* tust. Alles andere – die ewige Hoffnung oder warten auf den einen einzig Richtigen – vergiss es. Das ist Gift.«

»Wahrscheinlich«, nuschle ich.

»Genau. Aber hey, red ma von was anderem. Wie viel Viecher hast du?«

»99.«

»*99??* Wow.«

»Na ja, bei uns unten is wohl a bissl leichter.«

»Kühe auch?«

»Zwei.«

»Suuuper! Kannst du käsen?«

Ich schüttle den Kopf, entsetzt, und sie grinst mich an.

»Ich muss dir was zeigen.«

Sie zieht mich rüber zu ihrer Hütte. Es ist niedrig. Unter der Decke sind Schnüre gespannt, an denen Socken, Geschirrtücher und Pfefferminzbüschel hängen. Über dem Ofen hat sie Gläser und Schüsseln voller Blüten zum Trocknen. Johanniskraut. Silbermantel. Irgendwas Himmelblaues, das ich noch nie gesehen habe. Daraus macht sie Tee. Oder Körperöle. An der Wand hängt wilder Kümmel. Baldrian. Thymian. Wächst alles auf der Alm.

»Das Kräuterzeug kann ich dir beibringen. Wenn du magst.«

Fasziniert nicke ich. Es riecht nach vertrauten Dingen hier drin. Nach ratschen und lachen nächtelang vor dem Ofen. Nach alter Freundschaft.

Annika macht noch schnell einen Kaffee. Den brauch ich dringend, denn es zwirbelt mich schon, von Sepps Schnäpsen.

Und dann sausen wir wieder rüber.

Der Sepp hat seine Ziach' ausgepackt und spielt Almlieder.

Wann i auf d' Alma geh,
Lass i die Sorg daham.
Alles Load, alles Weh
Is wia a Tram.
Schau i die Bleameln an,
Schwindt glei mei trüaber Sinn.
Trag ja im Herzen
Den Almfrieden drin.

Holla roi joi joi joiri
Holla roiri holla joiri.

Alle sitzen vor Sepps Hütte, alle ein bisschen schwebend, und lauschen. Annika singt mit. Ich hör zu, lehne mich an die uralte Hüttenwand und bin ganz selig. Das wird für den Rest des Sommers mein Almhit.

Und auf einmal ist's schon vier. Spät! Ich muss runter auf meine Alm, Kühe melken. »Ciao!«, lacht Annika. »Besuch mich bald mal wieder!«

Ja, das mach ich. Ich glaube, den Steig hier rauf werd ich noch ziemlich austrampeln in diesem Sommer.

»Pfiad eich«, sage ich möglichst unauffällig in die Runde. Aber der Sepp packt meine Hand, bevor ich durchs Almgartentürl geschlüpft bin, und sagt »Gell, bist oiwei dahoam bei uns herob'n.«

Das war ein schöner Tag. Voller Sonnenschein. Voller Musik. Ein bisschen schnapsschwindlig. Und als ich mich, wieder in meiner Latzhose, beim Tsch-g-tsch-g des Pulsators an die Dora lehne, ist mir klar: Die Alm hat mich. Ist mir unter die Haut und ins Herz gewachsen.

Die nächsten zwei Wochen schifft's. Aber das kann mich gar nicht stören. Ich lebe das höchste Leben.

Nächtlicher Hirsch

Der September saust vorbei wie ein Pfeil. Tage verrinnen. Werden kürzer. Wie früh's dunkel wird. Um acht ist schon stockfinstere Nacht.

Seit Ende August ist Hirschbrunft. Die Almböden beben unter dem Gebrüll von Hirschen. Ich hab so was noch nie gehört. Man kriegt Gänsehaut davon. Beim ersten Schrei, der über die Gana-Leit geschmettert ist, habe ich meine Wurzelbürste fallen gelassen.

»*RUOAAAAHH!*«

Eigentlich wollte ich meine Bergschuhe wieder freilegen, unter einem ganzen Berg aus Dreck und Kuhmist. »Hias! Hast du das gehört!«

»'a.«

»Was war das?«

»A Hirsch. Jetz' moan i fanga's o.«
»*RUUUUAAAA-OOOOAAAAHH-OOO-AAAAAH!*«
Ganz kann ich's nicht glauben, dass das nur ein Hirsch ist. Aber – ja. Offensichtlich fangen sie jetzt an.

Ich hab ihn King Kong getauft.

Ausgerechnet den will der Baron Bolko schießen dieses Jahr. Kilian sagt, der Hirsch wäre 14 Jahre alt, trüge ein tiefschwarzes Fell im Winter und hätte ein Geweih auf wie ein Gabelstapler. Ich glaub's ihm. Wir sind Freunde geworden die letzten Wochen. Der Kilian erzählt nicht irgendwelche Geschichten, nur um aufs Blech zu hauen.

Was ich ihm trotzdem nicht sage, ist, dass der Hirsch jede Nacht die Wiese hinter meinem Kammerfenster abgrast. Millimeterkurz. Wenn ich ihn nicht selber gesehen hätte, hätte ich den Hias verdächtigt, dass er da hinten Rasen gemäht hat.

In einer mondhellen Nacht war er zum ersten Mal da. Eigentlich wollte ich raus aufs Klo. Ich habe ihn gespürt, bevor ich ihn gesehen habe.

Nebel im Mondlicht und darin seine Gestalt. Riesig. Er bewegt sich lautlos. Langsam. Mit großer Vorsicht. Und gleichzeitig mit etwas, das mehr ist als Selbstbewusstsein. Er geht nicht. Er schreitet. Wie einer, der Herrscher ist über das Land unter seinen Hufen. Wie ein König.

Hey, King Kong, habe ich geflüstert.

Er muss mich gehört haben. Er muss mich gerochen haben. Ich bin ein Mensch, schließlich. Sein einziger Feind. Aber er ist geblieben. Völlig ruhig. Ich hab mich in dieser Nacht nicht mehr rausgetraut aufs Klo, aus Ehrfurcht.

Inzwischen kommt er fast jede Nacht. Sein mächtiges Geweih bewegt sich kaum, wenn er das Gras abrupft. Und man hört es nicht. Nicht wie bei einer Kuh. Rrrpf, malm-malm, grrrmpf, rrrpf, mampf.

King Kong macht kein einziges überflüssiges Geräusch.

Er ist allein unterwegs. Immer. Nicht wie die anderen Hirsche, in Männerrudeln. Er hat auch keine Weibchen dabei.

Ich denke, die holt er sich, einzeln, oder besucht sie, zur rechten Zeit. Weil er die rechte Zeit kennt. Den ganzen Zirkus mit zusammentreiben und bewachen lässt er die anderen veranstalten, hat er längst nicht mehr nötig.

Er bleibt bis zum Morgengrauen. Manchmal bis in der Früh um sechs. Aber nur an den Tagen, an denen der Baron und die Jäger nicht kommen. Wenn sie kommen, ist King Kong verschwunden. Ich hab mich an ihn gewöhnt. Er ist wie ein nächtlicher Liebhaber. Wenn er einmal nicht kommt, schnürt's mir den Hals zu. Haben sie ihn jetzt? Habe ich den Schuss überhört?

Natürlich fragen sie nach ihm. Der Baron ruft sogar täglich an. Habt ihr den Hirsch gesehen? Wann habt ihr ihn gesehen, wo ist er gestanden, wohin ist er gezogen.

Nichts, sage ich dann. Ich hab nichts gesehen.

Ich weiß nicht, ob sie in meiner Stimme den Vorhang hören, hinter dem ich King Kong verstecke.

Der Einzige, der nie fragt, ist Kilian. Den kurz gefressenen Golfrasen hinter der Hütte wird er wohl längst bemerkt haben. Es ist ja sein Beruf. Ob er den Hirsch selber gesehen hat, weiß ich nicht. Und wenn, sagt er's nicht. Er sagt selten, was er tut, glaube ich. Und ich kann mir nicht vorstellen, dass er seinen besten Hirsch auf dem Silbertablett vor der Almhütte erschießen will. King Kong ist was Besonderes.

Mich wundert's nicht, dass sie ihn letztes Jahr nicht erwischt haben. Er ist klug. Er kalkuliert den Faktor Mensch mit ein.

Einmal kommen sie am Abend. Zu dritt. Kilian, sein Lehrling und der Baron. Aber wieder sehen sie ihn nicht. Wieder schallt kein einziger Schrei vom Wald herunter, und doch wissen wir alle, dass er da ist.

Sie bleiben bis um zehn, die Jäger. Bis es zu dunkel ist. Sie trinken noch ein Achtel Rotwein, jeder, dann steigen sie in ihre Jeeps und fahren davon.

Ich schau ihnen nach. Sitze einmal mehr in der plötzlichen Stille unter dem Rosenbusch wie auf einer Insel und

Griaß di Alm. Ein Sommer, ein neues Leben.

Nach der Stallarbeit in der Früh um halb neun: Kaffee kochen am Holzofen.

Königsdisteln als Deko an der Hüttenwand.

Kaastopf, Milchkanne und Seicher auf Trockenkur in der Sonne.

Zuerst den Sauerrahm ins Butterfassl schütten, dann buttern, dann Butterbatzn auskneten ... ganz einfach.

»Mmmmmh, eigentlich wollte ich neue Vorhänge. Soll ich den Raumausstatter anrufen?«

Rechts:
Xaver, vor seinem Milchfrühstück.

Buchhaltung auf der Alm: beim Viecherliste schreiben.

Alle Viecher anwesend und gesund? Nicht im Bild: der Chiemsee von oben.

»Sie lernt's noch.« Melkstunde im Neonlicht dank Stromaggregat.

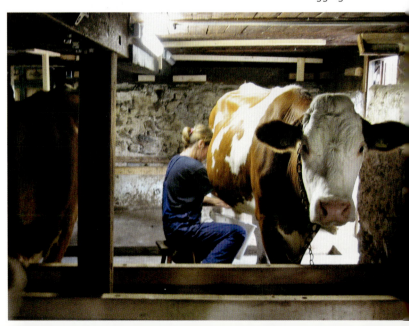

»Das Leben ist eine Wiese.« Nelly (rechts), hier schon eine ausgewachsene Kuh, und ihre Freundin Malve.

»Is da no was driiiin?« Blondie weiß, was gut ist. Im Hintergrund der Miesing.

Langsam und gesittet: die Ganai-Almerer beim Almabtrieb.

Die stolze Kronen-Koim mit ihrem Almerer. Sie läuft schon eine Stunde, deswegen ist sie so entspannt.

warte, bis die Geräusche wiederkommen. Ich hab eine Decke um mich gewickelt und eine Wollmütze auf dem Kopf. Der Rotwein in meinem Glas ist kälter als direkt ausm Kühlschrank. Ich schütte ihn weg. Eine Stunde sitze ich da.

Ein leiser Wind hat das Teelicht in der Blechdose ausgeblasen.

Ich höre seine Schritte nicht, als er kommt. Ich sehe nur seine lautlose Gestalt. Er kommt vom Buchenwald herauf. Dort, wo der Wald steil zum Tal hin abfällt. Ich sehe ihn über den Stacheldrahtzaun neben der Hütte springen, als wär's nichts. Ein Blick noch, rundum, ein paar wachsame Schritte, dann fängt er an zu grasen.

»Wie machst du das nur?«, frage ich.

Mit dem Jäger bin ich verbunden, sagt er. *Wir sind wie Brüder. Er hat mich aufwachsen sehen. Ich war immer da, immer in seiner Nähe. Er wird mich erschießen. Aber ich bestimme den Zeitpunkt.*

»Damit wartst' aber bitte, bis meine Almzeit rum ist«, sage ich.

Alles ist ruhig. Der Hirsch lässt sich von mir nicht stören. Ich putz meine Zähne, leise, und geh ins Bett.

Ich habe Kilian noch nie mit Gewehr gesehen. Immer, wenn die anderen ganz wichtig beieinanderstehen und laut beratschlagen, wie und wo sie's als Nächstes probieren, steht Kilian ein paar Schritte abseits und schaut in den Wald. Immer in die Richtung, aus der der Hirsch dann kommt, sobald sie weg sind.

Das ist offensichtlich eine Sache allein zwischen Kilian und King Kong. Ein Mensch und ein Hirsch. Und was auch immer sie da tun, wird notwendig sein.

Trotzdem könnten sie damit warten, bis meine Almzeit rum ist. Hoffe ich.

Zauberblumen

Mir läuft die Zeit davon.

Siebzehn Tage Alm noch.

Am 29. September ist Almabtrieb und vorläufiges Ende meiner Zeitrechnung. Ich weiß nicht einmal, wohin ich dann fahre. Danach. Wenn ich mein Leben zurück in den VW Passat gestopft habe und zum letzten Mal die Hüttentür zusperre.

Ich lebe, als gäb's kein Danach. Ich melk meine Kühe, beobachte, wie's täglich weniger wird mit der Milch, und kratz täglich eine Viertelstunde Nellys Hintern, als würden wir das machen bis an unser Lebensende. Ich schraube Haken an praktische Stellen, damit ich mein Melkzeug besser aufhängen kann, oder eine Bürste, die ich unbedingt genau da brauche. Ich mach Butter, hänge ballondicke Tücher voller Quark zum Abtropfen unters Vordach, als gäbe es sonst nichts, was zählt, und erfinde eine praktische Quarkverarbeitungsvariation. Gesalzen, unter dem Gewicht von zwei vollen Wasserkübeln zu festen Scheiben gepresst, gewürfelt und in Öl eingelegt. Baatz-Kaas. Den gibt's mit Tomaten.

Die Leute rennen uns täglich die Bude ein. Und ich bin froh, weil ich dann nicht zum Kranzbinden komm. Kränze für den Almabtrieb. An Kranzbinden denken bedeutet, daran zu denken, dass die Almzeit rum ist.

Aber als ich's gerade geschafft habe, das alles zu verdrängen, ruft der Flori an. Er kommt morgen schon, sagt er, und holt drei von seinen Koima, denn dreimal an einem Tag fahren, das dauert zu lange, und nächstes Wochenende ist er auf einem AC/DC-Konzert, da kann er nicht.

AC/DC. So springt mir also der Almabtrieb ins Gesicht. Wegen AC/DC werd ich mich jetzt damit befassen müssen, dass der Sommer vorbei ist. Ich werde anfangen müssen, Nummern von meiner Viecherliste zu streichen. Ich werde die Bauern anrufen müssen und aufschreiben, wer wann wie heimgeht. Oder fährt.

Außer Hias und dem Hinterberger Hampi fahren alle ihre Viecher. Koima, die im Transporter heimfahren, werden natürlich nicht geschmückt.

Zu Fuß ins Tal gehen nur: die Dora, die Zenz', drei Koima vom Hias und fünf vom Hampi. Insgesamt zehn.

Ich blättere die Fotos durch, vom Almabtrieb letztes Jahr. Ich zähle 14 Latschenbuschen. Bunte Blumen sind dran, und wehende Papierbänder. Dann ein Foto von der Zenzi, mit einem dicken, aus Wacholder und Moos gebundenen Kreuz, in der Mitte eine feine Linie aus zartlila Blüten. Alpenheidekraut, oder Erika, schlage ich im Alpenblumenatlas nach. Dann ein Starporträt von Dora. Sie sieht in der leuchtenden Septembersonne aus wie eine Grande Dame in Abendrobe. Eine Tafel mit dem heiligen Georg drauf schwebt über ihrem Haupt, sattgrün umrahmt von einer Almrauschgirlande, gespickt mit sonnenglühenden Silberdisteln. Die große, golden schimmernde Glocke um ihren Hals. Majestätisch. Sie schaut direkt in die Kamera.

Das ist die Vorlage.

Zur Ermutigung gibt's noch ein Foto von jedem Schmuckstück, einzeln, auf der Bank vor der Hauswand lehnend: Tafel, Kreuz, Latschenbuschen, Kopfkränze, zwei Bauchgurte. Jedes einzelne perfekt.

Viel Spaß.

Wo die Almuth das Kranzbindezeug alles hinhat, weiß der Hias nicht genau. Um so was hat er sich jahrelang nicht zu kümmern brauchen. Wahrscheinlich »an' Tanzbo'n ent'n«.

Was ich finde, sind zwei aufeinandergenagelte Haselnussstecken, ein staubiges Holzbrett mit Stiel, auf das ein Dilettant den heiligen Georg gepinselt hat, ein paar alte Heuschnürl und eine Aldifüte, vollgestopft mit Kreppapierrollen. Das alles ganz hinten im Eck, eingehüllt von einem Jahr Spinnweben und Staub. Ich weiß nicht, was ich erwartet habe. Mir schwant, dass Almuth wochenlang gearbeitet hat für die Prachtstücke, die auf diesen Fotos drauf sind.

Ich schleppe also das Zeug in meine Kammer. Ein Strauß Papierblumen ragt aus der Tüte. Verschiedene Modelle. Eine vergilbte Rose, zwei zerknitterte Nelken, eine einfarbige, ein paar zweifarbige. Zusammengehalten werden sie von einem Stiel aus Draht.

Hm ...

Ich wickle sie aus. Studiere sie.

Ich falte, drehe, schiebe Krepppapier zu einem Knäuel. Blumen sehen anders aus. Also wieder auseinander. Das Papier ist zu dünn! Und wie soll man Blumen falten aus einem Papier, das zerreißt, sobald man es anfasst.

Ich spüre einen amüsierten Blick im Nacken. Pilatus genießt sein Abendprogramm. Ich sehe ihn vor mir, wie er sich einen Polstersessel an die Wand schiebt, die Hufe auf den Tisch legt und sich ein Bier aufmacht.

»Vergiss es«, schnauze ich ihn an. »Das krieg ich hin.«

Aber wie?

Pink, denke ich. Pink is Power. Wenn ich die richtige Farbe habe, dann hab ich auch die richtige Einstellung, dann kann ich auch Blumen falten, und zwar wie am Fließband. Zack, zack.

Ich wickle also pinkes Papier ab. Quer über den ganzen Tisch. Dann schneide ich Streifen.

Schief.

Daraus kann man gar nichts falten.

Das ist doch ... Die Almuth hat's doch auch ...

Pilatus grinst. Ich sehe ihn mit seinem zweiten Bier, mir zuprosten, während sich über meinem Kopf eine schwarze Wolke aus Zorn zusammenbraut.

Ich werde *nicht* die Sennerin sein, die ihre Viecher ohne Kopfschmuck ins Tal schickt, weil sie keine Papierblumen falten kann!

Noch mal!

...

Der Hias findet mich, kurz bevor der Blitz über meinem Kopf in den Papierhaufen vor mir einschlägt.

»Ah, ah, ah, ah, ah, ah«, sagt er.

Ich sage nichts.

Er lässt zwei Stühle aus, zwischen sich und mir, als er sich an den Tisch setzt und vorsichtig eine Krepprolle aus der Tüte zieht. Hellblau.

»Hm, hm, hm«, macht er. Sein Blick sucht die Schere. Nein, was Besseres. Er steht auf und holt das scharfe Brotmesser. Und ohne das Papier auszurollen, schneidet er acht gleich dicke Scheiben von der Rolle. Vorsichtig nimmt er ein hellblaues Ende in seine Holzarbeiterhände. Zweimal drehen, dreimal wenden, ein Schnipp mit der Schere. Dann zwei Wickelschlaufen mit dem Draht, rumdrehen, Draht abschneiden und Blume zurechtzupfen. Fertig.

Eine himmelblaue Nelke. In 40 Sekunden.

Ich marschiere wortlos in die Küche und verbrenne meinen pinken Chaoshaufen im Ofen.

Wortlos gehe ich zurück in die Stube. Wortlos, aber langsam zwirbelt Hias eine zweite Nelke. Und wortlos beobachte ich jede Bewegung.

Er schiebt mir eine Rolle Wickeldraht hin. Ich nehme auch eine himmelblaue Krepprolle. Schneide acht Streifen. Und zwirble eine Nelke. Nicht perfekt, aber erkennbar eine Nelke.

Puh.

Die Zornwolke verzieht sich. »Danke«, murmle ich.

»Des werd scho«, nuschelt er. Er nickt, steht auf, packt drei Riesensäcke Müll auf seine Schulter und fährt heim.

Aus dem Ofen weht's einen angekokelten pinken Fetzen. Durch den Luftzug der Tür vielleicht. Ich heb ihn auf und leg ihn vorsichtig zurück ins Feuer. So fühlt sich das an, wenn man anfängt, ins Tal zu gehen. Keine Trommeln, keine Posaunen, kein großes Geläut vom Kirchturm runter. Bloß ein Fetzen Papier, der schneller verbrennt, als du zuschauen kannst.

Ich mach das Ofentürl zu.

Ende der Vorstellung. Pilatus verlangt die Fernbedienung.

Drei himmelblaue Nelken liegen auf dem Tisch in der Stube. Zwei perfekte und eine leicht zerknäulte. Das ist meine. Die bind ich an meinen Almstecken, wenn wir heimgehen. Es ist eine Zauberblume. Denn ich kann den ganzen Sommer in ihr sehen.

Abschiedskränze

Jetzt ist's also soweit. Kein Mann mehr in meinem Leben. Wir haben uns getrennt. Das ganze Programm. Geht nicht mehr, du verstehst mich nicht, will nicht deinen Plan leben, wenn's nicht um Liebe geht, um was geht's dann, hast du überhaupt schon gesehen, wer ich bin?

Er ist gleich weitergefahren, ins Hochgebirge.

Und meine nächste Tat ist Grünzeug holen, für die Kränze. Ein paar werden aus Almrauschzweigen gebunden, ein paar aus Latschen. Man muss sorgsam mit den Pflanzen auf dem Berg umgehen. Das ist kein Blumengroßmarkt da heroben.

Ich muss raufgehen in den Eiskeller. Das ist ein steiler Kessel zwischen meiner Alm und Annikas Alm. Dort wächst Almrausch in rauhen Mengen, im steilen Hang unter den Latschenkiefern.

Ich hab einen großen Müllsack dabei und eine Gartenschere. Wie ein Dschungelkämpfer schlage ich mich durch das Latschenfeld. Es hat über Nacht geregnet. Die Zweige schütten mir Wasser ins Genick. Auf den losen, moosbewachsenen Steinbrocken rutsche ich aus und schlage mir das 17. Loch ins Schienbein. Das zählt schon gar nicht mehr. Und es lohnt sich, denn der schönste Almrausch wächst natürlich weit droben im größten Dickicht. Wo's steil ist. Und ich mir vorstellen kann, dass man nicht bremsen kann, wenn's einen schmeißt. Aber ich habe eine Mission.

Ich zwicke den ersten Zweig. Streichholzdünn, mit dicken Blättern am Ende, gefächert wie Rosenblüten. Vollkommen. Wunderschön.

Es riecht, wie nichts anderes auf der Welt je riechen kann. Nach Regen, nach nassen, uralten Steinen, nach Wald und doch frischer. Wie etwas komplett Neues. Und wie Abschied. Wie kann Abschied so riechen? So neu?

Ich war schon lange nirgends mehr daheim. Alles, was Daheim war, habe ich abgerissen. Die Alm ist jetzt Daheim. Aber mit jedem Zweig, den ich abschneide, geht ein Stück Almzeit vorbei. Ich geh fort, bald. Wohin, weiß ich nicht mehr. Wenn ich jetzt anfange zu weinen, mach ich mich dann lächerlich? Ich glaub's nicht einmal. Vor wem auch? Hier ist kein Mensch. Ich kann weinen, so viel ich will. Vielleicht war da heroben noch nie jemand. Mich hört niemand, und sehen kann mich auch niemand, im Regennebel, mitten unter den Latschen.

Also weine ich. Und schnipple Almrauschzweige, den ganzen Müllsack voll. Ich zwicke mich in einen Rausch hinein aus Geruch, Gedanken, Sehnsucht und Tränen.

»I woass ned, wohi«, murmle ich dabei.

»Hey, Berg! I woass ned, wohi!«

Ich weiß es auch nicht, sagt der Berg. *Du weißt es schon selber. Du musst dir nur zuhören.*

Ich hör aber nichts.

Den ganzen Tag hör ich Stimmen und Töne und Wind und Blechdächer, aber wenn ich eine Antwort brauche – hör ich nichts.

Ich muss weiter, Almrausch zwicken. Brauche Material. Mehr. Meine Jeans ist längst voll Regen gesaugt. Meine Hände sind lahm vom Zwicken und meine Knie müde. Aber weiter oben, noch weiter unter den Latschen drin, da wachsen die richtig fetten. Glänzend grün. Die brauch ich noch. Denn die Dora hat den besten und größten Kopfkranz verdient.

Der Stein, auf den ich steige, ist locker. Die Sohle rutscht ab. Rrra-ddammm poltert der Schuh auf den nächsten Stein, der Stein rollt davon. Kullert und springt hinunter, über einen Felsen, steil, bis zum Ende des Latschenfelds. Ich verliere den Halt. Rutsche. Meine Ellbogen krachen irgendwo auf. Steinbrocken schlagen gegen meine Beine. Eine Sekunde lang versucht mein Körper nicht einmal zu bremsen. Fragt stattdessen: Was, wenn du weiterfällst?

Meine lahme Hand grapscht aber schon nach einem Latschenbusch und packt zu. Hält das dünne Ästlein nasse, raue Rinde fest wie ein Straubstock. Und da hänge ich. Ohne wirklichen Boden unter den Füßen. Dafür mit dem Hintern im Geröll. Und einer Hand an einem Zweig, der jetzt von sich behaupten kann, ein rettender Ast zu sein. Meine andere Hand hält den Müllsack fest. Ich sehe, dass meine Füße zwei oder drei Meter Luft unter sich haben. Mein Latschenbusch steht auf einem kleinen Fels, wie auf einer Sprungschanze. Ich bin kein Weltstar im Klettern. Ich werde den Müllsack loslassen müssen. Den ganzen schönen prallen Sack voll Almrausch. Nein, nein, denke ich, das werd ich nicht machen. Aber da saust er schon, ssssswt, aus meiner Hand, überschlägt sich unter mir auf einem Latschenbusch, rollt, schlittert und bremst irgendwo, wo ich ihn nicht mehr sehe. Ich krabble zurück auf den Felsen wie ein Mistkäfer auf einen über ihm hängenden Strohhalm. Von dort krabble ich weiter, bergab. Die Füße voraus. Bis ich meinen Müllsack finde. Der ist nur noch halb voll.

»Aaaaach«, schniefe ich und sammle ein paar verstreute Zweige ein. Zweig für Zweig, so mühsam zusammengezwickt, einfach aus der Hand gesaust.

Es is scho guad jetz', sagt der Berg. Du host ned wirklich was verlor'n.

»Okay«, schniefe ich und binde meinen Müllsack mit einer Schnur zu. Ich sollte einfach runtergehen, raus aus dem Latschenhang und wieder runter auf die Alm. Dort sollte ich anfangen, die Stirnkranzerl zu binden. Die zumindest. Ich sollte schauen, dass die Mindestanforderungen erfüllt sind. Und dann überlegen, ob ich noch Zeit habe für die Kür. Lange Kopfkränze zum Beispiel oder Bauchgurte für die Kühe.

Flatterfahnen für die Latschenbuschen. Anstecksträuße für die Helfer. Ein paar schöne Zweige für die Vase unterm Rosenbusch. So Zeug.

Stattdessen plumpse ich matt auf meinen Müllsack und beobachte, wie mein Kopf in meine Hände fällt, ohne Widerstand, und sich dort langsam hin und her wiegen lässt.

Ich will nicht, dass der Sommer schon vorbei ist.

Ich hangle mich mit kleinen Schritten den Hang hinunter. Lange grüne Nadeln streifen mein Gesicht. Harz klebt in meinen Haaren und an meinen Händen. Den Müllsack schleife ich hinter mir her, runter zum Weg. Es schüttet wie aus Kübeln. Die Mühe, meine Jacke auszuklopfen oder die Hände an irgendwas sauber zu wischen, mach ich mir gar nicht erst. Nur die Haare binde ich geschwind neu zusammen. Ich werd sie abschneiden müssen, das Harz krieg ich nie mehr raus.

»Servus«, sagt jemand hinter mir.

Sanft und ruhig. Ich kenn die Stimme.

»Geht's da guad?«

»Ja.«

Es ist Kilian. Er kommt auch grad vom Berg runter. Vom Hang gegenüber. »I wollt' schauen, ob i a paar Gams seh.«

»Ja. Sorry. War bloß ich.«

Da lacht er.

Ich nicke, denn es ist genug gesagt, und schultere meinen Müllsack.

»Magst mitfahren?«

Nur, wenn er nicht noch mal fragt, wie's mir geht, denke ich. Wird er nicht. »Ja«, sage ich. »Danke.«

Er hat den Jeep weiter unten am Forstweg geparkt. Er lässt mich einsteigen und fährt einfach. Hinter der Kurve zeigt er an mir vorbei nach oben. Da stehen sie. Ein Rudel Gams, steil im Hang, wie hingemalt.

»Morgen wer' ma nomoi auf den Hirsch'n jagern«, meint er, kurz vor dem Almgatter.

»Hm.«

»Bleibst du in der Hütt'n, oder ...«

»Hm.«

»...«

»Wieso? Glaubst du, ihr dawischt'n dieses Mal?«

Er zuckt mit den Schultern und schaut zwischen seinem Lenkrad durch.

»Ich geh zur Annika rauf morgen«, sage ich nach einer Weile.

»Ja, dann.«

»Danke fürs Mitnehmen. Pfiadi.«

»Pfiadi.«

Er sieht aus, als wüsste er, wie die Kante zwischen Leben und Tod aussieht. Wie ein heller Streifen im Himmel. Ich steige aus und lasse ihn davonfahren.

Und dann fluche ich ein bisschen herum. Warum das Leben so sein muss. So auf der Kante. Und ob's nicht einfacher gewesen wäre, wäre ich drunten im Tal geblieben. Halleluja Zefix.

Nein, sagt der Mond überm Gana-Stoa. Später. *Nein, im Tal hättest du nicht bleiben können. Im Tal war dauernd ein Nebel um dich. Auf dem Berg verzieht sich der Nebel.*

Der Mond muss es ja wissen, denke ich.

Aber im Tal hat's nicht so wehgetan. Alles hat weniger wehgetan.

Nur weil du nicht siehst, heißt ja nicht, dass es nicht da ist. Und nur, weil du nicht spürst, heißt ja nicht, dass es nicht wehtut.

Ja, Gscheithaferl.

Heute Nacht ist der Hirsch nicht hinter der Hütte.

Vielleicht kommt er ja morgen auch nicht. Komm morgen nicht, King Kong!

Ich bestimme den Zeitpunkt, hat er gesagt.

Noch 13 Tage.

Am nächsten Abend besuch ich die Annika, auf unseren letzten Almkaffee.

Sie packt schon zusammen. Teppiche hängen über dem Zaun. Um den Brunnen herum stapelt sich ihr Käsegeschirr und alles, was die Regale an hundertjährigen Töpfen hergegeben haben. Gummihandschuhe, Bürsten und Essigessenz haben ganze Arbeit geleistet. Annika kann ich nirgends entdecken. Nur ein Rumpeln hör ich, irgendwo tief in der Hütte.

»Haaallooo!«, schrei ich.

»Jaaaaa.« Das kommt von ganz weit drunten. Aus dem Untergrund.

»Wo bist'n du?«

»Da!«

Ich laufe einmal um die Hütte rum. Knöcheltiefer Baatz vor beiden Stalltüren. Nebelschwaden fliegen unter der Dachrinne durch. Sibirische Ostwinde pfeifen in allen Ritzen. Ohne Mütze friert's mir die Ohren ab. Hier oben hat's höchstens vier Grad. Und ich denk mir ja unten auf meiner mediterranen Alm schon, Herbst wird's. Aber Hochalm ist echt was anderes. Hier oben bläst's den Sommer über Nacht davon, und es gibt nichts, das ihn halten kann.

In der Hütte scheppert etwas. Alteisen.

Erschrockene Hufe trampeln über den Holzboden im Stall.

»Sch-sch-sch ...«, sag ich leise. »Is ja guuut.«

Ein halbwüchsiges Kalb starrt mich an. Aus einem langen Riss an seinem Hinterbein rinnt ein Blutfaden.

»Was is'n passiert?«, frage ich durch die offene Stubentür in die Hütte hinein.

»Stacheldraht.« Altes Blech und Glas splittert. »Die waren über Nacht im Eiskeller. Keine Ahnung, wie sie da hingekommen sind. Gehen einfach durch 'n Zaun. Jeden Tag hab ich so 'n Zirkus. Es ist einfach kein Futter mehr da. Ah, wird echt Zeit, dass wir runtergehen.«

Sie hat recht. Hier oben wächst kein Gras mehr. Die Viecher müssten anfangen, die Steine zu fressen. Und das, tönen die hiesigen Bauern gern über ihre Wampen drüber, machen nur die Tiroler.

Das Kalb pustet mich an, aufgeregt. Allein im Stall angebunden sein ist alles andere als der erste Preis. »G'fallt's dir nicht da herin, ha?«, sage ich.

Der Riss in seinem Bein klafft rot und nass auseinander. Ein Tierarzt im Tal würd's wahrscheinlich klammern. Oder kleben. Mit Antibiotika versorgen und einen Verband drum machen. Aber allein auf der Alm ...

»Aaah, ich glaub's nicht!! Wer hebt' n so was auf!!« Blech und Glas splittert.

Ich geh durch den Stall in die Stube. Stirnlampenlicht geistert über den Boden. Annika hockt im Glumpkammerl. Das ist ein Raum neben der Stube, halb in die Erde hineingegraben, ohne Fenster, und voll mit Zeug. Werkzeug zum Teil. Aber hauptsächlich Glump.

Sie nickt mir kurz zu, dann stürzt sie sich wieder in die monströse Holztruhe, die das halbe Kammerl füllt.

»Was machst'n da drin?«

»Blauspray suchen.«

»Kann ich dir helfen?«

»Mir ist nicht zu helfen. Schau dir mal diesen Saustall an!« Annika hat die komplette Truhe ausgeräumt. »Irgendwann kipp ich ihm seinen Dreck vor die Haustür, ich schwör's dir.« Sie meint ihren Bauern.

Die letzten Trümmer fliegen aus der Truhe. Eine rostige Spraydose ist dabei. Ohne Sprühkopf. »Ha! Blauspray!« Annika bläst ihre Haare aus dem Gesicht. »Toll. Von 1969.« Sie stapft in die Stube. »Ich schütt 'n Schnaps drauf und fertig.«

Arnikaschnaps steht auf der Flasche. Arnika ist eine große gelbe Blume. Die blüht bis Ende Juli hier auf der Hochalm. Wenn man Glück hat, ist der ganze südliche Hang gelb. Seit hunderten von Jahren ist Arnikaschnaps die wirksamste Wunddesinfektion auf der Alm. Im Tal auch, übrigens. Aber wenn man ihn auf der Alm macht, hat er eine ganz andere Kraft.

Arnikaschnaps

Arnika ist eine Heilpflanze, die man bei allen Arten von Verletzungen verwendet. Ihre gelben Blüten sind ausladender als die von Margariten, weicher und mit spitzeren Enden. Die Blüten können bis zu 8 cm Durchmesser haben. Am Stiel laufen sie zu einem tiefen Kelch aus. Arnika wächst auf kalkarmen Wiesen, gern an Südhängen. In guten Jahren kann Arnika eine ganze Bergwiese gelb färben.

Auf der Hochalm, auf 1400–1600 Metern, blüht Arnika bis Ende Juli. Man pflückt nur die Blüten. Nicht den Stiel, nicht die Blätter. Vorsichtig abzwicken, nicht dran reißen, damit man die Wurzeln nicht beschädigt. Arnika ist eine geschützte Pflanze. Also bitte nicht gierig jede Blüte an sich raffen. Nur ein paar. Und nur in guten Sommern.

Folge deinem Gefühl für den richtigen Tag zum Blumenpflücken. Es wird ein sonniger, trockener Tag sein. Ein Tag voller Kraft. Voller Sommer.

Die Blütenblätter vom Kelch lösen. Man kann sie in der Sonne ein bisschen antrocknen, sodass sie sich locker streuen lassen. Dann ein Glas oder eine Flasche mit den Blütenblättern füllen – locker, nicht stopfen! – und mit Schnaps aufgießen. Du kannst Wodka nehmen, einen guten Obstler oder einen sauberen Vorlauf oder reinen Apotheken-Alkohol (Letzteren nur zur äußeren Anwendung!).

Jetzt das Glas einige Wochen in die Sonne stellen. Dabei täglich ganz sanft schütteln. Der tägliche Aufwand und deine Gedanken, mit denen du deinen Arnikaschnaps pflegst, werden als Heilkraft in ihm enthalten sein.

Es kann dir passieren, dass die Sonne nicht scheint. Dann stell ihn über den Ofen.

Es kann dir auch passieren, dass du keine heilenden, wohlwollenden Gedanken denken kannst. Aber wenn du das bemerkst und willens bist, die wütenden, frustrierten, traurigen Gedanken zu heilen, dann ist das genauso gut wie heilende Gedanken. Freu dich an den Blüten, an deiner Heiltinktur.

Du fühlst, wann der Arnikaschnaps fertig ist. Das kann in drei Wochen sein oder in sechs. So wie du's machst, ist es richtig.

Jetzt gießt du den Schnaps durch ein Sieb, anschließend durch einen Kaffeefilter. Die Blütenblätter brauchst du jetzt nicht mehr. Sie sind fast braun mittlerweile, und der Schnaps hat eine helle goldene Färbung angenommen.

Fülle den Arnikaschnaps am besten in kleine Fläschchen. Eins lässt du im Stall, eins in der Hütt'n, und eins nimmst du vielleicht mit ins Tal. Beschrifte die Fläschchen mit »Arnikaschnaps« und der Jahreszahl.

Du kannst ihn zur Wunddesinfektion benutzen, bei Mensch und Tier. Du kannst Prellungen, Zerrungen und verstauchte Gelenke damit einreiben oder eine Mullbinde darin tränken und über Nacht als Verband um das betroffene Gelenk wickeln.

Wenn du offene Wunden mit einem Verband verschließt, dann nie länger als ein, zwei Stunden. Es gibt viele Keime auf der Alm, und besser für die Heilung sind Schnaps und Luft.

Vielleicht wirkst du ein kleines Wunder.

Ich glaube, das Geheimnis aller Heilung ist Liebe. Wenn du eine Verletzung mit deinem Arnikaschnaps behandelst, dann tränkst du sie mit Liebe.

Weil die Sonne seit drei Wochen hinter einer blickdichten Regenwand verschwunden ist, hat Annika den Schnaps über den Ofen gestellt. »Noch nicht ganz fertig«, sagt sie. »Mistkacke.« Sie nimmt eine Flasche und stürmt auf das Kalb zu. Das tänzelt völlig außer sich an seiner Kette herum. So kann man keinen Schnaps draufschütten. »Irmi, steh!«

Aber die Irmi sagt, *ihr spinnt wohl. Ich seh genau, dass ihr mich umbringen wollt.*

Also werden wir gaaaanz ruuuuhig. »Feeeeeine Irmi.« Und umzingeln sie gaaanz laaaangsam. Sie bleibt stehen. Annika wirft mir einen Blick zu. Und auf dieses Kommando klemmen wir das Kalb zwischen uns und die Stallwand. Zwei Schraubstöcke, weiblich, Single, zusammen 124 Kilo, halten 200 Kilo Kalb im Schwitzkasten.

Wir warten, bis das Bein zwei Sekunden ruhig steht. Schnaps drauf. »Möööh!« Und fertig.

»Guad is ganga«, sage ich.

»Ja.« Wir binden die arme Irmi los, und sie schießt aus dem Stall. Entkommen!

In Annikas Blick lodert immer noch der Zorn. Weil's aussichtslos ist, zum Teil, hier heroben. Ständig ist irgendwas. Kälber brechen durch den Zaun, tun sich weh und turnen zwischen den Latschen im Eiskeller rum. Mittlerweile weiß ich ja, dass man dort abstürzen kann. Und ihr Bauer hat kein neues Blauspray gebracht, als sie drum gebeten hat. Und die Woche davor keine Zaunklamperl, damit sie den abgerissenen Stacheldraht wieder festnageln kann. Und die Woche davor kein Elektroband, damit sie die steilen Dolinenlöcher umzäunen kann, nachdem eine zweijährige dicke Koim dort um ein Haar kopfüber dringesteckt wäre, weil sie ihren neugierigen Rüssel zu weit vorgestreckt und ihr eigenes Gewicht unterschätzt hat. Und überhaupt.

»Ich mach mal 'n Kaffee, hm?«, frage ich.

»Ja!«

Das Feuer ist ausgegangen. Ich geh Holz holen, um einzuheizen.

Annika begutachtet das Chaos im Glumpkammerl. So kann sie's nicht lassen. Sie wird's aufräumen müssen, das ganze Graffe. Die Glumpgeister werden Party feiern heute Nacht.

Das Wasser im Kessel auf dem Herd braucht ewig, bis es kocht. Der Nebel drückt sich von oben in den Kamin. Alles ist kalt und klamm, sogar das Feuer. Ich stelle zwei Stühle direkt vor den Ofen, hol zwei kratzige Wolldecken aus dem Matratzenlager und warte. Auf mehr Zug im Kamin. Auf Wärme. Auf den Kaffee.

In weiser Voraussicht habe ich eine Flasche voll Milch und einen halben Zucchinikuchen von der Ami mit raufgenommen. Denn Annika war seit zwei Wochen nicht im Tal, und bei dem Wetter kann sie's vergessen, dass jemand vorbeikommt und ihr frische Brezen bringt.

»Ich hol die Kälber rein!«, sagt Annika, donnert die Tür zum Glumpkammerl zu und verschwindet im Nebel.

Zehn Minuten später hör ich das helle Kling-Kling der Kälberglocken. Ich frage mich, woher sie immer weiß, wo ihre Kälber sind.

»So 'n Gefühl«, sagt sie. Mehr nicht.

Wir setzen uns vor den Ofen, eingehüllt in Wolldecken, die Füße auf dem offenen Backrohr.

»Wann geht's 'n ihr morgen?«, frage ich.

»Um elf.«

Wir trinken unseren Kaffee. Ich hab Milchschaum mit dem Schneebesen geschlagen. Das hilft normalerweise immer. Gegen Heimweh, Herzschmerz, Einsamkeit. Aber heute muss ich dazu noch drei Löffel Zucker reinschütten.

Ahhh ...

Annika verdreht die Augen. »Gefühle *hat* man!«, sagt sie. »Die dürfen doch da sein. Die muss man doch nicht in Milchkaffee ertränken.«

Ich schüttle den Kopf. Nein, muss man nicht. Aber am besten, ich trink den pappsüßen Milchkaffee auf Ex aus und danach gleich noch einen. Und wenn der Abschied kommt, sperr ich die Tür zu und häng ein Schild dran »Bin nicht da«. Sollen doch die, die's können, das mit dem Abschied machen. Die, die ein Ziel haben, *nach* dem Abschied. Aufregende Pläne. Dringende Termine. Aber mich soll er in Ruhe lassen, der Abschied. Der Almabtrieb. A-Day. Ich latsche ins Leere, nach dem A-Day. Das reicht mir schon. Da hab ich schon Angst genug. Und die brutalen Kaliber kommen noch davor. Die Momente, wenn wir alle weinen möchten, aber stattdessen den Boden schrubben oder das Leergut wegfahren, weil wir Menschen sind, die so was nicht zeigen. Man reißt sich zam. Egal, wie. Dem Hias müsst ich, wenn die Wahrheit rauskäme, um den Hals fallen und Danke schluchzen. »Das war so ein schöner Sommer. Danke. Danke, für alles, was du getan hast für mich. Was du mir beigebracht hast. Und was du mich selbst hast lernen lassen. Dafür vor allem. Danke.«

Machen werd ich's nicht. Sagen auch nicht.

Aber ich ahne, dass sie längst lauern, diese Momente. Wie unsichtbare Monster. Hinter jeder Tür. Auf jedem Regal. An jedem Nagel, an den ich zum letzten Mal was hänge.

Annika schenkt sich auch noch einen ein. »Wenn nie einer anfängt zu sagen, was er fühlt, wird nie einer sagen, was er fühlt.«

»Jaa ...«

Und dann erzähl ich ihr vom Ende meiner Liebe. Traurig. Auch wenn's absehbar war. Auch wenn's von vornherein nicht zusammengepasst hat. Einsam. Aber ich hätt mir lieber einen Zahn am Tischeck ausgebissen, als das zuzugeben.

»Hast du Schluss gemacht?«, fragt sie.

Ich nicke. Und denke, gleichzeitig, vielleicht hätt es doch noch irgendwie klappen können ...

Annika trinkt ihren Milchkaffee und betrachtet mich wie eine Katze ihre Maus. »Kipp ihn die nächste Schlucht runter. Ihn zurückhaben wollen ist Blödsinn.«

»Ja.«

»...«

»Er wird sich umdrehen und die perfekte Hausfrau heiraten.«

»Männer, die perfekte Hausfrauen wollen, sind nicht die Richtigen für Frauen wie uns.«

»...«

»Du bist für die Liebe gemacht«, sagt Annika und tanzt quer durch ihre Hütte. Und vor meinem inneren Auge spielen sich Horrorszenen ab. Hundert Mountainbiker, die a Woaz'n bestellen. Ein Bügelbrett als Weihnachtsgeschenk. Und dann, weil der Wind grad so praktisch steht, landet einer mit dem Gleitschirm vor meiner Hütte und fragt mit sanfter Stimme: »Spatzl, hast du 'n Kaffee für mich?«

Ach, es ist zum Kotzen mit den Männern. Und grad auf der Alm, wo man denken möchte, all diese Dinge würden einen hier oben nicht heimsuchen. Man denkt, man könnte in

Ruhe sein Herz reparieren. Sich klar werden über sich und das Leben, und die Liebe und wohin man will mit alldem. Ha, ha. Auf der Alm bist du dir selber ausgeliefert. Deiner eigenen Sehnsucht und Phantasie. Und das ist viel schlimmer als der schlimmste Männerzirkus.

»Auf der Alm, mit de Männer, is der gleiche Wahnsinn wie im Tal«, grinst Annika und wickelt den Zucchinikuchen aus der Alufolie.

Wir stoßen mit den Kaffeetassen an, auf die Liebe und darauf, dass das Leben nie so läuft, wie's sollte. Und dass wir's trotzdem leben, irgendwie.

Und dann trinken wir auf die, die unsere Liebe verdient haben, und noch mehr. Zurzeit sind das unsere Viecher. Die haben mein Herz erobert. Alle. Und ganz besonders eine. Wenn sie mich anschaut, so groß. Und alles muss sie mit ihrer kababraunen Schnauze riechen, anstupsen, damit sie's versteht. Und in ihren Ohren hat sie Fell. Wenn ich ihr schreie, läuft sie mir nach. Meine Nelly.

»Kann sie schon Sitz?«, fragt Annika.

»Nein. Aber sie kommt auf Pfiff«, sage ich, lächelnd, und dann bricht das ganze stolze Gerede von der Liebe über mir zusammen wie ein Kartenhaus, und ich vergrabe mein Gesicht in den Händen, damit ich nicht laut aufheule. Damit ich nicht fühlen muss, wie's mir gerade mein Herz zerreißt.

Annika nimmt mich in den Arm und wiegt mich hin und her.

»Wenn der Lastwagen kommt, und die Nelly muss da rein ...«

Sie streichelt meine wirren, zottligen Haare und gibt mir ein Geschirrtuch, damit ich schnäuzen kann.

»Sie wird nicht reingehen, das weiß ich.« Sie ist ja nicht blöd. Aber dann wird der G-Bau'r, dem sie ja gehört, mit dem elektrischen Viehtreiber kommen und sie mit Stromschlägen hineinjagen. Weil er keine Zeit hat für so einen Zirkus.

Und ich weiß, wie sie mich anschauen wird.

Weil ich nur dastehe und zuschaue. Zulasse, dass sie das machen mit ihr und sie wegbringen. Irgendwohin.

»Vielleicht, wenn du sie führst?«

»Ja, und dann?«, ich schreie fast.

»Keine Ahnung.« Annika weiß ganz genau, was mit einer zu kleinen Alm-Koim passieren kann. Wenn sie nicht trächtig ist. Und wie man eventuell mit ihr umgeht bis dahin.

Das halt ich nicht aus.

»Doch, das hältst du aus.«

»Und was, wenn nicht?«

»Du bist viel stärker, als du denkst«, sagt sie.

Ja, schau'ma mal.

Zehn Tage nach übermorgen wird das sein. Es wird Zeit. Ich muss heim.

»Mach's gut morgen«, sag ich.

Annika und ihre Viecher gehen morgen heim. Nicht, dass wir das vergessen, vor lauter Liebe und Verzweiflung.

»Kommst du zuschauen?«, fragt sie.

»Klar.«

Sie lächelt, packt mich und küsst mich auf beide Wangen. Ich lächle auch und gehe. Annika verschwindet fluchend im Glumpkammerl und in ihrer Truhe. Ich höre sie. Hör sie schrubben und die Truhe zuknallen, und zwischendrin scheppert altes Eisen.

Ich hab meine Stirnlampe vergessen. Aber meine Füße laufen den Weg auch ohne Licht. Draußen auf der Wiese ist es hell, solange der Tag noch als schmaler gelber Streifen unterm Himmel hängt. Nur im Wald ist es schon Nacht. Ich höre jeden meiner Schritte. Sie klingen leicht. Viel leichter, als ich mich fühle. Sie gehen sicher und schnell. Der leise Wind bläst ein paar Schatten unter die Bäume. Ein paar Zweige wispern etwas. Nichts, wovor ich mich fürchten müsste. Nur der Wald.

Ich gehe oberhalb vom Eiskeller vorbei. Er ist gefüllt mit blauem Licht. Es ist Tag und Nacht gleichzeitig. Ich sehe den

Gana-Stoa von der anderen Seite. Und den Mond hinter mir, während der letzte Sonnenglanz vom Gipfelkreuz verschwindet.

Ich gehe die namenlose Wand entlang. Hinunter bis zur großen Fichte. Es riecht wieder nach Blumen hier.

Ich gehe auf den Almzaun zu.

Da höre ich den Schuss.

Ein peitschender Knall. Das Echo zersplittert am Fuß des Gana-Stoa.

»Nein!«, schreie ich.

Der Schrei macht keinen Laut. Ein Atemzug ist vorbei, bevor er geatmet ist. Ein Regentropfen fällt zurück in den Himmel.

Der Schuss hat ein Loch in die Zeit gerissen.

Da knallt es noch mal.

Ich fange an zu rennen.

Drüber über den Sonnbichl, hinunter, fliegend ums Fichtenholz herum.

Ich sehe ihn. Langsam schreitet er die Gana-Leit herunter. Das Geweih stolz erhoben. Einmal geht sein Blick noch zum Mond.

Er könnte davon. Er hätte dreimal die Zeit, über den Almzaun zu setzen und im Buchenwald zu verschwinden. Wie er es immer gemacht hat. Der Baron und sein Jagdgehilfe haben ihn nicht voll getroffen. Ich sehe den Jeep, weit hinten am Ende des aufgelassenen Forstwegs. Er hätte Zeit.

Aber er dreht sich zur Alm. Ins offene Gelände.

Er präsentiert sein Herz. Er wartet auf seinen Jäger.

Kilian. Ohne Gewehr steht er hinter dem Tanzboden. Sein Lehrbub zwei Schritte hinter ihm.

Die Hütte ist hell erleuchtet. Alle stehen vor der Tür. Drei Jagdgehilfen. Die Frau Baron. Die Ami und der Hias.

Und da steht der Hirsch.

»Wasti, hol die Büchs«, flüstert Kilian zu seinem Lehrbub. Er läuft zum Auto und bringt ihm das Gewehr. Kilian lässt den Hirsch nicht aus den Augen. Er nimmt das Gewehr und geht auf seinen Hirsch zu. Ein leichtes Drehen des Kopfes. Ein Schimmern am Geweih. *Ich hab gewusst, dass du da bist.*

Kilian kniet nieder. Ich sehe ihn atmen. Ich sehe seine Hand zittern, wie ein wehes Herz, das nur von einem Schmetterling berührt worden ist.

Dann stützt er den Ellbogen auf sein Knie. Der Gewehrlauf richtet sich auf King Kongs Brust. Regungslos.

Dann schießt er.

Der Hirsch ist getroffen.

Er lässt den Blick auf seinem Jäger ruhen. *Ich hab gewusst, dass du da bist.*

Er geht ein paar Schritte. Aufrecht. Kilian krallt die Hand um sein eigenes Herz. Der Hirsch wirft den Kopf in den Nacken, als würde er ein letztes Mal über den Almboden brüllen. Dann fällt er.

Wir stehen um seinen Körper herum.

Kilian nimmt seinen Hut vom Kopf und legt seinem Hirsch einen Tannenzweig ins Maul.

Er ist ein wunderschöner Hirsch. Er trägt das gewaltigste Geweih, das ich jemals gesehen habe. Er hat drei Einschüsse. Der letzte direkt ins Herz.

Das Leben ist ein Geschenk.

Einer wie du, King Kong, einer wie du wird bleiben. Als Legende für manche. Für mich als donnernder, alles überwindender Herzschlag.

Keiner kann nach Hause fahren. Alle gehen sie in die Hütte. Der Kachelofen in der Stube ist eingeheizt. Hias schenkt uns allen einen Schnaps ein, und einen Doppelten für Kilian.

Sie trinken, sie reden, sie können's nicht glauben, dass dieser Hirsch gefallen ist. Einer packt seine Ziach aus und spielt, spielt den Hirsch hinauf ins Paradies. Die Frauen reden vom Dirndlgwandschneidern und einer Hochzeit, die bald stattfinden wird, und ich geh raus, unter meinen Rosenbusch.

Den Hirsch haben sie auf einen Anhänger gelegt. Seine Augen sind offen.
Der Mond steht hell und klar über ihm.
Er hatte Zeit jetzt. Allein.
Man kann eine Seele nicht sehen.
Aber die Augen kann man sehen. Und den Moment, wo der letzte Hauch Leben aus ihrem Blick weht und zum Mond hinaufsteigt.
Ich bleibe unter meinem Rosenbusch sitzen. Ein paar Blätter fallen, im Mondlicht.

Baron Bolko fährt als Erster nach Hause. Dann gehen auch langsam die Jagdgehilfen. Der Hirsch muss noch zerteilt und in der Kühlung aufgehängt werden. Die Frauen fahren heim, ihren Männern was zu essen kochen.
»Pfiad' euch«, sage ich zu ihnen. Oft hab ich sie nicht gesehen. Sie gehören hierher. Für sie ist das der Lauf der Dinge. Sie führen ein anderes Leben. Eins, das ich vielleicht gar nicht verstehe.
Pfiad' euch.
Ich mach ihnen das Gatter auf. Nacheinander rollen sie auf den Weg ins Tal.
Kilian ist der Letzte, der ins Auto steigt.
Ich streichle den toten Hirsch auf seinem Anhänger.
Pfiadi, King Kong.
»Ja, dann ...«, sagt der Jäger.
»Pfiadi«, sage ich.
»Pass auf dich auf.«
»Du auch.«
Dann fährt auch er. Vorsichtig, als wollte er den toten Hirsch nicht durchschütteln. Er bewahrt ihm die Würde. Ich merke, dass ich ihn nicht hassen kann, dafür, dass er King Kong erschossen hat.

Ich klappe den Gatterriegel zu und gehe.
Ich hör sie langsam hinter dem Fichtenholz verschwinden, den Jäger und seinen Hirsch.

Ich hab mein Weinglas unterm Rosenbusch stehen gelassen. Das trinke ich jetzt aus, in einem Zug.
Der Hias lehnt vorn übergebeugt am Spülbecken.
»So«, sagt er ins Spülwasser hinein.
»Ja«, sage ich, »jetzt hama das auch noch mitgemacht.«
»Ah, sei tuat's wos.« Er zieht den Stöpsel aus dem Schaumwasser. Nächste Runde. Besteck. Er spült, ich trockne ab. Keiner redet mehr.
Sei tuat's wos.

Almabtrieb

Noch 11 Tage
Gegen Mittag, hat die Annika gesagt, werden sie runterkommen. Um Viertel nach elf hör ich schon die Glocken. Furiose Glocken. Wie das klingt, müssen die im Galopp unterwegs sein. Ich habe keine Zeit mehr, mein Stallgwand anzuziehen. Gelbes T-Shirt, hellblaue Jeans. Schnell noch den Almstecken schnappen, und dann ab.
Keuchend schieße ich über den Sonnbichl. Die G-Baurn-Viecher glotzen bergauf. Sie hören sie auch kommen. Sie fühlen's in der Luft. Party! Rambazamba!
Die Hochalm-Herde poltert mit wehenden Kronen und Fahnderln ungebremst die Forststraße runter.
Zaun! Entscheidet ein Instinkt, von dem ich bis jetzt keine Ahnung hatte. Ich renne hinauf zum Weiderost, wickle mit zitternden Fingern den Stacheldraht auf und reiße den losen Zaunstempen raus. »Auf d' Seitn!«, brüllt Annika. Und schon rauschen sie durch. Leuchtend bunte Kronen, wehende Latschenbuschen, dröhnende Glocken. Alle 23. Wow.

Mir bleibt der Mund offen stehen. Bis ich sehe, wie meine G-Bau'r-Viecher und die Fallerer-Mädel der Hochalm-Herde entgegentraben. Ihre fit und fleischig gefressenen Körper gespannt wie Sprungfedern. »ZURÜCK!«, brülle ich, als würde das was bringen. Und schon stehen wir mittendrin, in einem wirren Haufen galoppierender Rinder. Die Hochalm-Viecher wiegen die Hälfte, das sieht man erst, wenn man sie direkt nebeneinander hat.

Die nächste halbe Stunde verbringen wir damit, meine Mädel zurückzuscheuchen und Annikas Viecher ans Heimgehen zu erinnern. Haben sie vergessen. Die bleiben uns, denke ich schon. Aber dann springt Annikas große dunkelbraune Koim mit der leuchtend pinken Krone über den unteren Weiderost. Das war das Kommando. Heim geht's!

Sie sind auf und davon.

Und ich bleibe stehen, wie eine Wand vor den angaloppierenden G-Bau'r-Viechern. Stopp! Nix gibt's. An mir kommt ihr nicht vorbei. Es wirkt. Sie bremsen. Glotzen mich an, zu siebzehnt. Mein gelbes T-Shirt ist grünbraun verschmiert. Die Jeans hat am Hintern, wo sie eh zu eng war, ein klaffendes Loch. Man sieht den blauen Fleck von meinem Beinaheabsturz im Eiskeller. Am Knie klebt Blut. Weiß nicht, wo das her kommt. Ich fühle mich wie Bruce Willis als John McClane in *Stirb Langsam*. Von der Lauber-Hütte her spaziert eine Gruppe Wanderer. Sie mustern mich, als wüssten sie nicht, ob sie Mitleid haben sollten oder ein Gefühl von ... Igitt. Vorsichtshalber machen sie einen Bogen um mich. Heute fragt mich keiner: »Sind Sie hier die Sennerin?« Keiner sagt, »Ach, schau mal, wie schön, ich würde auch so gern mal richtig auf die Alm gehen.« Heute schweigen sie. YippeeYa-Yeah.

Noch 10 Tage
Es wird leise auf der Alm. Wir sind allein aufm Berg. Die Wiese wird ihr Grün verlieren. Jeden Tag ein Stück. Der Sommer verweht. Aus zehn Tagen werden fünf. Vier. Dann übermorgen, morgen, heute.

Es wird ein Hetzlauf durch die unsichtbaren Monster. In der Futterkiste hockt eins. Und im Butterfass. Den Stallbesen schwingt ein Monster. Und wenn ich die Stalltür aufmache, um Nelly und die zwei Ladys reinzulassen, packt mich eins von hinten. Das Grausamste von allen.

»Dora, was soll ich nur machen!?«, schluchze ich. Halb lehne ich, halb hänge ich über ihrem Rücken.

Nichts, sagt sie. *Melken. Sonst nichts.*

Nichts! Sonst weiß sie doch auch immer, was zu tun ist. Warum jetzt nicht?

Es ist nicht Zeit. Es ist noch jetzt. Die Zukunft existiert nicht. Die Zukunft denkt ihr euch aus.

»Dora, das ist keine Antwort.«

Aber mehr Antwort krieg ich nicht. Also melke ich. Und sonst nichts.

»MMMhh«, macht Nelly.

Ich klopfe den weißen Streifen auf ihrem Hintern und muss lächeln. Grinse ein paar Tränen weg. Dann räum ich mein Melkzeug auf. Ich muss raus aus dem Stall. Weg von den Monstern.

Aber auch in der Spülwanne im Millikammerl schwimmen sie. Und in den grünen Algenritzen zwischen den Fliesen tummeln sie sich. Ich wünsche mir einen Dampfstrahler. Ich würde gerne voll aufdrehen und die Monster mit Hochdruck in den Gulli spülen.

Ich wünsche mir ...

Wünsch dir ein mutiges Herz! Singen die Algenmonster. Wünsch dir ein mutiges Herz.

A-Day
Halb neun. Pfeifend führt der Fallerer Flori seine nach dem AC/DC-Konzert noch auf der Alm verbliebenen Koima auf sein hölzernes Transport-Cabrio. Und dann hat er sogar Zeit, ein Radler zu trinken, neben mir, unterm Rosenbusch. Seine türkisblauen Augen blitzen mich lustig an. »Und, kimmst nächst's Jahr wieder?«

»Weiß ich nicht. Da haben wir noch gar nicht drüber geredet«, murmle ich.

Der Flori grinst und verrenkt seinen Hals, um in die Hütte schreien zu können, ohne aufzustehen: »Hey, Hias! Muasst ihra sog'n, dass' wieder kemma soll.«

»Des muass scho sey'm wiss'n.«

»Aber frog'n muasst' as! Sonst moant's, du mogstas nimmer herob'n ho'm.«

»Kümmer di du um dein eing'a Schmarrn.«

Da lacht er lauthals, der Flori, und hält sein Radler in die Sonne.

»Prost!«

»Prost«, sage ich. Leise.

»Und? Host' es g'hört, dass'd nächst's Jahr wieder kemma sollst?«

»Naa ...«

»I scho.« Der Flori zwinkert. »Unbedingt sogar.«

Dann trinkt er sein Radler aus und legt lautlos fünf Euro auf den Tisch.

»Schiab bloß dein Fünfer wieder ei!«, donnert's aus der Hütte.

»Pfiadi«, lacht der Flori, küsst mich auf die Wange und schwingt sich auf seinen Tracke. Zum Abschied zieht er an der Krempe seines Cowboyhuts. Dann tuckert er los. Seine drei Mädel lassen die Ohrwaschl im milden Fahrtwind flattern.

Pfiadi, Flori.

Vielleicht bis nächstes Jahr?

Ich räum Floris Bierflaschl weg.

Es ist Zeit, die gelben Anmeldezettel zu holen. Der G-Bau'r und seine Mannen sind im Anflug. Die Panik kriecht meinen Nacken hinauf, noch bevor ich ihre MB-Tracs und den Lastwagen hören kann.

Sie parken in einem Fächer. Keiner wird rangieren müssen, wenn sie wegfahren. Die Reihenfolge bleibt exakt eingehalten, auch wenn die Maschinen stehen. Der G-Bau'r selber steigt als Erster von seinem Ungetüm.

Er hat Gummistiefel an. Seine Wampe spannt den grüngrauen Stallkittel hart und prall. Er trägt sie vor sich her wie einen Rammbock. Wenn er sich so hingestellt hätte, nach Osten ausgerichtet, 375 nach Christi Geburt, er hätte die Hunnen im Alleingang aufgehalten.

Stattdessen hatscht er hier über meine Alm. Mit seiner ganzen Masse.

Caramba, denke ich, und jogge los. Der G-Bau'r und seine Männer walzen sich zum Sonnbichl hinauf. Einer sieht aus wie er. G-Bau'r junior. Unvorbereitet trifft mich ein Blick aus seinen fleischigen Augen.

»Schau gefälligst woanders hin«, denke ich. Und die Faust, mit der ich meinen Almstecken halte, ballt sich mit einer Wut, die ich mir nicht genau erklären kann. Ich kenn den armen Kerl ja nicht einmal. Weiter jetzt, befehle ich mir selber, G-Bau'r-Viecher einsammeln. Ich würge mir also ein Lächeln für den Junior raus und laufe rauf zur Kohlstatt. Da sind sie. 17. Nicht 18. Die Nelly haut sich zusammen mit Dora und Zenz' die Wampe voll. Unterm Kirschbaum, auf der anderen Weide.

Der G-Bau'r gebietet seinen Männern mit einem Stockschwung durch die Luft auszuschwärmen. Von beiden Seiten kommen sie daher. Schon von Weitem brüllen sie. »Hoooopp! Auf geht's! Geeeehma!!«

»Langsam, Mädel«, sage ich. So ruhig ich kann. Aber es ist schon zu spät. Sie sehen die Gummistiefel, sie sehen die Stallkittel, sie sehen die Stöcke, und dahin geht's. Der G-Bau'r schimpft sie dappige Viecher, seine Männer schneiden ihnen den Weg ab und treiben sie zum Lastwagen.

Ich gehe hinterher und schaff's nicht, meinen Kopf aufrecht zu halten. Er wiegt eine Tonne, und was ich sehen würde, wenn ich ihn heben könnte, täte mir weh.

Die Tiere stehen keuchend in einem Pulk zwischen den großen MB-Tracs. Die Klappen der Anhänger sind offen. Die

Männer bilden ein V. Dort hinein treibt der Junior die Viecher. Der einzige Ausweg ist der Laderaum. Der G-Bau'r brüllt »Hopp!« Und weil sie nicht gehen, rammt er der ersten Koim den elektrischen Viehtreiber in die Seite. Sie macht einen Laut, mehr ein versehentliches Atemgeräusch als ein Muhen, und springt nach vorne. Auf die Rampe und schlitternd hinauf in den Hänger.

Jeder der Männer hat einen Viehtreiber in der einen, einen Stock in der anderen Hand. Der Junior langt hin, ohne Zaudern.

Ich stehe hinter ihm. Drei Meter außerhalb des V. Den Blick im Boden.

»Muss das sein? Die gehen doch anders auch rein«, würge ich mit Mühe aus meinem Hals.

»Mir macha des scho.«

Damit bin ich entlassen. Mein Beitrag ist hier nicht erwünscht. Tierliebe Weiber beim Verladen – ganz schlecht.

Der Hias steht vor der Hütte, und ich weiß, dass er mich herrufen möchte.

Ich wünsch den Koima noch einmal viel Glück, von Herzen. Dann geh ich zurück zur Hütte.

Ich richt eine Brotzeit her, wie sich's gehört.

Hinterm Stall schreit die Nelly. Es ist halb drei. Keine Stallzeit.

Sie weiß, was los ist. Sie kennt den G-Bau'r noch. Sie steht da, starr wie eine Statue, die Ohren steil nach vorn gestellt und wittert.

Da kommen sie auch schon. Fünf Männer. 480 Kilo. 110 davon fallen auf den G-Bau'r selbst.

»A Bier bringst ma«, sagt er.

»Mir aa.« Der Junior.

Nach der Nelly fragen sie nicht.

»MMMMMHHH!«

»Sch-sch-sch!«, denke ich. Aber was will ich? Sie hinterm Stall verstecken? Und dann?

»MMMMh.«

»Hää, des is doch aa de' meine, oder?«, fragt der G-Bau'r.

»Ja ... Die war eigentlich immer hinten, bei den Kühen.«

»Dass ma de fei ned vergessen, nachher.« Er zieht langsam und gründlich eine Prise Schnupftabak in seine Stirnhöhle.

»A Brotzeit auch?«, frage ich und könnte mich selber in den Arsch beißen, weil meine Stimme so zart klingt. So piepsig. So ... fügsam.

»Ja, wos'd halt host.« Der G-Bau'r schiebt seinen Filzhut in den Nacken und kratzt sich den Pelz.

Ich gehe also und hol fünf Bier und fünf Ladungen Brotzeit. Als ich das letzte Brettl auf den Tisch stelle, spüre ich eine Hand an meinem Hintern. Ich wirble herum. Fleischaugen zwinkern mich an, und Zigarettenrauch bläst mir ins Gesicht.

»Geh in die Hütte«, sagt jemand in meinem Kopf. Und ich gehe. Ich gehe und hab doch keinen Boden unter den Füßen. Junior fragt nicht. Junior langt hin. Ich halte mich an der Granitplatte fest, für ein, zwei Atemzüge.

»Und, bist z'fried'n mit deine Viecher?«, fragt Hias von der Türschwelle aus zum G-Bau'r hin.

»Ah, dene schneid' i sowieso an Kopf owa. Hob koan' Platz im Stall. Da Bua möcht umbaun, woasst'.«

»Ah, so? Wos baut er'n?«

»Laufstall.«

»So, so ...«

So. Ich gehe in meine Kammer. Dort ziehe ich die mittlere Schublade des rosaroten Küchenbüfett auf. Die Geldscheine flattern lose darin herum. Mein Lohn, den mir der Hias wöchentlich gleich aus der Kassenschachtel gezahlt hat. Ich grapsche mir eine gute Handvoll. Zähl kurz durch. Dann gehe ich wieder hinaus.

Ich baue mich neben dem G-Bau'r auf. Er merkt, wie ich zittere, und wundert sich. Er wundert sich so sehr, dass sein Filzhut zwei Zentimeter nach hinten rutscht.

»Do«, sage ich.

800 Euro leg ich ihm auf den Tisch.

»Ich kauf dir die Nelly ab.«

Er schaut verblüfft auf den Tisch vor ihm runter. 16 zerknitterte 50er und ein paar fallende Rosenbuschblätter. Dann schaut er mich an. Wie ich bibbere. Und dann lacht er schallend, der G-Bau'r. »Dirndl, was wuist'n *du* mit dera Koim.«

Weiß ich noch nicht.

»De konnst ja nirgends hidoa.«

Ich find schon was.

»Geh! Naa. De gib i da ned. Da tuast da doch koan G'falln, glaab ma's.«

Doch, tu ich schon.

Aber ich weiß nicht, wie ich dem G-Bau'r das erklären könnte. Was für ihn vernünftig ist, ist für mich grausam. Was für mich normal und natürlich ist, ist für ihn komplett g'spinnert.

Der Junior lacht die ganze Zeit. Es schüttelt ihn dabei, und es klingt, als hätte er einen Bissen Streichwurst im Hals. Er lacht, als wäre ich seine eigene private lustige Revueeinlage. Ich sehe, wie seine linke Hand mir die leere Bierflasche hinhält und die rechte sich selbstverständlich hebt, um mir die Hüfte zu tätscheln.

»Bringst ma no oane.«

Ich nehme ihm die Bierflasche aus der Hand und stelle sie mit einem Knall vor ihn hin. »Lass du deine Pratzen bei dir.«

Das Streichwurstlachen verstummt schlagartig. Der G-Bau'r fixiert mich aus Augenschlitzen.

Ahh! Warum kann ich nicht still sein. Mit dem Junior hat doch das alles nichts zu tun.

Meine Lippen zittern, und ein ganzer Stausee aus Tränen rauscht unaufhaltsam aus meinem Herz und wird bald meine Augen überschwemmt haben. Und dann war's das. Der G-Bau'r macht keine Geschäfte mit einem hysterischen Weibsbild. Und das bin ich, so wie ich da stehe. Nichts weiter als ein hysterisches Weibsbild.

Da geht das Küchenfenster auf.

»Dawei geht de Koim bei mir mit auf d' Woad. Und dann werd d' Oimarin scho wos finden.« Der Hias. Aufgetaucht aus dem Nichts.

Der G-Bau'r linst ihn an, als hätte er jetzt auch noch den Verstand verloren.

Wie kommt der Hias auf einmal dazu, meine Koim zu beherbergen.

Ich weiß das auch nicht. Ich weiß nur, wie froh ich bin, als der G-Bau'r kopfschüttelnd die 800 Euro nimmt, zweimal faltet und in die Brusttasche seiner Holzfällerlatzhose schiebt.

»Danke«, sag ich leise. Das war knapp.

Aber der Hias ist schon weg. Das Küchenfenster zu.

Hampi

Am Abend sind alle Viecher geholt. Die Alm ist leer, bis auf die Kühe, die acht Koima vom Hias und vom Hampi – und die Nelly. Elf. Sie grasen hinter der Hütte.

Ich schneide einen Apfel in Viertel und bring ihn der Nelly. Gierig sperrt sie ihr Maul auf und mampft und sabbert mich voll, von oben bis unten. »Da hama was angestellt, hm?«

»MMMH«, grunzt sie. Weil sie nicht einsieht, warum ich nicht mehr Äpfel dabeihabe.

»Du bist kein Haustier«, sage ich.

»MMMh.«

»Gute Nacht.«

Ich setze mich vor den Kachelofen in der Stube und binde ein Stirnkranzerl für die Nelly. Mit weiß-roten Nelken.

A-Day, Tag 2

Schlafen kann ich nicht in dieser Nacht. Um fünf steh ich auf. Es ist grau, zwischen Tag und Nacht. Ich hol alle elf Damen in den Stall und melke meine Kühe. Keine Zwischenfälle. Die Nacht hängt noch um meinen Kopf. Der Pulsator am Melkeimer macht tsch-g, tsch-g. Und ich bete um einen Vorhang, hinter dem ich diesen Tag verbringen kann. Und um eine Schachtel, in die ich meine Gedanken schütten und bis heute Abend an der Garderobe abgeben kann.

Ich stell die Milchkanne in den Brunnen. Kein Zentrifugenzauber mehr heute. Dann heize ich ein und koche Kaffee. Zwei Kannen, denn wir werden viele heute. Der Hias mit kompletter Familie, der Hampi, seine Mutter, sein Bruder, noch ein paar Nachbarn, ich, eine noch unbekannte Anzahl Gäste.

Ich nehm den Schneebesen und schäume Milch in dem alten Emailtopf. Den hab ich lieb gewonnen. Sogar der wird mir fehlen. Dann setze ich mich unter meinen Rosenbusch, auch zum letzten Mal heute, mit meiner Rosentasse Milchkaffee.

Keine Glocken läuten auf der steilen Wiese. Nichts ist wie immer heute. Der Herr Fink flattert in die Hütte. Seelenruhig pickt er die Kuchenbrösel vom Boden. Die mag er. Deswegen kehrt die niemand weg. »Bleibst du heroben über den Winter, Herr Fink?«, frage ich ihn. Ich würde gerne auf eine Antwort warten. Aber so weit komme ich nicht.

Sie kommen.

Die Erste ist Hampis Mutter. In ihrem quietschblauen Kleinwagen. Goggomobil, sagt mein Opa zu so was. Sie fährt flott. Und sie hört Volksmusik in voller Lautstärke. Ihr erster Blick fällt auf die Latschenbuschen, die Tafel und das Kreuz. Hab ich in weiser Voraussicht an die Hauswand gelehnt. Sie nickt. Gut.

Ich atme auf. Das war die erste Hürde.

Sie sieht perfekt aus. Schlichtes, aber feines Dirndl, Haar im Kranz geflochten, dezente Halskette, leichte Bergschuhe. Sie hat Zeug dabei, als wollte sie eine Kompanie Wikinger füttern. Schuggsn und Brezen, einen ganzen Korb voll, Weißwürste schon in einem Topf. Senf.

Sie sagt: »Griaß di, Karin. Host d' Kiah scho drin?«, auf dem Weg vom Auto zur Hütte.

»Ja«, lächle ich. »Magst' an Kaffee?«

Sie sagt »Deama glei d' Schwanz waschen, bevor d' Manna kemma, sonst hama do koa Ruah mehr«, während sie die Weißwürste auf den Herd stellt. An den Rand, damit sie nicht kochen und platzen, aber warm werden.

»Im Kofferraum hob i 's Waschpuiver und d' Kieben«, sagt sie, während sie die Brezen auf den Tisch stellt, daneben die Kaffeekannen, ein altes Hemd ihres Mannes übers Dirndl zieht und zwei Kuhstriegel aus einer Plastiktüte schüttelt.

Ich kippe meinen Kaffee in den Rosenbusch und hole die Kübel und das Waschpulver aus dem Goggo. Ich gönne uns den Luxus, das Waschpulver in warmem Wasser aufzulösen.

Und dann schreiten wir zur Tat.

Jede einen Eimer, jede eine Bürste, jede einen Striegel. Wir tauchen jede einen Kuhschwanz in den Eimer. Und schrubben und kneten und bürsten wie zwei Waschweiber. Wir arbeiten im völligen Einklang. Gleich schnell, gleich gründlich. Sie arbeitet nach links, ich nach rechts. Und als wir jeweils nur noch eine Koim zu waschen haben, fahren die Hinterberger Männer vor.

Sie haben die großen Glocken dabei. Der Hampi trägt sie allein zum Stall. Fesch sieht er aus, in Leinenhemd und kurzer Lederhose. Ich muss mich wundern über seine strammen Wadln. Erstaunlich.

Seine Mutter grinst. Es gibt nichts, was dieser Frau entgeht.

Ich grinse zurück und zucke mit den Schultern. Sorry, kann passieren.

Sie verrät mit keinem Wimpernschlag mehr, was sie denkt, wäscht den letzten Kuhschwanz fertig und gibt gleichzeitig den Männern Anweisungen, welche Glocke an welche Kuh und welcher Latschenbuschen an welche Koim kommen soll. Die Glocken jetzt gleich, die Buschen nach dem Frühstück.

Ich ahne ja nicht einmal, wie sehr sie die Fäden in der Hand hält. Und wie viele.

Hampi und ich tauschen die normalen Almglocken gegen das Festtagsgeläut. Die Mädel wissen genau, was los ist. Sie halten erstaunlich still. Auch Hampi und ich arbeiten schweigend, reibungslos. Was seiner Mutter nicht entgeht. Sie scheucht uns aus dem Stall, in der Sekunde, in der wir fertig sind. Essen. Hopp, hopp, auf geht's.

Der Hias bringt die Weißwürste aus der Hütte und ein Bier für jeden. Ich hätte mir denken können, dass Kaffee nicht die erste Wahl ist an einem solchen Tag.

Und jetzt erst seh ich meine Eltern unterm Rosenbusch sitzen. »Ja was macht'sn ihr da!«, schreie ich, und dann falle ich ihnen beiden um den Hals.

»Hallo, Mädel. I g'frei mi so, dass i heut dabei sein kann!«, strahlt meine Mutter.

»Ganz schee is do.« Mein Vater. Sie meinen exakt dasselbe.

Sie hat mir ein Dirndl mitgebracht.

»Mama!«

»Dooooch, des is doch a Festtag!«

Und schon verschwindet meine Mutter mit ihrem prall gefüllten Rucksack in meiner Schlafkammer.

Ich schüttle entschieden den Kopf. Diese Diskussionen hatte ich schon im Kindergarten mit ihr. Nur heute hab ich keine Zeit. Deswegen weiß ich schon, wie's ausgehen wird. Trotzdem muss ich mein Argument loswerden.

»Mama, ich glaub, die Kühe rennen im Galopp. Mit dem Kopfschmuck auf und den großen Glocken. Da is halt unpraktisch mit'm Dirndl.«

»Aaah, da wer'n doch andere Leut auch noch dabei sein, die dene Viecher nachroas'n kenna.«

»Ja. Schon. Nur ...«

»Der Hampi oder wie er heißt schaut doch aus, als könnt' er alles niederroas'n.«

»Wahrscheinlich.«

»Na, oiso.«

Ich steh ja auch schon halb im Kleid. Bluse zuknöpfen, Reißverschluss zu und Schürze rum. Dann vorn noch ein bisschen zupfen, dann hinten noch.

»Jetza.«

Ich mach die Tür auf. Alle warten.

Ich bin die Einzige, auf die sie warten könnten. Denn alle anderen sind da. Und angezogen.

»Nur im Brautkleid is noch beschissener«, zische ich tonlos.

»Wieso, heiratst?«, meine Mutter klingt ein bisschen erschrocken.

»Nein! Wen denn!«

»Mei ...«

Sie bindet meine Schürze noch mal neu.

»Mama!«

Sie schaut mich an, mit diesem schief gelegten Kopf. Das macht sie, wenn sie mich mal wieder nicht verstehen kann. Absolut nicht verstehen. »Oiso, wos du immer host. So hübsch schaust aus. Des is doch wert, dass ma a paar Minuten wart!«

Ja.

Sie muss ja nicht hinein in die Blicke. Sie hat ja nicht das Gefühl von Brennnesseln auf der Haut, wenn sie sich nicht mehr in Opas Latzhose verstecken kann. Meine Mutter *mag* sich hübsch machen. Sie ist ein Mädchen.

Der Letzte, der sich nach mir umdreht, ist der Hias. Er erschrickt. »Hoi, etz' aber«, rutscht's ihm raus.

»Tut mir leid«, murmle ich lautlos. Hat niemand gehört. Hab's zu den Kieselsteinen am Boden gesagt.

Hias verteilt Schnapsgläser. Ich greife zu und schütt mir ein Stamperl in den Rachen. Gut. Himbeer, so weit man das bei der Schärfe unterscheiden kann. Wo er diese Schnäpse immer herhat. Vom Teufel persönlich. Wundern würd's mich nicht. Oder vom Haus'n Sepp. Aber gut ist er. Verzieht einem nicht einmal die Mundwinkel. Es gibt sogar noch einen. Ganz einsam ist ein Stamperl stehen geblieben auf dem Tablett. Ha, gehört mir schon. Servus, und weg.

So.

Ein daunenflauschiges Lächeln huscht über mein Gesicht. Angenehm ruhig ist es. Keiner trommelt mir mehr im Kopf herum.

Meine Gedanken sind in einer Schachtel. Ich hab sie nicht mal zukleben müssen. Eine freundliche Dame an der Garderobe nimmt sie entgegen. Sie wird gut drauf aufpassen.

Eine kleine weiße Wolke schwebt auf mich zu, und eine Stimme sagt sanft: »Oiso dann – packma's.« Ich lächle. Was für eine nette Einladung. Ja, gerne, will ich schon fast sagen.

Da merke ich, dass der Hias »Packma's« gesagt hat und allen voraus mit vier Latschenbuschen in der Hand zum Stall marschiert.

Ich stell mein Schnapsglas irgendwohin, ich glaube, aufs Fensterbrett neben dem Blumenkasten, und laufe ihnen nach. Meine kleine weiße Wolke kommt mit. Schön, denke ich. Und mein Fuß verpasst um ein paar Zentimeter die Schwelle vor der Stalltür. Der Hampi fängt mich auf, sonst wäre ich schön im Dreck gelandet. »Uups«, sage ich. Und langsam hege ich den Verdacht, dass meine süße weiße Wolke gar kein übersinnliches Gefährt ist, sondern ein kleiner Rausch.

»Deees schadt dir gaaaar nicht«, kichert da ein alter Almgeist in meinem Kopf. »Des G'sicht hot ma ja nimmer ooooschaun kenna.«

Na, dann ist ja allen geholfen. Keiner muss mehr dieses Gesicht anschaun.

Im Gegenteil. Jetzt müssen sie mein saublödes Grinsen aushalten. Ich binde mir Nellys Stirnkranz um den Kopf, während ich dem Hampi helfe, die Larven für die Latschenbuschen auf den Köpfen der Koima zu montieren.

Der Hias setzt mit ruhigen Griffen den Kühen ihre Skulpturen auf den Kopf. Und dann wirft er einen letzten Blick in die Runde. Moment. Trage ich immer noch Nellys Stirnkranz? Tatsächlich.

»Huuuh!«, quietsche ich und binde Nelly ihren Kranz um. Mache mit den Schnurenden eine Schleife hinter den Hörnern. »Mein Gott, bist du hübsch! Schau mal, wie schön du ausschaust.« Zuckersüß. Meine weiße Rauschwolke verwandelt sich in rosarote Herzerlwolken.

»Mmmmh.«

Nelly schüttelt ein bisschen ihren Kopf. Aber dann mag sie den Stirnkranz und findet, dass endlich mal was passieren könnte. Sie glotzt zum Hias.

Der macht die Stalltür auf. Er winkt mich raus, den Hampi raus und die Theres'.

»Schaugt's, dass as eifangts und glei an Grob'n nunterbringts«, lautet sein Kommando.

Ich ahne, was auf uns zukommt.

»De wer'n ganz schee roas'n«, fängt der Hampi an zu erzählen, während Hias im Stall die Ketten löst. Es rumpelt und kracht fürchterlich im Stall, und der Hampi grinst selig: »Die Dora hot letzt's Johr den Telefonmast'n do hint' o'packt. Woasst scho, wia bei de Stierkämpf' in Spanien. A so oa'n möcht' i ma nomoi o'schau'n. Überhaupts muass Spanien schee sei.« Ich nicke. Gibt's das? Hampi redet wie ein Buch. Ich hab ihn bisher noch nie mehr als vier Wörter hintereinander sagen hören.

»Letzt's Jahr warma in a Dreiviertelstund drunt. Schau ma moi, wos heit' geht.«

In der gleichen Sekunde rennt die Dora aus dem Stall wie ein wilder Stier. Geradewegs auf den Telefonmast zu. »*HhgRRMMMM*«, grollt sie und rammt ihre Hörner in den vermeintlichen Gegner. Der Telefonmast wackelt. Der Herr Fink, der grad so schön auf dem Kabel gesessen ist, flattert entsetzt davon. »Heeee!«, schreit die Theres'. »Heeeee!«

Der Hampi grinst bis hinter beide Ohren. Es gefällt ihm, wenn was los ist. Vielleicht braucht er einfach nur die rechte Dosis Adrenalin, damit er auftaut. Und die Dora holt noch einmal aus und verursacht eine Störung bei der Telekom. Drei gold-rote Papiernelken fallen zerquetscht unter ihre Hufe.

»Doooraaaa!«, brülle ich. Ich stapfe auf sie zu. »Dora! Schluss! Heimgehen!«, befehle ich.

»MMMUUUAAAAHHHH!«, brüllt sie und schüttelt wild den Kopf. Die Silberdisteln weht's in Bröseln davon. Ich mache mir Sorgen um den heiligen Georg. Aber die Tafel hat der Hias ihr aufgesetzt. Die hebt. »Dora! Heimgehen!«, brülle ich. Für eine Sekunde richtet sie ihre Hörner auf mich. »Heim! *Geh!!!*« Meine Faust packt den Almstecken fester. Meine rosaroten Herzerlwolken entwickeln die Durchschlagskraft eines russischen Panzers. »GEH!!!« Und die Kuh geht.

Ich dreh mich kurz nach den anderen um. Die Zenz' schießt schräg über die ganze Wiese. Der Hampi setzt zum Sprint an, umkreist sie mit Leichtigkeit und treibt sie in einem klug berechneten Bogen auf die Dora zu.

Sein Almstecken zeigt mir eine Richtung an. Instinktiv renne ich los, die Dora vor mir hertreibend. Der Hampi legt noch einen Gang zu. Die Zenz' im Galopp. Heyya!

Zack, da war ein Loch im Boden, und ich segle. Ich muss mich noch abgedrückt haben, denn ich kann mich an die Flugphase erinnern. Und wie ich von rechts hinten die Nelly an mir vorbeigaloppieren sehe wie einen fliegenden Pfeil mit Stirnkranz. »MMMöööööh.«

Überholt wird nicht, sagt die Dora. Sie und Zenz' haben die Ideallinie gefunden und werfen sich den Hang hinunter ohne Gnade.

Der Hampi war gefasst. Ich nicht. »Hey!«, schreit er. Und »Hooopp!!« Er braucht jemanden auf der freien Seite, sonst rennen ihm die Kühe stangengerade in den Wald, und da drin ist's richtig steil. Ich muss 30 Meter aufholen. Im Dirndl.

Jemand drückt den Startknopf. Turboboost. Ich packe zwei Rockzipfel und renne los. Steine, Löcher in der Wiese, dürre Äste, ein Graben. Dank der weißen Wolke schmeißt's mich nicht. Ich krieg sie. Knapp, aber glücklich. Mein Almstecken schwingt vor den rasenden Kuhschädeln nach rechts. Der Hampi schwenkt sofort wieder ins freie Gelände, und die Kühe folgen ihm.

Der Hias hat's irgendwie geschafft, die anderen in einem geschlossenen Pulk zu halten. Keine Ahnung, wie. Auf jeden Fall sind sie da.

Weiter geht's hinunter in den Graben, und irgendwann auf den Weg.

Wir bremsen. »Hoooo-la, Kuh-di, Hooooo-la.«

Langsam.

Wir sind am Almzaun. Den hab ich heut in der Früh schon aufgemacht. Bloß keine Zaunzwischenfälle.

»Mmmmööh.« Die Nelly stakst eilig von einer Böschung runter zu uns. Wie ist sie da raufgekommen, überhaupt?

»Mmmmhh.« Zufrieden hängt sie sich an Doras Hinterteil. Auch die acht Koima schließen auf. Friedlich dackeln sie hinter der Theres' her, und ganz zum Schluss kommen der Hias und seine Töchter.

Der Hampi grinst mich an und zeigt mir seine Uhr. Zehn Minuten. Kann sein, dass wir auf dem Weg zu einem neuen Rekord sind.

Ich lächle, wische den Schlamm aus meinem Gesicht und schüttle die Grasfetzen aus meiner Schürze. Das ist ein gutes Dirndl. Hält echt was aus. Aber wegen mir hätten wir keinen Rekord aufzustellen brauchen.

Den Rest der Strecke *gehen* wir. Der Hampi nimmt wieder sein übliches stilles Wesen an, und ich schwebe auf meiner weißen Wolke dahin. Ich sehe Gesichter am Wegrand und Fotoapparate. Ich höre »Guck mal, Schatz, der Almabtrieb!«

Wir gehen ein Stück auf der Straße, einen kleinen Schlenker durchs Dorf, über die Talwiesen und raus zum Hinterberger-Hof. Kinder und Hühner laufen uns entgegen. Die Dora gibt noch einmal Gas. Mit hoch erhobenem Haupt trabt sie auf die Weide hinter dem Stall, schnauft einmal die knöcheltiefe Blumenwiese ein und taucht grunzend ihre Schnauze ins Gras.

»Des is' scho a andere Woad wia auf da Oim, ha!«, sagt die Theres'. Ich nicke, anstelle von Dora. Die hat keine Zeit. Die frisst. Die anderen zehn fressen auch. Auch die Nelly hat ihr Mähwerk eingeschaltet. Mampf, mampf, mampf, mampf. Grmps. Mampf.

»Nelly!«, sage ich, und komm mir vor wie meine eigene Oma. »Tu' langsam!« Wobei meine Oma mich nie ermahnt hat, langsam zu essen.

»Tua di ned owa«, sagt die Theres'. »Gras hama g'nua.«

Findet die Nelly auch. Mampf-mampf, grmps, mampf-mampf.

Meine Eltern kommen strahlend auf mich zu. Sie sehen aus wie aus einem Abenteuerkatalog. Sonne in den Augen, ein bisschen Dreck an den Hosenbeinen, einen Hut und ein wildes Tuch auf dem Kopf. »Schee war's!« Ich lasse mich drücken.

Ja. Schee war's.

Dann sind wir also jetzt da. Die Sonne scheint, die Hühner gackern, und die Katzen liegen faul auf dem Kies. Was für einen guten Tag wir erwischt haben.

Willkommen im Tal.

Wir schnallen den Viechern die großen Glocken ab. Doras Tafel zerfällt in vier Teile. Zenzis Kreuz wird an die Stallwand gehängt. Die Koima behalten ihre Latschenbuschen noch ein bisschen auf. Bis nach dem Essen. Denn natürlich gibt's Essen.

Die Theres' hat einen Schweinsbraten im Ofen. Die Knödel schwimmen schon im Wasser. Wann sie die noch gemacht hat, ist mir ein Rätsel.

Die Männer stehen draußen. Trinken ihre verdiente Halbe Bier und rauchen Zigarillos.

Ich geh lieber Frauensachen machen. Rein zur Theres', Tisch decken.

Die Geschwindigkeit, in der sie das macht, ist mir sehr angenehm. Ich hab nämlich die gleiche. Ich lächle, weil ich merke, wie meine Gedanken langsam wieder aus der Garderobenschachtel rauskommen. Ich denke über die Grundgeschwindigkeit des Lebens nach, und ob die Geschwindigkeit Einfluss darauf hat, wie schnell die Zeit vergeht. Und ob's an meiner Geschwindigkeit liegen könnte, dass ich mir einbilde, an einem einzigen Tag könnte das Lebenspensum von einem ganzen Jahr durch mich durchrasen. Verrückt.

Da fühle ich zwei fest zupackende Hände an meinen Armen.

Theres'.

Sie schaut mich gründlich, ernst und zielgerichtet an.

»Karin!«, sagt sie. »Du muasst den Hampi *packa!*«

Ich erwidere ihren Blick.

Ihre Hände nehmen meine Hände.

Wir bleiben zehn Sekunden so stehen. Zehn Sekunden, in denen ich verstehe, dass sie mir ihren Sohn anvertrauen würde. Dass sie mich in ihr Haus lassen und irgendwann meine Kinder hüten würde. Dass ich irgendwann, wenn meine Haare schon grau sind und ihre schneeweiß, ihre Hand halten würde. Wenn's ans Sterben geht. Und dann wäre ich an ihrer Stelle und müsste sehen, dass der Hof in die richtigen Hände kommt.

Aber der Hampi wird nichts dergleichen dazutun. Den müsste ich packen. Dann wird er schon auch wollen. Vielleicht will er ja eh und sagt nur nichts. Vielleicht macht er auch einfach, was man ihm aufträgt. Vielleicht ist er selber nicht so wählerisch. Wer weiß das schon, beim Hampi, er redt ja nichts.

Theres', ich danke dir. Sagt mein Herz ohne ein Wort. Meine Hände drücken ihre sacht. Und mein Blick senkt sich.

Sie versteht.

Schade.

Sie streichelt meine Schulter, ein einziges Mal, und dann dreht sie sich zum Tisch und legt Messer und Gabeln neben die Teller. Gleichzeitig geht die Tür auf und die Männer fluten die Stube. Theres' drückt mir eine Schüssel voller heißer

Knödel in die Hand. Sie selber nimmt die Reine mit dem Schweinsbraten. In der Stube rücken Stühle über den Holzboden, und verschwitzte Rücken wetzen an der Eckbank entlang. Wortfetzen schweben mit dem Dampf der Knödel aus dem Fenster.

Bis jeder sitzt, ein frisches Bier vor sich stehen hat und den ersten Bissen Schweinsbraten zerkaut, haben Theres' und ich ein halbes Leben überquert. Das ahnen sie nicht, die Männer. Müssen sie auch nicht. Das ist Frauensache.

Nach dem Essen geh ich unsichtbar hinaus auf die Wiese. Nelly hat einen Zwetschgenbaum entdeckt und darunter fettes Gras, garniert mit runtergefallenen Zwetschgen.
»Wir hätten hierbleiben können«, erkläre ich ihr.
Mampf, mampf.
»Aber ich habe das Rundum-Sorglos-Paket abgelehnt.«
Mampf.
»Sorry, Nelly.«
Mampf, grmps mampfmampfmampf.

Meine Eltern fahren nach Hause, selig, und versorgt mit drei Kilo Butter und fünf Kilo Quark. Ich winke ihnen nach, länger als ich sie sehen kann.

Dann nehme ich die Nelly am Strick und lauf mit ihr rüber zum Hof vom Hias. Da kann sie bleiben. Derweil. Wie lange »Derweil« dauert, weiß keiner. Ich schon gleich gar nicht. Ich bin froh um dieses Derweil.

Ich habe einen Haufen aufzuräumen in meinem Leben.
Ich küsse Nelly auf ihre kababraune Schnauze.
Dann geh ich ein letztes Mal hinauf auf die Alm.
Es wird schon dunkel.
Ein neuer Hirsch brüllt über den Almboden. Wie ein Löwe. Eine unsichtbare Gänsehaut huscht über meine Arme.
King Kong lächelt einen Gruß vom Mondhimmel runter.

Leb, höre ich ihn sagen. *Egal, wo. Egal, mit wem. Aber leb!*
Ich bin zu müde, um unterm Rosenbusch sitzen zu bleiben. Ich falle ins Bett, ohne Zähneputzen und ohne den Dreck von mir abzuwaschen.

Am nächsten Tag putz ich meine Kammer, das Millikammerl und den Stall.
Das war's.
Mein Graffe passt immer noch in einen VW-Passat. Aber mein Leben nicht mehr.
Ich wohne nirgends. Ein paar Sachen hab ich noch bei meinem Exfreund. Und eine Frage, auf die ich noch eine Antwort brauche.

Ein paar Jahre und dazwischen

Teil 2

I wohn wo

Eine schwarze Hundeschnauze bohrt sich in mein Gesicht. Eine zottlige Tatze patscht auf meine Bettdecke.

Billy macht Sitz auf dem Wollteppich vor meinem Bett. Daneben die kleine Nika. Mehr Pelz als Hund. »Wuua-wwuaa-uaa-uaaa.« Aufstehen. Haustür aufmachen. Zum Gartentor fetzen und dreimal ums Haus rum.

Es schneit. Im August. Ich stelle mich barfuß auf meinen nagelneuen Fußabstreifer und warte, bis Nika ihre Runden gedreht hat und Billy mit seinem Kontrollgang fertig ist. Tor – check. Thujenhecke – check.

»Billy!

»Wwffff.«

»Billy. Rein ins Haus!««

»Grwf. Wuff! Wuff-wuff!«

Ich bin mir nicht sicher, ob unsere Nachbarn uns lieben werden.

Schau ma mal.

Wir wohnen in einem kleinen Bungalow am Waldrand. Der Billy, die Nika und ich. Um den Garten verläuft ein schiefer Zaun, vor dem Wohnzimmerfenster stehen eine Eibe und ein Vogelhäuschen. Im Schuppen auf der Schattenseite vom Haus stapeln sich sieben Ster Brennholz. Schöne, trockene, dicke, von mir selber auf 33 Zentimeter Länge gesägte Buchenscheitl. Eine Reihe Fichte auch, zum Anzünden. Frieren wird's uns nicht.

Glück g'habt.

Ich koche Kaffee in meiner kleinen Küche mit dem großen Fenster. Mein Nachbar kehrt den Schnee von seiner Terrassentür weg und nickt ein »Guten Morgen« rüber. Ich winke zurück.

Ich trage meine Kaffeeschüssel zur Couch, schau aus dem Fenster und tu so, als könnte ich ein bisschen im Milchschaum versinken.

Auf dem moosbewachsenen Baumstumpf im Garten liegt eine Haube aus Schnee. Von diesem Baumstumpf aus kann ich runter ins Dorf und am Kirchturm vorbei übers Tal schauen, bis zur Aiplspitz. Hinter dem Kirchturm sieht man den Miesing und die Rotwand. Meine Berge.

Drei Jahre sind vergangen seit meinem ersten Almsommer.
Ich bin ein bisschen herumgekommen ...
Nach Indien zum Beispiel, um die Liebe hinter mir zu lassen. Und ins Tierheim, um mir jemanden zu suchen, der immer bei mir bleibt, treu und ergeben, egal, was kommt. Billy. Ein großer schwarzer, schwer erziehbarer Nicht-Labrador.
Dann in eine neue Wohnung, weil die alte zu klein war.
Von dort einen Winter allein auf eine Berghütte, weit hinter Oberaudorf, weil ich dachte, ich bin nicht mehr fähig zu einem Leben mit anderen Menschen. Mit so vielen Regeln. Zwängen. Lebensplänen. Vorstellungen, denen ich niemals gerecht werden kann. Autark wollte ich leben. Niemanden brauchen. Kein Strom. Keine Zufahrt im Winter. Keine Mitmenschen. Nur mein Hund, meine Motorsäge und sieben Kilo Haferflocken. Es hat reingeregnet in die Hütte, der Boden war verfault und die Kellertreppe weiß vom Schimmel.
Und von der Hütte direkt in den vorläufigen finanziellen Ruin. Der Immobilienmakler Klonk hat mich von vornherein ausgelacht. Das hab ich nur nicht gleich gemerkt. Er ist ein weiser Mann. Einer, der das Geld und die Erfahrung am eigenen Leib sprechen lässt. Nicht die Worte.
Dann, über einen Bandscheibenvorfall zurück ins Dachgeschoss meiner Eltern, und jetzt sind wir hier. Glück g'habt.

Das Telefon klingelt. Nika nützt die Gelegenheit und schleift einen nassen, schleimigen Ast ins Wohnzimmer.
»Hallo?«, sage ich in meinen Hightech-Hörer.
Es ist der Hias.
Er hat dieses Zögern in der Stimme.
»Jaa, oiso, die Nelly ...«

Donnerschwarze Wolken bauen sich vor mir auf.

»... es schaut nimmer so guad aus.«

Wenn ich den Hias noch richtig übersetzen kann, dann kann das alles heißen, auch, dass die Nelly notgeschlachtet werden muss.

»Was is denn?«, frage ich, leise, aber drängend.

»Jaaaa, sie konn hoit gor nimmer geh ...«

»Soll ich 'n Tierarzt anrufen?«

»Jaaa, der war scho do. Sein Latein ist auch zu Ende, sagt er.«

Was mach ich jetzt? Hias verlangt eine grundlegende Entscheidung von mir. Und zwar sofort.

Ich rufe meine Tante an. ... »Habt's ihr eventuell Platz für die Nelly?«

»Ja, freili. Konnst' scho bringa.«

Ein Hauch von Licht dringt durch die schwarzen Donnerwolken.

»Danke!«

»Geh, is doch logisch. Is halt leider bloß derweil, weil mir d' Kiah hergeben. Aber da findst dann scho' an Platz.« Sie klingt, als könnte gar nichts schiefgehen. Ich kann wieder anfangen zu atmen. Und höre, wie ich zu mir selber sage: »Des kriang ma scho.«

Okay. Was als Nächstes?

Einen Hänger.

Mein Vater besitzt einen Pferdeanhänger. Der ist auf Malis Reiterhof geparkt. Die Mali ist meine Vorzeige-Großcousine. Sie ist nicht viel älter als ich, blond und immer mit Sommerfrische im Haar. Sie hat den beliebtesten Westernreitstall im Umkreis von 30 Kilometern, fünf eigene Pferde, drei Ziegen, die sie vor dem Schlachter gerettet hat, einen Hund, einen Haufen Katzen und Hühner und einen tollen Mann, der das alles mit ihr bewirtschaftet. Einen Mann mit einem strahlenden Lächeln. Ich glaube, Mali lebt im Paradies. Und auf dem Weg dorthin ist sie nicht ein Mal gestolpert.

Ich frage also meinen Vater, ganz leise aus meiner Donnerwolke heraus: »Papa, kann ich den Hänger haben?«

»Ja, freili. Rufst halt die Mali an und holst'n.«

Gut. Ich rufe die Mali an und steige eine Minute später in meinen VW-Bus.

Der Bus. Ich merke, wie mir ganz leicht übel wird. Er ist rot. Baujahr '91. Ein Syncro. Das bedeutet Allrad. Mit Untersetzung und Differenzialsperre. Anhängerkupplung, Standheizung, Neonröhre für den Innenraum, Kühlbox und daher auch separate Versorgungsbatterie unterm Fahrersitz. Ausklappbares Bett. Ich liebe ihn. Trotz allem.

Denn anstatt mit mir an den Atlantik zu fahren, hat er einen halben Quadratmeter Ölfleck aufs Pflaster gemacht und seinen Urlaub lieber in der Werkstatt verbracht. Eine – von mir als lebenswichtig eingestufte – Fahrt ans Nordkap hat er unwiederbringlich beendet. In Ingolstadt-Nord, Getriebeschaden. Schon beim Gedanken, über den Felbertauern zu fahren, fängt er an zu kochen.

Der Bus.

Ich rufe meinen Mechaniker an. Tom. Nervenstark, katastrophenerprobt. Tom hat einen Unimog voller Winterklamotten nach Afghanistan geliefert. Im Alleingang. »Glaubst du, dass ich mit dem Bus meine Kuh von der Alm holen kann?«

»Dafür wär er ja eigentlich g'macht.« Ich höre, wie er die Hebebühne runterfahren lässt. »Ruafst hoit o, wenn was is.«

Das kann ich jetzt deuten, wie ich will. Ich lege auf – und rufe bei der Autovermietung an.

Aber die haben keine bergtauglichen Allradfahrzeuge mit Anhängerkupplung. Ist am Markt nicht gefragt.

Also streichle ich das Lenkrad, dreh den Zündschlüssel zum zweimal Vorglühen und sage: »Schatz.« Atme aus. Sage: »Hänger holen.« Starte den Motor. »Alm und zurück.«

Wir ziehen eine Staubwolke um den Pferdehof.

Der Hänger parkt als Letzter in der Reihe. Ganz außen. Das Gras ist dort höher als um die anderen Hänger herum. Kniehoch.

Vermoderte Seitenwand. Eingerostete Seitenstützen. Platte Reifen, der Gummi schon nicht mehr schwarz, sondern weißlich grau. Man sieht ihnen all die vergessenen Jahre an. Spröde sind sie. Brösel. Wenn man sie heute noch fragen könnte, sie wüssten überhaupt nicht mehr, wie es war, ein geschmeidiger Gummireifen zu sein.

Ich kann's nicht glauben. Das gibt's doch nicht. Vielleicht sitze ich einer optischen Täuschung auf? Vielleicht sieht der Hänger von außen viel schlimmer aus, als er in Wahrheit von innen ist. Und vielleicht ist die Nelly in Wahrheit viel gesünder und stärker, als Hias meint. Und vielleicht hab ich nichts versäumt im Leben ...

Ich gehe noch einmal um den Hänger herum. Es ist entsetzlich. Und trotzdem mach ich die Fronteinstiegstür auf. Das Holz biegt sich im Rahmen. Nass und fast ohne Widerstand. Die Tür geht auf. Aber nicht ganz. Etwas Schweres, Eckiges rutscht mir entgegen. Und stanzt ein Loch ins Holz.

Der Hänger riecht nach Komposthaufen. Und nach Verpackungsfolie.

Im Hänger, an der modernden Zwischenwand, lehnt eine nagelneue Gartenmöbelgarnitur. Noch verschweißt. Ich lehne meinen Kopf gegen die Seitenwand. Schlierig.

Eilige, zierliche Schritte laufen über den Kies. Mali trägt Bikerboots und sieht grazil darin aus. »Mei, des tut mir jetzt leid!«

»Hallo, Mali.«

Und schon fragt Mali, fast ungläubig: »Wollt'st du den Hänger holen?« Sie schaut sich nervös um, zu ihrem Haus.

»Na ja, eigentlich schon ...«

»Magst da a *Pferd* drin fahren?«

»Naa. A Kuh.«

»A Kuh.«

»Ja.«

Sie späht noch einmal zur Terrasse hinauf und schleicht, als dürfte sie niemand dabei sehen, auf meine Seite des Hängers.

»Woasst'«, flüstert sie, »i hob mir gedacht, den Hänger holt keiner mehr.«

»Ja ... war lang keiner da.«

Sie streckt den Kopf ganz nah zu meinem Ohr und raunt: »I hob mir beim Dehner neue Gartenstühle 'kauft. Ich find die so schön! Aber ich hab's dem Hubert noch nicht g'sagt ...«

Ich schau sie an wie ein Auto. Ich merke, wie ich denke: Die Mali hat das perfekte Leben. Ein Landrover Defender kurvt in den Hof, gefahren von ihrem Traummann. Sie winkt ihm, strahlend. Nur die Gartenmöbel versteckt sie vor ihm. In einem vergammelten Pferdehänger.

Ich mach die Fronteinstiegstür wieder zu. Gehe noch einmal im Kreis um den Hänger. Nervös beobachtet von Mali.

»Der Boden is ja aa kaputt, woasst'.«

Das hab ich mittlerweile auch entdeckt. Und endlich ist mir klar, dass ich da drin nichts mehr transportieren kann. Keine Kuh zumindest. Gartenmöbel vielleicht.

»Wegen mir kannst' die Stühle schon drinlassen«, sage ich.

»Naa, naa, ich räum's scho raus«, sagt sie. Aber dabei nimmt sie meinen Arm in beide Hände, als hätte sie Angst, dass ich tatsächlich davonfahre mit dem Hänger. Und was wird dann mit den Gartenstühlen? Droben geht die Terrassentür auf und Hubert erscheint. Auf und ab marschierend, mit Telefon.

»Wollt'st ihn überraschen mit den Stühlen?«, frage ich.

»Naa«, murmelt sie. »Naa, der schimpft, wenn ich schon wieder so viel einkauf.«

Ich nicke.

Sie packt den ersten Stuhl an seinen folienumwickelten Beinen. Liebe und Wahrheit, denke ich flüchtig. Ein Siedlungsneubau fällt mir ein. Und dass ich mich entschieden habe, allein zu leben. Single mit Hund. Und wie's wäre, wenn's anders gelaufen wäre damals. Und das alles wegen einer Gartenmöbelgarnitur, am Freitagnachmittag.

»Lass drin.«

»Naaa.«

»Mali. Wo willst'n die Stühle *sonst* hintun?«

»Äh ...« Sie weiß es nicht.

Ich telefoniere. Alle meine Mädel, die Pferde haben. Aber keine weiß auf Anhieb einen Hänger, den ich gleich haben kann. Scheibenkleister.

Ich achte darauf, dass mein Blick nicht auf die Mali fällt. Ich mag die Mali. Es tut mir leid, dass ich sie wegen einem verfaulten Hänger in so eine blöde Situation gebracht habe.

Vielleicht muss ich ohne Hänger auf die Alm fahren. Und gleich dort eine Entscheidung treffen ...

Da fühle ich Malis Hand auf meinem Arm.

»Nimmst halt mein' Hänger.«

»Mali... ich weiß nicht.«

»Der Hubert fährt eh gleich weg, für's Wochenende. Des passt scho.«

Der Bus hat 67 PS, und Malis Hänger wiegt 930 Kilo. Laut Schein. Oh, oh.

Lieber rufe ich ein zweites Mal meinen Mechaniker an.

»Bist du dir sicher, dass der Bus das packt? 18 Prozent Steigung. Maximal. Forststraße.«

Er überlegt. Kein gutes Zeichen.

»Normal schon. Musst halt schaun.«

»Okay.«

»Wie g'sagt, wenn was is, rufst halt an.«

»Ja, danke. Wird schon nix sein.«

Unser immer gleicher Dialog. Warum ruf ich überhaupt noch an?

Dann rollt Huberts Defender vom Hof. Schweigend fahren Mali und ich hinter die Reithalle und hängen ihren Hänger an.

Glanzweiß, Alutop, lautlos zum Boden sinkende Ladeklappe. Ein Raumschiff.

Mali atmet vier oder fünf Atemzüge. Dann gibt sie mir ihre Hand, aber ich drücke die ganze Mali an mich und steige in meinen Bus. Entschlossener, als ich jemals sein könnte, knallt die rote Fahrertür zu. Motor starten. Gang einlegen. Vorsichtig Gas geben.

Oh, ja, das ist ein schwerer Hänger.

In Zeitlupe zittere ich mich quer durch den Pferdehof und über den staubigen Feldweg vor zur Straße.

Ich fahre auf Asphalt. Der Space-Hänger folgt mir. Nicht ganz freiwillig, habe ich das Gefühl. Ich stottere durch ein paar Dörfer. Ein paar kurze Anstiege über die Hügel. Und die ganze Zeit bete ich. Für mehr PS. Und dass die Polizei heut was anderes zu tun hat, denn ich weiß nicht, ob der Bus eine Stützlast eingetragen hat, die reicht für den Space-Hänger.

Außerdem sehen wir aus, als hätte ich den Hänger geklaut.

Die Autobahn. Schnell fließendes Blech links von mir. Die Auffahrt ist lang. Ich hole Schwung. Direkt neben mir tut sich eine große Lücke zwischen zwei Lkws auf. Ich bin drauf. A8 nach Süden.

Kinder winken aus vorbeifahrenden Heckscheiben zu mir rüber. Handwerker schweben in weißen Lieferwägen an mir vorbei und zwinkern. Sogar ein Schweizer im schwarzen Audi geht vom Gas wegen mir. Ich erhöhe eine gute Stunde lang den Unterhaltungswert auf der Strecke zwischen München-Nord und Holzkirchen um 100 Prozent. Was werden sie erst machen, wenn ein Kuhschwanz hinten aus dem Hänger flattert?

Ich fahre weiter. Über den Irschenberg im zweiten Gang.

Und dann bin ich am Wanderparkplatz Mosswies'n.

Atmen. Beten. Schweißflecken abtrocknen. Sollte ich diesen Hänger versehentlich in eine Schlucht kippen, kann ich mich für den Rest meines Lebens nach Slowenien absetzen.

»Es hilft ja nix«, murmle ich. Also den untersten Gang rein und Gas.

Es ist halb sechs am Nachmittag. Die Zeit der Bergjogger, vielleicht überholt uns gleich einer. Dann tut's mir leid, aber ich kann weder schneller fahren noch anhalten. Gana-Wiesn

Ganz ruhig weiterkriechen. Stetig wie ein Waldkäfer, der ein Spaceshuttle zieht. Die letzte Kurve. Letztes Steilstück. Weiderost.

Drüber.

Der Hias macht mir das Gatter auf. Er hebt den Zeigefinger zum Gruß, als wäre keine Zeit vergangen.

»Haaa'we.«

Ich wollte eigentlich auch nur den Zeigefinger heben, aber ich sehe mich euphorisch mit beiden Händen winken, und anstatt gelassen den Hänger gleich vor dem Stall zu parken, einfach auszusteigen und ohne Tohuwabohu zu fragen: »Und, lad ma's glei auf?«, flattere ich noch bei laufendem Motor aus dem Bus, und muss an mich halten, damit ich dem Hias nicht im Überschwang um den Hals falle. Hallo! Hallo Alm! Hallo Gana-Stoa. Jemand hat den Rosenstock gestutzt. Steht ihm gut. Und zwei oder drei Fichten vor der Hütte sind weg. Es ist heller jetzt. Keine Puten dieses Jahr? Ach nein, ein Facke. Das Wetter ist grau, diesig, der grimmige Ostwind geht. Ein Tag, an dem niemand rausgehen will, ein Tag, der sich griesgrämig an jedes Hauseck hockt und einen nasskalt anspuckt. Die wahre Alm halt.

Ich erschrecke ein bisschen, als ich merke, wie glücklich ich bin. Einfach so. Weil ich auf der Alm bin.

»Und? Wo is der Patient?«, frage ich Hias.

»MMMMMhhh.«

Im Stall ist sie.

»So, Nelly«, seufzt er.

Sie schaut uns entgegen. Kopf ums Eck gebogen.

»Mmmmm.«

»Hallo, Nelly.«

Mager ist sie geworden. Knochig um die Hüften.

»Sie ko' ja nimmer mit mit die andern. Ned schee, gell, Nelly, ned schee.«

Hias krault ihren Haarwuschel am Kopf. Sein Blick sucht irgendwo weit weg, vielleicht nicht einmal jetzt und hier auf der Erde, nach einer Lösung. Und findet keine. »Naa, sei tuat's wos.«

Ja, sei tuat's wos.

Ich gehe ein paarmal um die Nelly rum. Streiche an ihren Beinen entlang, drücke gegen die Hüftgelenke, hebe einen Huf nach hinten weg, versuche, Entzündungen mit meinen Händen zu fühlen, suche Energieblockaden. Alles flüchtig gelernt in der Tierheilpraktikerschule, die ich nie abgeschlossen habe. Ihre rechte Seite fühlt sich an wie Glas. Eine Scherbe. Ein Knochensplitter, vielleicht was angebrochen bei einem Sturz?

Viel zum Runterfallen gibt's ja nicht auf der Ganai-Alm. Aber ein bisschen runterfallen reicht ja schon.

»Wo tuast'as na' hi?«, fragt Hias

»Zur Tante, derweil.«

»Aaah, die Tante.« An die kann er sich erinnern.

»Und wenn sie wieder g'sund wird, suchma uns einen Platz auf einer flachen Weide.«

»Ah, ja. Deees is guad. Flache Weide. Gell, Nelly. Weeeide is guad. Schee gras'n ...«

Wir stehen noch einen Moment so da. Jeder auf einer Seite von der Nelly.

Und dann is Zeit.

»Na pack ma o.«

Ich fange an, den Hänger vor die Stalltür hinzurangieren. Der Hias hat schon einen Kübel voll Zauberpulver geholt, und einen Halfterstrick und bricht meine Fahrerei mit einem Winken ab.

»Jetz' geh weiter, Nellinger«, nuschelt er und schüttelt den Kübel mit dem Zauberpulver.

Sie humpelt ihm hinterher. So haben sie das die letzten drei Jahre gemacht, die zwei. Und rein in den Hänger, im zweiten Anlauf. Hias bindet sie vorne fest, ich mach die Ladeklappe zu.

»Mmmmmh«, macht Nelly im Hänger. Und der Hias wischt die Sentimentalität aus seinem Gesicht.

»Schorle – rot oder A?«

»Rot.«

Und schon eilt er in die Hütte. Er stellt mir sogar ein Glas neben die Flasche auf die Granitplatte.

»Des geht scho so, danke.«

»Strohhalm?«

Und da lache ich.

Er erzählt von den neuen Preißn, die die Alm heimsuchen, einer verrückter als der andere, von den alten Italienern, die auch nicht mehr so oft vorbeikommen wie früher, vom Lenzi Farinelli, unserem Opernstar, der seit letztem Jahr im Ochsenhimmel singt. Dafür gibt's einen neuen Ochsen. Bonzo. Ein Pinzgauer mit Hörnern wie zwei Zaunstempen und einer Stimme grollend wie ein Löwe. Und einen halben Schnaps trinken wir, auf den Haus'n Sepp von der Hochalm droben. Pilatus, der alte Goaßbock, schaut eine Weile runter auf uns.

Und dann ist meine rote Schorle leer. Draußen fängt's an zu regnen.

»Danke...«, sage ich.

Für die Schorle. Für drei Jahre Nelly versorgen.

»Is leicht ganga«, brummt Hias.

»Na ja ...«

Ich gehe durch den Nieselregen zu meinem Bus. Steige ein und wische den Nebel von meiner Windschutzscheibe. Hias hat 's Gatter schon aufgemacht. »Ruafst o, wenn's dahoam seid's.«

»Ja.«

»Oiso, dann. Ha'we.«

»Pfiadi.«

Ich lächle und winke, bis ich ihn nicht mehr sehe, da am Gatter stehen. Es ist schwer, die Nelly von der Alm wegzuholen. Da hat sie hergehört. Ein fester Platz in der Welt ist was wert.

Langsam zuckeln wir rum ums Fichtenholz. Die Alm verschwindet hinter schwarzgrünen Zweigen.

Und dann geht's bergab.

Ich habe schon Lastwagen hier rauffahren sehen. Langholz-Sattelzüge mit 580 PS. Alles kann einem hier entgegenkommen. Der Bierfahrer zur Lauber-Hütte.

Keine Zwischenfälle bis zur Gana-Wies'n.

Irgendwas riecht entfernt nach Gas hier drin. Ich bremse runter. Gas. Das kann ein reines Phantasiegebilde sein, sage ich mir. Ich schalte sinnlos den Scheibenwischer auf doppelte Geschwindigkeit und fahre millimeterweise um die Kurve. Irgendwie ... gaseln tut's schon. Aber dann bin ich eh drunten. Mooswies'n-Parkplatz.

Ich muss kurz stehen bleiben. Kurz die Hände vom Lenkrad klauben und ausschütteln. »Guad is ganga« seufzen.

Ha, und da kommt schon einer, von unten rauf, und biegt in die Forststraße. Ein weißer Transporter von der Telekom. Ich winke ihm. Der Fahrer sieht verwirrt aus. Zeigt auf mich oder etwas neben mir. Ich stelle das Winken sofort ein. Aber selbst nachdem er schon längst vorbei ist, macht er noch einen Wendehals. Wahrscheinlich ist irgendwas mit dem Hänger. Logisch. Das ist es. Ich reiß die Tür auf. Nachschauen, ob alles okay ist ...

Und dann seh ich's auch.

Eine kleine weiße Wolke. Schwebt von hinter dem Fahrersitz hervor, über den Ganghebel, schmiegt sich für eine Sekunde an mein Knie, schwebt weiter, über das Lenkrad, und will zum Fenster raus.

Ich kurble. Die Wolke schwebt in den schweren Talregen.

Motor aus. Der Bus.

»Du ...!« Ich weiß gar nicht, was ich sagen soll.

»Hey, Bus! Was war'n das!?«

Er hat nichts zu sagen.

Ich muss mein Gesicht kühlen. Ich werde jetzt nicht anfangen, Dinge zu sehen. Ich halte meine Hände in den Regen raus und reib sie über meine Augen.

Als die zweite weiße Wolke nach vorne schwebt. Weiß, fluffig und kompakt. Nicht diffus und neblig, nicht wie Wasser. Eher – massiver. Und sie stinkt nach Gas.

Ich springe raus aus dem Bus und renne nach hinten. Im Motor raucht nichts. Keine verbrannten Bremsen. Die Nelly im Hänger macht »Mmmmm.«

»Alles gut, Nelly.«

Nass bis auf die Haut krabble ich zurück auf meinen Fahrersitz. Dort schwebt, still und selig, die zweite weiße Wolke. Jetzt sitze ich mittendrin. Ich wähle die Nummer meines Mechanikers. Ich höre Pressluftschrauber, als er abhebt.

»Ja, hallo?«

»Hi, Tom. Ich hock im Bus.«

»Jaa?«

»Is des g'fährlich wenn a weiße Wolke an mir vorbeischwebt?«

»Welche Art Wolke?«

»Schaut fluffig aus. Und stinkt nach Gas.«

Tom geht weg von den Pressluftschraubern. Ich höre, wie er seine gläserne Bürotür aufmacht, durchgeht und hinter sich wieder schließt.

»Sog amoi ...«

Ich sehe im Rückspiegel, wie ich trotzig den Mund verziehe. Ich will keine Fragen. Ich will auch keine Antwort, außer sie lautet: Nein, das macht gar nix. Weiße Wolken im Fahrgastraum sind mitunter völlig normal. Fahr einfach zu.

»Sog amoi ... wos schmeißt'n du ei, bevor du in dieses Auto steigst?«

»...«

Andererseits ist das nicht die schlechteste aller möglichen Antworten.

»Nix. Is des jetz' g'fährlich oder ned?«

»Naa.«

»Sehr gut«, sage ich und starte den Motor.

»Wenn was is, rufst' halt nomoi o.«

»Yep. Danke.«

»Jederzeit.« Bevor er auflegt, höre ich wieder die Pressluftschrauber.

Um Punkt neun Uhr rollen wir bei meiner Tante in den Hof. Wie bestellt.

Meine Tante nimmt mich gleich in den Arm. »Bist froh, dass d' da bist, ha?«

Ich bleibe für einen kurzen Schnaufer an ihr dran gelehnt. Ah. Ja. Froh. Die Nelly ist auch froh.

»MMMH.«

Mein Onkel sieht den Hänger und sagt nur: »Hoi.«

»Gell.«

»Tua's glei nei, ganz hint' neben der roten Kuah.«

Ich nicke und binde Nellys Halfterstrick los. Mein Onkel lässt anerkennend die Ladeklappe runterschweben. Die Nelly tappst ins Freie, so gut sie kann, nimmt einen Schnapper voll Luft und brüllt: »MMMMUUUHHH!«

So ist die Nelly also ins Flachland gezogen.

Die Gaswolken im Bus waren übrigens keine Einbildung. Die Versorgungsbatterie unterm Fahrersitz ist durchgebrannt. Tom hat schweigend eine neue Batterie eingebaut. Er fliegt für drei Wochen nach Alaska. Ich sollte in der Zeit vielleicht keine weiteren Reisen planen, meint er.

Den Hänger hab ich mit dem Dampfstrahler bearbeitet, bis kein in Fitzel Kuhkacke mehr zu finden war, und hab ihn bei Nacht und Nebel zur Mali zurückgebracht.

Sie hat auf mich gewartet, mit *Schokolade zum Frühstück* auf DVD. »Is guad ganga?«

»Ja«, hab ich gesagt. »Danke.«

»Gut.«

»Wenn ich dir mal helfen kann ...«

»Du könntst mir helfen, die Gartenstühle rauftragen.«

»Ja, klar ... aber ...«

»Doch. Das mach ma jetz'. Sonst hätt ich's ja ganz umsonst kauft.«

»Ja«, lache ich. »Hättst'.«

Es ist eine gute Gartengarnitur. Wie gemacht für Malis Terrasse und exakt so lang, dass die Hängematte daneben noch frei schwingen kann. Perfekt.

Zwei Wochen später leiht sie mir noch mal ihren Hänger. Offiziell. Hubert höchstselbst hängt ihn mir an den Bus dran. Sorgfältig gesichert.

Die Nelly zieht vom Stall meiner Tante um auf ihre neue Sommerweide. Eine Apfelbaumwiese, die sie sich mit zwei schottischen Hochlandrindern, einem Haflinger und zwei Zwergponys teilt. Und ab und zu mit zwei übergewichtigen Hängebauchschweinen. Sie erholt sich. Langsam, aber sie erholt sich.

Glück g'habt.

Es wird ein langer Winter, mit Schnee bis in den April.

Die Nika ist ein großer Hund jetzt. Und hockt, steil wie der Elfuhrzeiger am Kirchturm, seit halb sieben neben meinem Bett. »Wua-wua! Wua!«

»Ja, gleich«, brumme ich. Und dann gehen wir von der Haustür weg eine kleine Skitour.

Ich habe Reisepläne.

Es gibt einen heiligen Berg in Peru, von dem ich geträumt habe. *Apu Salkantay.* Ein faltiger Indio mit blinden, hellsichtigen Augen erzählt mir von der Urkraft, die in diesem Berg lebt, wie ein schlagendes Herz. Das unbezähmbar Weibliche.

Die Liebe einer Frau, die Liebe von Mutter Erde.

Er schaut mich an, der alte Indio. Seine Augen sind so weiß wie der Gletscher, unter dem er lebt. Komm, sagt er auf Quechua: »Jamuy.«

Ich hab gestern den Flug gebucht. Und eine Trekkingtour zur Gletscherlagune am Fuß des heiligen Berges Salkantay ...

Die Nika interessiert sich nicht für alte Indios und heilige Berge. »Wuä! Wäff-wäff-wäff!« Schmeiß endlich einen Schneeball! Und der Billy verschwindet kopfüber unter dem Schnee und gräbt sich in einen Maulwurfshaufen.

Peru ist anders, als ich es mir vorgestellt habe. Heller. Und so weit. Im Hotel treffe ich meine Reisegruppe aus einander unbekannten Amerikanern, Europäern und einer Holländerin aus Uganda. Unsere Tour wird von zwei Q'ero-Schamanen geführt. Don Pablo und Don Francisco.

Am ersten Abend sitzt unsere Gruppe auf gepolsterten Hotelstühlen im Kreis. Die Schamanen betreten den Raum. Sie lächeln und winken uns zu. Wir winken zurück. Erstaunt. Zurückhaltend. Und da fängt Don Francisco an, jeden von uns zu umarmen, der Reihe nach. Ich fürchte um meine Schutzmauern. Ich bin's nicht gewohnt, Leute zu umarmen, schon gleich gar keine Fremden. Aber Don Francisco lässt sich von nichts abhalten. Er packt mich, drückt mich und sagt laut in mein Gesicht: »Panai.«

Meine Schwester.

Ich bin zu Tränen gerührt. Als wir uns, einer nach dem anderen, wieder hinsetzen, sind wir nicht mehr dieselben. Denn plötzlich lächeln wir einander an.

Wie leblos wir alle waren, bevor Don Francisco diesen Raum betreten hat. Wie weit entfernt voneinander. Und wie wenig es braucht, um uns komplett auf den Kopf zu stellen.

Am nächsten Tag fahren wir in einem großen Reisebus raus aus Cuzco und stundenlang über weite Ebenen. Ich hab mir nicht vorstellen können, wie viel Raum zwischen den Bergen sein kann. Dann, im Dorf Mollepata, steigen wir in röhrende und spektakulär rußende Allradkleinbusse um. Es geht eine Schotterstraße hinauf bis Salkantay Pampa.

Dort beginnt unsere Trekkingtour, an einem Morgen, an dem der Regen an unseren Zeltwänden gefroren ist.

Mich friert's. Trotz Primaloftjacke, Gore-Tex-Hardshell und Hochtourenstiefel.

Don Francisco trägt ausgelatschte Joggingschuhe, und Don Pablo steht barfuß in Sandalen, die aussehen, als hätte er sie aus alten Autoreifen gemacht. Dazu tragen sie graue Ponchos und regenbogenbunte Mützen.

Sie beginnen unsere Wanderung mit einem Gebet. Hampui, Apu Salkantay. Sie bitten den Berg, uns willkommen zu heißen. Immer wieder, bei jedem Schritt. Sie bringen uns bei, Pachamama (Mutter Erde) zu ehren und Inti TaiTai (Vater Sonne) zu danken. Sie zeigen uns die Kraft der vier Himmelsrichtungen und weihen uns ein, Hüter der Erde zu sein. Hüter der inneren Weisheit und Geschwister der Sterne.

Und sie lehren uns das Wort munay, immer wieder.

Liebe im Herzen.

Am dritten Tag stehen wir am Fuß des Gletschers. Ein leuchtend türkisgrüner See. Und dort erklären sie uns, wie wir unsere eigene Wirklichkeit erschaffen. Tag für Tag. Indem wir so sind, wie wir sind. Indem wir so denken, wie wir denken. Indem wir so fühlen, wie wir fühlen.

Sie sehen das Leben anders als wir. Sie sehen's von innen. Das ist ihre Weisheit. Was ich bin, was ich fühle, was ich träume – wird meine Wirklichkeit. Es ist simpel. Ich versteh's, mein Herz versteht's voll und ganz. Aber das im Alltag durchhalten? Ich bin's doch so gewohnt, die Dinge schwer zu sehen. Und mich zu fühlen, als ob das Leben lauter Betonbrocken auf mich draufschmeißt. Bin *ich* die Betonbrocken?

»Wie mach ich das – anders träumen?«, frage ich Don Francisco. »Wie werd ich federleicht und fröhlich und hell? Und wie kann ich's mit mir selber aushalten? Und wie werd ich die Angst los? Und wo bin ich daheim?«

Ich weiß nicht, ob er mich verstanden hat. Mein Spanisch ist frisch aus dem Volkshochschulkurs für Anfänger. Ich weiß auch nicht, ob er mir wirklich geantwortet hat. Er hat nur zum Himmel gezeigt. Ein Kondor hat seine Kreise über uns gezogen. Lautlos. Kein einziger Flügelschlag. Wir haben ihm nachgeschaut, bis er hinter einem Felsengipfel verschwunden ist. Ich habe gelächelt. Man kann nicht einem Kondor zuschauen und sich gleichzeitig Sorgen machen. Und dann hat Don Francisco auf sein Herz geklopft. »Munay, panai«, hat er gesagt. »Sumac, sumac munay, panai.«

Viel, viel Liebe, meine Schwester.

Dann ist er gegangen, um Kuhfladen fürs Feuer zu sammeln.

So groß wie die Welt

Es ist Mai, und die Tage sehen schon aus wie Hochsommer. Ich reiße Schubkarrenweise Dornen und Brennnessel aus meinem Garten. Schmetterlinge flattern dabei über mich drüber. Ich lass ihnen ein Eck Brennnesseln stehen und überlege, ob ich vielleicht da drüben eine Blumenwiese ansäen könnte. Da, an meinem kleinen Abhang, zwischen dem Baumstumpf und dem Gartenzaun ...

Am Mittwochnachmittag ruft sie an.

»Karin, ich muss dir was sagen.«

Annika.

»Kannst du meine Alm machen dieses Jahr?«

»Nein.«

»Die Klarau. Wunderschön. Magisch.«

Ich muss Geld verdienen und mir einen neuen Bus kaufen. Meinen alten hat's zerrissen. Motorschaden. Der Mahoney, ein Mechaniker-Spezl von Tom, hat ihn gleich behalten, so wie er war. Er wird ihn ein bisschen umbauen, einen neuen schweren Dieselmotor rein, und Kult-Rallyes fahren damit.

Den Tom hab ich übrigens umgetauft, in »Yukon«. Er spricht von nichts anderem mehr als von Alaska. Es muss ein großes Geheimnis dort zu finden sein, in den weißen Bergen und kalten Prärien.

»Überleg's dir.« Annika lässt nicht locker.
»Nein.«
Außerdem macht die Alm mein Leben im Tal nicht einfacher. Ich verlier mein Herz an Tiere. Ich habe schon zwei Hunde und eine Kuh. Ich kann nicht garantieren, dass ich nicht im Herbst mit einem Schwein ins Tal komme. Nein. Mein Leben ist kompliziert genug. Ich muss anfangen, Fuß zu fassen. Und auf keinen Fall schon wieder umziehen, auch nicht, wenn's nur auf die Alm ist.

Aber das zählt alles nicht für Annika. »Hey, warum denn nicht! Du *gehörst* auf die Alm. Du wirst es lieben«, sagt sie. Punkt.

»Nein.«

»Es ist auch nur ein halber Sommer. Juli – August. Juni und September macht die Gitti. Und die Alm ist wunderschön!«

Es ist eine Hochalm auf gut 1400 Metern. Ich seh sie von dem Baumstumpf in meinem Garten aus. Versteckt zwischen Aiplspitz und Rotwand. Abseits der bekannten Wanderwege. Keine Touristen also, und gleich vor der Haustür.

»Warum gehst'n du nicht selber?«, frage ich.

»Ich geh auf Weltreise, mein Schatz.«

Sie geht auf Weltreise.

Das hat sie schon oft gesagt. Dass sie wegmuss. Dass sie reisen will. Andere Menschen sehen. Eine Wüste durchqueren und einen Ozean durchsegeln. Ein Jahr auf einer einsamen Insel bleiben und nur für die Liebe leben. Ein Kind machen in einem Flugzeug. Und einen Eisbären in freier Wildbahn sehen, bevor sie aussterben.

»Übernächste Woche schon«, sagt sie. Und isst eine Essiggurke dabei.

»Wohin?«

»Na, in die ganze Welt!«

»Ja, aber wohin zuerst?«

»Marokko. Dann runter bis Madagaskar.« Noch eine Essiggurke.

»Bist du schwanger?«

»Neeein. Der Severin hat gekündigt. Wir fahren zu zweit. Hey, das ist so der Hammer!« In meinem Garten schweben Gräserpollen wie Ufos durch die Luft. Ich muss niesen. Das Windspiel, das ich gerade extrem mühsam aufgehängt habe, klimpert und fällt runter. »Shit.«

»Was war'n das?«

»Hast du gewusst, dass ein Mensch mit 160 Kilometer in der Stunde niesen kann?«

»Nein.«

»Ha.«

Schweigen in der Leitung. Ich höre, wie sie die Augen verdreht und ihrem Liebsten lächelnd Daumen-hoch-Zeichen macht. Und er ihr einen Luftkuss zuwirft. Als wäre schon alles ausgemacht.

»Annika!«, schnauze ich.

»Jetzt überleg's dir einfach«, sagt sie. »Ich hab das Gefühl, du musst da hin.«

»Warum sollt ich da hinmüssen?«

»Vielleicht... triffst du drob'n auf der Alm den Mann deines Lebens.«

»Nein.«

Ich lege auf.

Sie schreibt mir trotzdem eine SMS mit der Telefonnummer vom Bauern. Sonnengelb und grün und himmelblau ist die Alm, hör ich sie flüstern. Barfuß über Almwiesen laufen. Und die Arme weit wie Flügel im Gipfelwind.

Gleich da drüben. Ich erwische mich, wie ich auf meinem Baumstumpf stehe und rüberschau auf die Klarau.

Trotzdem. Ich mach's nicht. Nein. Auf keinen Fall.

Es wird Donnerstag, Vormittag, zehn Uhr. Und ich wähle die Nummer, die Annika mir aufs Handy geschickt hat. Ich rufe bei ihrem Bauern an.

Eine junge Frau geht ans Telefon. »Engl?« Die Stimme kenn ich irgendwoher. Und schon sagt sie: »Karin, bist du des?«

»Ja ...«

»Da is die Franzi ... woasst' no?«

Almlehrkurs. Wir sind drei Tage nebeneinander gesessen. Von den Vorträgen über Parasiten, Tiergesundheit und Mineralstoffzufütterung auf der Alm ist nicht alles hängen geblieben. Dafür einige von Franzis Geschichten. Einmal, nach durchzechter Nacht, sind fünf Feuerwehrler auf ihr Hüttendach gestiegen, Blitzableiter kontrollieren. Aber runtergekommen sind sie nicht mehr. Eingeschlafen im Rausch. Oder die zwei Polizisten, die einen Trainingslauf zum Aiplspitz-Gipfel machen wollten, aber dann hat's ihnen im Schlamm die Schuhe von den Füßen gezogen. Einer hat strumpfsockig ins Tal zurücklaufen müssen. Und am ersten August die Almmeisterschaft im Plastiktütenrodeln, bei einem halben Meter Neuschnee.

»Kimm vorbei!« Ihre Stimme sprüht Funken. Sie wohnt gleich im nächsten Dorf.

Also radle ich rüber.

Sie kommt mir schon entgegen. Einen zauberhaften kleinen Buben auf dem Arm und schwanger. »Kimm eina!«

Sie läuft mir voraus in das große Bauernhaus, vorbei an vier Waschmaschinen, drei Kühlschränken, über den schattigen Steinboden in ihrem langen, breiten Hausgang, und hinein in die Küche. Es riecht nach Schokokirschkuchen.

Da wohnt sie jetzt also, die Franzi. Hat sie doch glatt ihren jungen Almbauern geheiratet.

»Herzlichen Glückwunsch«, sage ich.

»Danke!«, lacht sie. »Hättma auch nicht gedacht, dass ma uns so wieder treffen, oder?«

Nein, hättma nicht. Wie klein die Welt ist. Und wie groß. Wie sie manchmal still steht. Und wie sie manchmal vorbeirast, im Überschall.

»Wie is da'n ganga?«, fragt sie, während sie mir eine Tasse Kaffee auf den Tisch stellt, den Kuchen aus dem Backrohr zieht und ein 25 Zentimeter breites Stück heraussäbelt. Für mich.

Ich mampfe »Gut. Ich war in Peru ...«

Und die Franzi erzählt von dem alten Schamanenplatz droben auf der Alm. Eine kreisrunde Lichtung, völlig eben, mitten im steilen Wald. Exakt in der Mitte steht ein dürrer Baumstamm. Und exakt in den vier Himmelsrichtungen plätschern Quellen von der Lichtung in den Wald hinein. »Irgendwie passt die Alm zu dir.«

Franzi grinst mich an und zeigt auf den Kuchen. »Oans geht no, oder?«

Wir mampfen synchron.

Dann ist es ausg'macht. Ich geh bei der Franzi auf die Alm. Es ist ja nur ein halber Sommer.

1. Juni. Annika hat eine Postkarte geschrieben. Es ist ein Foto von ihr, Severin und dem Landrover, gerade mit der Fähre aus Genua in Tanger, Marokko, angekommen. Sie trägt ein lila Tuch im Haar. »Wir kommen, Madagaskar!« Hat sie hinten drauf geschrieben. Und: »Das Leben ist perfekt. Jetzt. Merk dir das!«

Auf d' Oim roas'n

Samstag, 5. Juni, 5 Uhr in der Früh

Unter der Decke hängt der Dampf von drei Maschinen Kaffee und zwei Streuselkuchen. Der schwere Ahorntisch in Franzis Küche ist gesteckt voll. Ich werde mit einem laut schallenden »Guad'moang« begrüßt.

Die Franzi stellt alle vor: Den Franzl, ihren Mann, den Franz, ihren Schwiegervater, die Rosi, ihre Schwiegermutter. Onkel Alfons, Tante Genoveva, die Cousins Hansi und Seppi.

Und die Gitti und ich, »d' Oimarinna«.

Heute ist Almauftrieb.

Früh, dieses Jahr. Das Gras steht kniehoch droben auf der Alm, sagt der Senior Franz. Alles, jeder Gedanke, alles, was wir reden, drängelt sich zum Berg. Auffe roas ma.

Die Gitti kann's kaum erwarten. Sie hat ihr Zeug seit einer Woche schon droben auf der Alm. Und jetzt endlich kommen auch die Viecher.

Sie zählt auf: elf Kälber, 33 Koima und eine Milchkuh. Die Gitti will nämlich käsen.

Das blüht mir dann also auch im Juli. Käsen. Vor mir sehe ich große Kupferkessel und alte Männer mit weißen Druidenbärten, die etwas brauen, das nur mithilfe von uraltem Wissen und durch penibelstes Einhalten geheimnisvoller Rituale gelingen kann. Ich sehe Käsekeller. Regale, die sich biegen unter goldenen, dicken Laiben. Die nur so geworden sind, weil jemand weiß, wie man sie pflegt.

»Ach, des is ois koa Zauberei«, lacht Gitti, »do kimmst' scho eina.« Ich lächle, nicke, und während ich versuche, den Schlaf aus meinen Augen zu reiben, schiebt sie mir die Kaffeekanne rüber.

Dann sagt der Franzl: »Pack ma's!«

Alle stehen auf, ich nehme meinen Almstecken in die Hand, als wäre alles gestern gewesen. Dazwischen ein paar Jahre, einfach verschwunden.

Wir fahren mit zwei Autos bis zur Talweide am ›Hinter' Berg‹.

»Auf geht's, Kuhdi'n, auf d'Oim roas ma!«, schreit der Franzl seinen Viechern entgegen.

Die stehen schon da wie gespannte Federn. »Mmmmmm! Mmmmm! Muuuuhhh!!«

»Die wissen genau, was los is«, sagt Tante Genoveva.

Franz macht den Zaun auf, und Onkel Alfons hat noch nicht einmal »Hopp« gesagt, da trampeln sie schon los. Die Großen voraus, die Kleinen hinterher. »MMMMMu-h! MMM-Muuuh! Mmöööh.«

Und wieder einmal geht's im Galopp über sumpfige Wiesen, über einen Bach, aber nicht bei der Brücke, voll rein in die

Brennnesseln und ins Unterholz. »Passt! Des is a Abkürzung«, schreit Franzl, dann gnadenlos durch einen Stacheldrahtzaun, mitten hinein in eine hysterische Mutterkuhherde, und bis unsere 33 Almkoima, die Kälber und ihre Mütter wieder auseinanderklamüsert sind, reicht's eigentlich vom Laufpensum her. Und der Berg liegt noch vor uns.

Um halb neun erreichen wir mehr oder weniger geschlossen den Weiderost. Hier, auf 1300 Metern, fängt das Almgebiet an. Ich bin konditionell ziemlich am Ende. Ein paar Koima sehen aber noch schlechter aus. Eine hat die Augen ganz verdreht, und die direkt vor mir streckt die Zunge aus dem tropfenden Maul. Ich befürchte einen Kreislaufkollaps und fühle mich seltsam hilflos. Wie wird das werden, allein auf einer Hochalm? Schaff ich das? Niemand da, kein Hias, den ich alles fragen kann, und ich weiß nicht einmal, ob ein Rind auch einen Hitzschlag erleiden kann.

»Sauhoaß, ha? Scheiß Klimawandel«, keucht Seppi, an mir vorbeijoggend.

Selten hat mir jemand so aus der Seele gesprochen.

Franzl schiebt die letzten zwei Viecher am Weiderost vorbei und macht den Zaun hinter ihnen wieder zu. Noch ein paar Meter bis zum Bach. Und dann is gut. 33 Köpfe fallen ruckartig graswärts. Schnaufen, rupfen, mampfen.

»G'schafft!«, strahlt Gitti. »Schau!«

Zwei Hütten stehen nebeneinander, mitten in einem Kessel, der sich weit und hoch vom Risserkopf bis zur Aiplspitz zieht. Annika hat recht. Sonnengelb und grün und himmelblau. Die Klarau.

»Kimm, richt ma a Brotzeit her.« Gitti läuft mit wippendem Pferdeschwanz zur Hütte, sperrt auf, saust zum Brennholzstapel vor der Stallwand und heizt ein. »Mach ma an Kaffee?«

Ja. Mach ma.

Eine verbeulte fahrende Allradblechbüchse rollt vor die Hütte. Die Franzi mit Bub und Schwiegermama. Sie hat Brezen und Weißwürst' für alle dabei. »Heey, jetz' wart's dann doch ganz schön schnell!«, sagt sie, stellt alles auf den Tisch, der Franzl nimmt seinen Sohn auf die Schultern, und die Franzi läuft im Trab über den steinigen Hügel hinter der Hütte, Schnittlauch holen. »Auf der Alm wächst alles, was man braucht«, lacht sie. Es ist ein dunkelgrüner, scharf riechender Schnittlauch. Völlig anders als der ausm Kräutertopf vom Penny.

Wir lassen das mit dem Kaffee, weil das Feuer im Ofen ewig nicht brennt. Ich tauche meine Butterbrez'n in den Schnittlauch.

Das Leben ist perfekt. Immer und überall.

Ich sitze auf der Terrasse vor der Hütte, die Sonne im Gesicht und die warmen Balken der Hauswand im Rücken. Ich hör zu, wie alle durcheinanderreden, laut und schnell, und lachen, und um mich rum schwebt das Bimm-bimm-bimm der Kuhglocken.

Ich fühle, wie ich das alles einatme. Einen neuen Almsommer.

Sonnengelb und grün und himmelblau.

Freitag, 5. Juli
Die Zeit ist verflogen.

Ich geh über den Mari-Steig. Zuerst durch die brettebene Talweide der Geißbauern-Alm, am leeren Bach entlang, bis auf einmal das Wasser wieder plätschert, und hinauf auf dem schmalen Pfad durch Buchen und Ahorn, und ab und zu einer Kolonie Fichten. Der Weg schraubt mich in die Höhe wie ein Aufzug. Die ganze Zeit sieht man ins Tal runter. Die Oberlandbahn pfeift, und ab und zu fällt ein Sonnenstrahl auf den Lenker eines Rennrads und von dort wie ein Lichtblitz rauf zum Mari-Steig. Das ist ein guter Weg, sich aus dem Tal zu schleichen. Ich sehe, was ich zurücklasse. Mich sieht keiner. Ich geh unter einem Blätterdach und strahlend blauem Himmel.

Am Zaun hör ich schon die Glocken. Billy spitzt die Ohren.
»Alm«, erkläre ich ihm.
Aber er ist ja nicht blöd. »Gams!«, sagt er.
»Nein«, sage ich.
»Wwwfff!«
»Brav sein – oder wir kehren sofort wieder um!«
»Grwf.«
»Wua ‚wua-wua?«
Die kleine Nika weiß noch nicht, was eine Gams ist. Kälber und Kühe haben wir geübt, drunten im Tal. Ich fürchte, dabei haben wir die dort ansässigen Oberlandler nicht wirklich in die Lage versetzt, wahres Verständnis für uns aufzubringen. Halbstundenweise hin und her zu laufen vor einer fasziniert glotzenden Herde Kälber – nicht das, was ein vernünftiger Oberlandler macht, mittwochnachmittags. Aber irgendwo muss ich anfangen. Die Kälber finden uns gut. Wir sind wie KiKa schauen. Krümelmonster »Wua, wua-wua!«

Die Gams dreht langsam ihren Kopf zu uns runter. Steil über uns steht sie.

»Grwfff«, macht Billy, weil er's nicht lassen kann.

»Sch-scht!«, mache ich, damit er still ist.

»Wua, wua-wua!«

Immer noch springt keine von den Gams davon. Ich frage mich, wie das sein kann, dass sie nicht davonlaufen. Sie müssten doch Angst vor Menschen haben.

Ich hör einen leisen Gedanken. Manche Menschen vibrieren, als würden sie die Luft zerhacken. Wie elektrische Geschosse. Die Gams schaut mich an. Ich lächle, und die kleine Nika macht Sitz vor Ehrfurcht.

Du störst hier heroben nicht. Die Gams dreht sogar neugierig ihren hübschen Kopf zu uns. Willkommen daheim.

Dann trabt sie, ganz entspannt, mit ihrem Rudel hinauf bis zum Latschenfeld unterm Grat.

»Fuß!«, flüstere ich, und wie zwei Uhrzeiger reihen sich meine Hunde hinter mir ein.

Der Mari-Steig führt nur noch ein kurzes Stück durchs Huabamoos und dann geradeaus auf die beiden Almhütten zu. Die uralten Holzbalken leuchten rotbraun in der Sonne. »Griaß di, Alm«, sage ich leise. Und dann, ganz unverhofft, fühle ich mich umarmt.

Draußen an der Tür hängt ein aus Gräsern gebundenes Herz. Weiße Tupfen Schleierkraut auf altem Holz. Ich klopfe, neben dem Herz.

Niemand macht auf.

Aber der Billy fängt an zu kläffen, als hätten wir einen Einbrecher vor unserer Hütte.

Als Erstes sehe ich die Kuh.

»Ja, was is'n des!?«, rutscht's mir raus. Sie ist hellbraun gefleckt. Ein immenses Tier. Brustumfang wie ein Nilpferd.

»Ah! Karin! Griaß di. Des is die Selma.«

Hinter der Kuh her marschiert ein fescher Almbursch mit Hut und kurzer Lederhosn.

»Hallo, Selma.«

Und *Hufe* hat die!

»I bin der Charly«, lächelt der fesche Bursch. »Der Mo von der Gitti.«

» ... is die Gitti verheirat'?«, frage ich. Hochintelligent.

»Ja«, sagt er. »Mit mir.«

»Ah. Herzlichen Glückwunsch.«

Charly lächelt mich trotzdem weiter an. Entweder die Gitti hat ihn vorgewarnt – hey, die sagt manchmal komische Sachen, da denkst dir am besten nix, weil sonst is sie echt ganz nett –, oder der Charly ist einfach ein durch und durch höflicher Mensch. Einer von denen, die so selten sind. Die kein Urteil fällen. Einer von denen, die wissen, dass wir alle irgendwie schief geraten sind – na und.

Ich binde meine Hunde ans Terrassengeländer und folge Charly und seinem Nilpferd um die Hütte rum, zum Stall.

Es gibt eine kleine, niedrige Tür an der Seite und eine etwas größere an der hinteren Giebelwand. Dort hinein zwängt sich die Kuh. Noch zwei Zentimeter breiter, und man müsste befürchten, dass sie die Hütte niederreißt. Mit ungebremster Wucht stürmt die Kuh auf die Trennwand zu, die den Stall in zwei Abteile teilt. Hinter dieser Trennwand stehen elf Kälber. Satt und kugelrund mampfen sie ihr Heu. Ich kann mir nicht vorstellen, dass jemand oder etwas diese massiven alten Balken so einfach plattmachen kann. Außer diese Kuh.

Aber nichts passiert. Selma rammt ihren überbreiten Schädel in einen Eimer voll Kraftfutter. Sie malmt und prustet, während die zierliche Gitti ihr eine Kuhkette um den Hals legt. Einen Hals, der dicker ist als die Gitti.

»Den Kübel richt'st besser immer scho vor'm Melken her.« Strahlend tätschelt Gitti ihre Kuh. »Dann hast' bestimmt koa' Problem mit der Selma. Des is a gaaaanz a braaaave, gell, Selma!«

Dann kommt die Gitti auf mich zu. »Griaß di.« Ihre kleine Hand drückt meine, und ich staune, mit wie viel Kraft diese fragilen Finger zupacken.

»Des kimmt vom Handmelkn«, lacht sie. »Host du scho 'moi Hand g'molken?«

Ich schüttle den Kopf.

Selma hat den Eimer leer gefressen. Mit einem gierigen Meeehr! im Blick reißt sie ihren riesenhaften Schädel nach hinten und schnauft Gitti an. Die lacht. »Nix da. Jetz' wird g'arbat.«

Gitti putzt das Euter und klemmt einen weißen Plastikeimer zwischen ihre Knie. Sie hockt auf dem Melkschemel wie festgewachsen. Die vorderen zwei Zitzen gepackt, einmal, zweimal angemolken, den Eimer mit den Knien unters Euter geschoben, Stirn an den Kuhbauch gelehnt. *Bsch-bsch, bsch-bsch, bsch-bsch-bsch-bsch* spritzen lange weiße Strahlen Milch in den Eimer. Eine Minute später schwimmt schon eine weiße Milchpfütze im Eimer, gekrönt von zarten Milch-

Luftblasen. Noch eine Minute, und die Pfütze ist einige Zentimeter hoch und hat einen Hut aus Schaum auf.

Bsch-bsch-bsch-bsch, bsch-bsch-bsch-bsch.

Dann wechseln Gittis Hände zu den hinteren beiden Zitzen und legen einen Zahn zu.

Zehn Minuten. Die Gitti schreit: »Charly! Schaust du mal?«

Wie von Zauberhand aus dem Unsichtbaren taucht Charly in der Tür zwischen Kälberabteil und Stube auf. Zart küsst er Gittis Stirn, packt Selmas linke hintere Zitze, melkt zwei kräftige Striche, dann die andere Zitze, betastet mit einem Griff das Euter und sagt stolz: »Hastes eh leer. Super.«

Gitti strahlt, nimmt den weißen Plastikeimer am Henkel und trägt ihn in die Stube. Die Milch schwappt beim Acht-Liter-Strich auf der weißen Plastikeimer-Skala. Charly kippt sie durch den Seicher in die Kanne und fragt: »Soll ma dann 'n Kaffee machen?«

»Ui, ja!«, jubelt Gitti. »Ich schmeiß bloß noch schnell die Selma raus.«

Ich bin's gewohnt, dass die Kuh, sobald sie von der Kette gelassen wird, zur Tür hinausrennt.

Nicht die Selma.

Die Selma bleibt in der Stalltür stehen, getragen von Beinen wie Betonpfosten und Hufen wie Ufos. Und schaut.

Dabei erklärt mir Gitti die Almroutine:

»Die Selma kommt in der Früh von selber zum Stall. So um sieben. Außer, wenn's richtig schlecht Wetter is, da musst' as holen.

Die Kaiben musst' halt in der Früh waschen und rauslassen. Am Nachmittag kommen's dann eh von allein, san brave Kaibe'n. Aber wenn's schon um zwei dastehen, lasst as no ned eina. Die soll'n a bissl rumlaufen, san ja schließlich auf der Alm.«

Jedes Kalb kriegt einen Becher Kraftfutter und »a Handvoll Heu«. Dabei zeichnet Gitti mit ihren Händen einen mittelgroßen Haufen in die Luft. Ich lache, denn so hätt ich eine Handvoll jetzt auch bemessen.

Wasser und Brunnentröge gibt's fünf. Den vor unserem Stall, den vorm Nachbarstall, zwei oben auf dem Weg zur Aiplspitz und einen weiter draußen, am ›grünen Emad'l‹. Unterhalb der Hütten gibt's keinen Wassertrog, aber da ist der Bach.

Zaun gibt's einen langen, von der Hirschau im Uhrzeigersinn bis rauf zum Risserkopf, und droben weiter am Kessel entlang. Dann gibt's noch einen kurzen Zaun vom Hochlatsch bis zum Aiplspitzgrat. Der ist die Grenze zur Moosboden-Alm. Der Rest ist natürliche Grenze. Aiplspitz, Grat, Joch und Jochabtrieb.

»Aha«, sage ich mit großen Augen. »Und da fallen die nicht runter?«

»Am besten denkst gar nicht dran«, sagt die Gitti.

Aber wenn wir schon beim Thema sind, bringen wir's gleich hinter uns.

»Wenn's g'fährlich wird, dann entweder bei den Risserkopf-Felsen ...« Sie zeigt nach links. Schattige Steilwand und drunter grobes, vermoostes Geröll. »Und da unterm Paradies muss ma halt auch immer a bissl schaun.« Eine grüne Schneise zwischen zwei Felsen, und ganz oben ein paar Latschenbüsche, die über das Gras hängen wie ein Zeltdach. Auch steil. Wo man hinschaut, steile Grasrinnen. Mich fröstelt's.

»Ach, da musst' nach G'fühl gehen«, sagt Gitti. Denn auch wenn du 24 Stunden am Tag über die Alm rennst, gibt's keine Garantie. Es gibt keine absolute Sicherheit.

»Du musst dir einfach sicher sei, dass ois guad is. Dann is aa so.« Gitti klatscht in die Hände und verscheucht die dunklen Geister mit einem Lächeln. Dann klopft sie auf Selmas Hintern. »Hopp! Ausse!« Die Selma steht wie ein Denkmal.

»Hat der Charly scho g'sagt, dass ma g'heirat ham?« Gittis Stimme knistert wie ein Glückskeks.

»Äh ... ja.«

»Morg'n fahr ma in Urlaub. Deswegn war's mir lieber, wir machen heut das ganze Stallzeug und alles.«

»Ja, klar. Wo fahrts'n hin?«

»Seychellen.

»Perfekt.«

»Z'erst hama überlegt, ob ma vielleicht nach Südtirol fahren, a Freundin von mir hat da a Alm ... aber dann ... Alm is super ... aber du arbeitst halt ständig.«

»Jep.«

»Obwohl's mi echt g'juckt hätt. Die Alm geht bis auf 2800 Meter.«

»Ja, das ... wow. Noch mal ganz was ander's.«

»Ausse, Selma!« Entschlossen stemmt Gitti sich gegen 850 Kilo Zeit. Zeit zum Rumschnofeln auf dem Boden. Zeit zum Dastehen und einen unglaublichen Kuhdatschi auf die Eichenbohlen zu kacken. Zeit zum Schauen. Zeit.

So lange stehen wir da, dass die Sonne hinters Hüttendach sinkt und einen goldenen Streifen über Selmas breiten Rücken in den Stall schickt. Wunderschön. Glitzerperlen klimpern auf meiner Haut.

Ich freu mich. Auf den Kaffee, über die Kuh Selma, über die Alm, und gleichzeitig ist mir ein bisschen schwindlig. Ich bin das alles nicht mehr gewöhnt. So viel rumlaufen. So viel Berg, so viel Licht. Und so viel Liebe auf einem Fleck.

Gut, denke ich. Dann räum ich mal den Kuhdatschi weg.

Selma zupft sich zur Nachbarhütte, nachschauen, ob ihre Freundinnen auch schon fertig sind mit dem Melken. Und tatsächlich joggen drüben zwei sportliche rotbraune Fleckviehdamen aus dem Stall, 's Amserl und 's Zeiserl. Die zwei miteinander bringen's auf ein Gesamtgewicht, das das Einzelgewicht von Selma nur minimal überschreitet.

»Nett, gell, die drei«, lächelt Gitti gerührt.

Auch in mein Gesicht zeichnet sich ein seliges Lächeln. Und so stehen wir zu zweit in der Stalltür und schauen zu, wie unsere Kühe hinter in den Risserkopf spazieren. Noch ein bisschen fressen, und dann schlafen. Ach ja, miat'n tu ich alle zwoa Tog! Gitti zeigt mir den Sack Kleie und Salz in der Futterkiste. Einbruchsicher. »Ja, des war's eigentlich scho.«

Die elf Kälber im vorderen Stallabteil lassen ihre dicken Bäuche auf den Boden plumpsen. Tür zu, Licht aus und gute Nacht.

»Schau ma mal, ob der Charly schon einen Kaffee zam 'bracht hat?«

Hat er nicht. Der Ofen qualmt, aber das Wasser ist weit davon entfernt zu kochen. Mit einer tiefen Falte in der Stirn schürt Charly einen dicken Prügel nach. »Oiso, mei Ofen is des ned«, brummt er.

Die Gitti nimmt ihm den Holzprügel aus der Hand und gibt ihm stattdessen eine sinnvolle Aufgabe. »Ich glaub, die Karin braucht noch ein Käserezept.«

Die Falte auf Charlys Hirn glättet sich augenblicklich. Kritisch fasst er mich ins Auge. »Host du scho 'moi kaast?«

Ich schüttle den Kopf. Charly nickt. Kratzt seinen Fünftagebart.

»Oan Kaas am Tag bringst scho no zam.«

Mit gemessenen Schritten sammelt er aus allen Ecken der Hütte einen ganzen Tisch voll Utensilien zusammen.

Ein Stapel geriffelte Holzbretter. Ein schwarzer, 70 Zentimeter hoher Emailtopf. Ein 30 Zentimeter langes Thermometer. Ein Schöpflöffel. Ein Teller mit einem noch vage erkennbaren Enzianaufdruck. Ein langes stumpfes Messer, dessen Griff mit Paketband zusammengeklebt ist. Ein riesiger Schneebesen ohne Griff. Ein altes Marmeladenglas mit der Aufschrift »Lab«, in dem der Rest einer gelblichen Flüssigkeit schwappt. Eine Einwegspritze. Eine Alutüte »Käsekultur«. Ein Nudelsieb. Eine runde weiße Plastikform mit vielen kleinen Löchern. Eine Flasche Zwetschgengeist. Ein Plastikeimer mit weißgrauer Flüssigkeit, auf der ölige Augen schwimmen. Charly nennt sie Salzbad. Und ein altes Leinentischtuch, tausendmal gewaschen.

»Oiso.« Er reibt seine Hände wie ein Meisterkoch vor der Show, zieht einen Zettel und einen Bleistift aus der Schublade und sagt: »Tilsiter.«

Ich schreibe.

Charlys kleine Käsekunde

Also sag ma, du hast 10 Liter Milch.

Die schüttst' in den Topf. Kupferkessel hama keinen. Aber der Topf tut's grad a so. Is ja a großer Topf (70 cm hoch, 40 cm breit, schwarz, Email, 80 Jahre alt).

Jetz' bringst' die Milch auf 20 Grad. Dann tust' die Kultur rein. A Messerspitze g'langt. Es geht ja bloß um's Ansäuern. Die Bakterien vermehrn sich dann schon.

A halbe Stund musst ihnen lassen. Je nach Wetter auch, des hast dann schon im G'fühl.

Dann tust einlaben. Für 10 Liter Milch nimmst' halt 2 Milliliter Lab. Des san zwei Stricherl an der Plastikspritze. Die tust in a Glasl lauwarms Wasser, rührst um, und schüttst'as in die Milch.

Jetzt rührst' die Milch um. Passt auf, dass d'as in jede Richtung rührst, ruhig und gleichmäßig. Bring ned z'vui Wirbel nei. Des is nimmer harmonisch, und des mag der Kaas ned. Frog mi ned, warum. Rührst halt, so lang wiest' meinst. Des Lab muss halt überall sein.

Und jetz' musst' die Milch bremsen. Da hebst den Teller nei, bis' aufhört zum Schaukeln. Sonst hast Schlieren im Kaas. Die Milch muss ruhig sei, wenn's Lab arbeit'.

Guad. Und jetz' bringst'as auf 30, 32 Grad.

So muass jetz' bleiben, a Stund ungefähr. Deckst'as zua und stellst a Gitter untern Topf, dass' ned z'hoass werd.

Die Masse muass schee fest sei. Manchmal dauert's auch zwei Stund, wenn's gar nicht mag. Das is aber selten. Sehng konnst' des, wennst' mit'm Messer an kloan Schnitt nei machst, und du konnst'as auf d'Seit'n ziahng, ohne dass eibricht. Des hot' so an gummigen Widerstand. Des merkst' scho, dann, wie's g'hört.

Oiso, wenn's guad schnittfest is, dann schneidst z'erst der Längs nach 2 Zentimeter Streifen. Dann quer. Und dann nimmst des Messer so schräg und schneidst' Lagen. Mir ham koa Käseharfe da herob'n, brauchst' aber aa ned. Es is ja bloß, dass'd einigermaßen Würfel zambringst.

Des muasst' langsam machen. Ned, dass dir alles zerfällt. Des is jetz' der erste Bruch.

Und jetzt wartst' a bissl.

's Wasser muass guat rauslaufen können. Des siehgst' dann scho, wenn's oben aufschwimmt.

Jetz' nimmst' an Schneebesen und schneidst' die Brocken nomoi kloa. Fünferlgroß ungefähr.

Des is der zwoate Bruch.

Jetz' host' oiso Bruch und Molke.

Und dann rührst', langsam, und bringst'as auf 40 Grad. Ned mehra, sonst flockt's aus, und dann konnst'as am Fuchs nausschütten. Aber 40 Grad waar guat.

Muasst oiwei weiterrührn. Fünferlgroße Knödel san des jetz'. Wennst'as mit der Hand zambaatzen konnst, und sie kleb'n zam, is er richtig.

Dann muasst'n glei abschöpfen. Verkoch'n bloss ned, wär schad, wennst' scho so weit kemma bist.

Stellst' die Kaasform ins Waschbecken. Oder in a Schüssl, des is gleich. I hob's immer ins Waschbecken g'stellt, i hob die Schüsselschütterei dick.

Außer, du magst die Molke aufb'halten. Molke wär' des Beste zum Facke'n füttern, wennst' oans hättst. Oder du machst a Bad. Die Gitti schwört drauf.

Nimmst a Kache. Weil mit am Löffl werst' arm.

Und dann schöpfst' dein Bruch in die Form nei.

Derfst' scho g'scheit voll machen, des setzt si scho zam dann. Druckst' halt a bissl hi.

Du werst' ned drumrum kemma, mit die Händ zum arbeiten. Mir san auf der Alm, und ned in der Kaasklinik. Muasst' ja ned unbedingt direkt nachm Kaibewaschen in' Kaas nei glanga.

Und Bakterien hast' so oder so drin. Die Frage is hoid, welche dass sich besser vermehren. Die braven oder die bösen. Ausrotten konnst'as ned. Drum muasst'as die braven möglichst leicht macha. Des is beim Kaas'n wie überall anders auch. Macht bloss koaner.

So. Dann tust' den Deckel auf die Kaasform und drahst'n um. In oa'm Schwung, sonst hast' a Sauerei.
Und dann stellst'n auf des Sieb da. Oder auf a zwoate Kaasform. Da kann er schee abtropfen.
Warm muss er's haben, und koan' Zug derf'a dawischen. I stell'n immer z'ruck in' Topf. Da hat er's schee kuschlig, und macht koan Dreck. Konnst'n dann aa neba'm Ofen stehn lassen.
Nach a Stund drahst'n noch mal um.
Dann nach zwoa Stund, dann no'moi nach viere, oder wanns'd halt dro denkst, und dann konnst'n über Nacht drinlassen.
In der Früh, wenn er g'scheit fest wor'n is, tust'n ins Salzbad.
Auf d'Nacht tust'n wieder raus.
Danach lasst'n am besten oan' oder oan'ahalb Tag' bei Zimmertemperatur trocknen. Decks'tn gscheit zua, sonst fressn den d'Fliag'n.
Und dann tust'n in' Keller in' Kaasschrank.
I hob zwoa druntlassen, die konnst' pflegen, wennst' mogst. I reib's immer oan Tog mit Salzwasser ei, und oan Tog mit Schnaps. Des konnst' machen wies'd magst. Dass er halt ned schimmelt.
Und ab und zua wasch i die Brettl vom Kaasschrank mit Essig.
Wennst' des machst, stellst'as nachher in d'Sonn, dass' trocknen. Und d'Sonn desinfiziert. D'Sonn is des beste Putzmittel, was gibt.
Des g'spannt der Kaas a, wenn er a Sonn kriagt.
Überhaupts g'spannt der Kaas alles.
Guade Tag' – schlechte Tag'. Wia's da geht. Des g'spannt der Kaas alles. Dem konnst' nix vormacha.
Aber des kriagst' dann scho raus.

»Puh«, sage ich. »Tilsiter.«

Charly grinst mich an wie ein Professor einen Erstklässler: »Im Prinzip is jeder Kaas a Tilsiter. Der Unterschied liegt bloß in der Temperatur und wia fein du den Bruch schneidst. Und in der Lagerzeit, aber Lagerzeit host' ja eh bloß d'Almzeit.«

Ich habe auch kein Papier mehr zum Weiterschreiben. Charlys Worte schwimmen um mich herum wie Bojen auf einem Ozean.

Auf dem Rückweg vom Schneeberge anschauen: Nika beobachtet die Flugmanöver einer Dohle (Alpengeier).

Meine Hüttn auf 1400 Metern. Die Kaiben rechts im Bild wollen in den Stall.

Schnell noch waschen … Wir sind spät dran, die Sonne scheint.

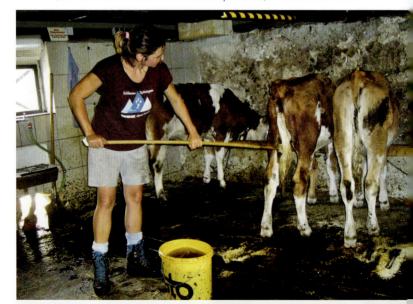

Almgarten vom Küchenfenster aus.

Billy chillt. Aber entgehen tut ihm nichts. Drei Koima am Zaun genau im Blick.

Kaiben raus! Ein wunderschöner Tag.

»Gleich gibt's Frühstück auf der Sonnenterasse ...«

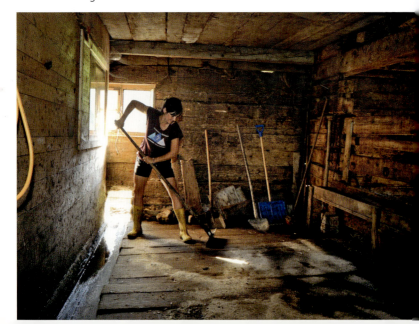

»Oan Kaas am Tag bringst scho zam«, sagt mein Käselehrer Charly.

Topfen (Quark), zum Abtropfen unter die Dachrinne gehängt.

Im Almgarten vorm Heu mähen: Ausstechen der Alpenkreuzkraut-sprösslinge (giftig).

Blick von vor der Hütte über den Almgarten bis ins Chiemgau.

Zwei Sennerinnen (rechts) und zwei Automechaniker nach einer erfolgreichen Almgolf-Notreparatur.

Ein heller Moment zwischen Regenwolken: schnell Klamotten und Schuhe wechseln und weiter Viecher suchen.

Selma und ich nach dem Melken: Drüben bei den Nachbarn gibt's was zu sehen.

Ein guter Platz, um das Glück zu bemerken.

Und dann war da noch die Kellertreppe, duster, die niedrige Tür. Eine Beule an meinem Kopf. Der feuchte Natursteinboden. Der Käseschrank mit Türen aus feinem Gitter, sodass er aussieht wie ein Käfig. Hält Fliegen und Mäuse vom Käse fern. Ich hoffe, der Käse g'spannt nicht, wie ich denke, »Hilfe, ich brauch eine Putzhilfe«.

»Jetzt hast' 15 Liter Milch am Tag«, sagt Charly. »Des g'langt guad für oan Kaas. Wenn's weniger werd, kaast halt bloß alle zwoa Tag. D'Woad' is ja aa nimmer de Beste. Wenn d' Kiah bis ganz nauf suchen müssen zum Grasen, das zehrt. Stellst'as dann eh trocken, die Selma.«

Ich nicke. Ich werde meinen Kopf in den Käsetopf stecken und verzweifeln, das weiß ich jetzt schon. Ich seh's kommen, dass ich Dinge fabriziere, die nicht mal der Fuchs haben will. Das Beste wird sein, ich käse überhaupt nicht.

Aber da drückt mir der Charly seine blütenweiße Käseform in die Hand. Er schaut sie an, als hätten sie schon viel mitgemacht miteinander. Als wären sie schon einen weiten Weg gekommen. Aber reden muss man da nicht drüber. Die Dinge sind, wie sie sind, das war schon immer so.

»Woasst'«, sagt er, »dei' Kaas wird wie du. Wenn du siass bist, werd er aa siass. Und wenn er bitter werd und stinkt, dann muasst' was ändern.«

Sorgsam stellt Charly die geriffelten Bretter zurück in ihr Stangengestell, wo sie von allen Seiten trocknen können. Das Messer, das Glas, den Teller, den Schneebesen, das Thermometer räumt er ins Küchenbüfett, die Käseform obendrauf. Die Kellertür macht er sorgfältig zu.

»Ah«, sagt er dann noch. Und als ich ihm schnell folgen will, gibt's zum zweiten Mal einen gewaltigen Knall. In meinem Kopf spielt ein Orchester Smetana mit Glöckchen und Triangel. Durch diese seltsame Melodie hör ich ihn sagen: »'s Licht geht von alloa aus.«

Vom Rest der Almeinweisung merke ich mir vage, wo der Sicherungskasten ist, die Lichtschalter und welche einzelnen Schritte notwendig sind, bis man den Gasboiler für die

Dusche zum Laufen gebracht hat. Es gibt ein Bad mit WC und Dusche. Das ist sehr gut.

In der Mitte meines Kopfes wächst eine zweite Beule. Sollte ich jemals der Erleuchtung nahe gewesen sein, bin ich jetzt um Jahre zurückgeworfen.

Gitti hat einen Blumenstrauß auf dem Tisch drapiert. Und Kaffeehaferl mit Rosen. Dazu trägt sie eine Schüssel, bis zum Rand voll mit goldbraunen, paradiesisch duftenden schmalzgebackenen Kugeln.

Mir läuft das Wasser im Mund zusammen. Das merke ich aber erst, als neben mir jemand schmatzt. »Wuaä?« Nika.

Gitti lacht. »Magst du aa a paar Almnuss'n, ha?«

»Nika, nein«, sage ich. Zu spät. Almnuss aus Gittis Hand am Stück verschluckt.

»Charly, wos is'n jetz' mit dem Kaffee?«

Sie haben sich auf der Alm kennengelernt. Vor zwei Jahren. »Weil mei Kaas ewig nix wor'n is, und dann hob i'n einfach moi g'fragt, was i falsch mach«, erzählt Gitti.

Er war ihr Nachbar.

»Stocknarrisch war's, jed's Mal wenn's kaas'n wollt«, grinst er.

»Wie sollst'n da aa ned narrisch wer'n, wenn nix hihaut.«

»Von nix kimmt nix.«

»Gscheithaferl.«

Zuerst war also ewig nix. Man will ja nicht ins G'red kommen. Nicht mal auf der Alm. Auf der Alm schon gleich gar nicht. Keine Sünd' gibt's, wenn keiner was weiß. Aber auf der Alm spricht sich das geringste Ereignis rum wie ein Waldbrand. Rührt sich ja sonst nix.

Irgendwann war's dann wurscht. Und einen g'scheiten Rausch haben sie wohl auch heimgezogen nach irgendeinem Almnachbarschaftstreffen, auf irgendeiner steilen Wiese, wo man leicht ausrutscht, aber so genau muss ich das nicht wirklich wissen.

Sie haben in Weiß geheiratet, aber ohne große Hochzeitsfeier. Nur Geschwister, Eltern, Trauzeugen und Charlys bester Freund aus Australien. Sie wollten's nicht an die große Glocke hängen, weil sie gefühlt haben, Heiraten sollte eine Sache allein zwischen ihnen sein. Und wenn man anfängt, 100 Leute einzuladen – also jeder 100 Leute – und dann noch die Verwandtschaft, dann heiratet man irgendwann nur noch für die anderen. Daran sind schon richtig gute Ehen gescheitert. Findet Charly.

Wir sitzen auf der Terrasse und schauen übers Klarau-Tal raus und weit weit rüber zur Kampenwand. Der Himmel fängt an zu glühen. Bald sinkt die Sonne hinter die Aiplspitz.

Wir essen die Almnuss'n auf. Alle. Ah! Zu Teigkugeln gewordene Augenblicke im Paradies. In die man reinbeißt und Musik hört. Reinbeißt und in einem Bad aus Zucker und Butterduft schwimmt. Und irgendwo im Himmel die Oma lachen hört. Ich mampfe. »Gitti – wow. «

»Gell«, lacht sie. »Des Rezept hab i von der Franzi. Hängt im Schrank.«

Ich schlucke den letzten Bissen und bin selig.

»Ha! Jetz' kocht's Wasser!« Charly eilt in die Hütte.

Gitti ergreift die Gelegenheit. Ruhig rührt sie in ihrer leeren Tasse. Und mit Bedacht fragt sie: »Was is'n dann eigentlich mit dei'm Freund wor'n?«

»Nix«, sage ich.

»Schad'«, sagt sie, nach einem kleinen leisen Augenblick.

»Hm.«

»Habt's ned zampasst?«

»Doch. Wie die Faust aufs Aug'.«

»Ah, so guat glei.«

Charly bringt den Kaffee. »Habt's die Hoffnung scho aufg'eben?«, fragt er, während er die drei Rosentassen vollgießt.

»Ja«, sage ich, und lasse den Kaffeeduft an mir vorbei wehen.

Gitti schüttet Milch in ihr Haferl, bis es überläuft. Sie schlürft. »Es gibt andere.«

»Jetz' fangst du aa no o.«
»Es wird Zeit.«

Allerhöchste Zeit. Ich muss runter ins Tal. Schleunigst.

Der Yukon-Tom hat mir ein Auto besorgt. Den alten Golf von seinem Spezl Mahoney. Es ist ein Syncro. Rot, Baujahr '91, 100 PS. Tom hat noch den Auspuff zusammenschweißen müssen. Was ich sehr befürworte, denn was mache ich mit umherfliegenden Auspuffteilen auf der Alm.

»Schaugst halt so um siebene beim Mahoney vorbei«, war die Ansage.

Es ist schon fünf nach sieben. »Um achte umanand«, hat der Tom gesagt, hauen er und der Mahoney ab, auf irgendein Rockfestival, und kommen vor Samstagabend nicht zurück.

Ich sag schnell Ciao zu Gitti und Charly, binde meine braven Hunde vom Terrassengeländer, und los geht's.

Wir joggen. Den Mari-Steig hinter bis zum Almzaun, die steilen Serpentinen runter, den Hatsch am Segelflugplatz entlang und eine Viertelstunde quer durchs Tal. Im Inneren meiner Ohren höre ich noch das Echo von Smetana, und mein linkes Knie tut so, als wäre es ein zu weich gekochtes Ei.

Keuchend biege ich beim Tom in die Werkstatteinfahrt.

»'etz' is ja do«, sagt der Mahoney. Mehr sagt er nicht mehr, die nächste Dreiviertelstunde.

Sie haben schon ein paar Bier aufgemacht.

»Mogst' aa a Hoibe?«

Wenn ich jetzt ein Bier trinke, haut's mich wahrscheinlich hintenüber.

»Ja«, sage ich und trinke.

Schmeckt, macht den Boden wieder eben und mich leichter, sodass meine Knie mich wieder besser tragen.

Und dann stellen wir uns im Dreieck um den roten Almgolf auf.

»Do werst schaun«, sagt der Tom. »Der wiegt keine 800 Kilo. Der Mahoney hat'n a bissl ›erleichtert‹, wie'n er no im

Einsatz g'habt hat.« Außerdem ist die Hinterachse sichtbar erhöht. Der Golf sieht aus wie ein Springbock.

Tom macht eine Showfahrt für mich, quer durch seinen Hinterhof und über die Wiese.

»A Gerät.« Die Winterreifen sind im Kofferraum. Kaufvertrag mit Kugelschreiber. Und dann gehört er mir. Ich hab Herzklopfen.

»Mein Alm-Auto«, seufze ich selig. Mein Super-Golf.

Ich weiß nicht, warum ich das immer wieder mache – mich in Autos verlieben. Ungefährlicher als in Männer. Aber irgendwann brechen sie einem doch das Herz. »Wir zwei – für immer und ewig« – das kann kein Mensch aufrechterhalten. Ein Hund auch nicht. Und erst recht kein Auto.

Ich trink noch ein Bier.

Der Tom lehnt sich an die alte Harley vom Mahoney und meint, das wär was, mit der durch Alaska zu fahren.

»Hob i g'macht«, sagt der Mahoney völlig überraschend. »War geil.« Und dann erzählt er von der State Route 2, von Elchen und Bären und von Pässen, auf denen du drei Tage lang keinem Menschen begegnest. Von einem Grenzübergang nach Kanada, irgendwo in den Rockys. Eine Baracke an der einzigen Straße weit und breit, links 1000 Kilometer nichts, rechts 1000 Kilometer nichts, hinter dir 1000 Kilometer nichts, und vor dir wahrscheinlich auch 1000 Kilometer nichts. Aber der Schlagbaum ist zu, wenn du da in der Früh um sieben hinkommst. Der Grenzer wär schon da. Der wohnt dort. Geht nicht anders. Nur macht er erst um neun auf. Also, was machst du? Saukalt is und noch stockfinster. Der Grenzer hat Licht in seiner Bude und heizt grad ein. Also klopfst du und fragst, ob du einen Kaffee kriegst, oder? Und dann stellt sich raus, dass der Typ ein halber Bayrischzeller ist. Und dass er mit deinem Onkel in der Bergwacht war. Und dass er manchmal fast eingeht vor Heimweh. Aber er hat sich geschworen, dass er keinen Fuß mehr in dieses Land setzt. Nie wieder. Warum, sagt er nicht. Der Mahoney hat da aber mal was gehört von einer abgebrannten Gastwirtschaft, die muss ihm gehört haben. Denkmalschutz. 800 Jahre alter Hof. Nicht erteilte Baugenehmigungen in der Nachbarschaft. Da schieben's dir ja alles in die Schuhe. Jedenfalls, in Kanada hält den Grenzer auch nichts mehr. Seine Frau ist mit einem Weltcup-Skifahrer davon. Schlimme Scheidung. Schlimme, schlimme Scheidung. Der Typ hat's zu nichts gebracht im Weltcup. Das ist eine Genugtuung an miesen Tagen. An guten Tagen braucht der Grenzer keine Genugtuung. Da ist er genau am richtigen Fleck. An der Grenze nach Alaska, irgendwo in den Rockys, und 1000 Kilometer nichts.

Und wenn's dann auf einmal neun Uhr ist, magst' gar nicht mehr fahren. Möchtst' lieber noch a bissl ratschen, über Bayrischzell und die ganzen Holzköpfe daheim.

Vielleicht sollt ma mal wieder rüberfahren und schauen, ob der Grenzer da noch haust, an seinem Schlagbaum.

Ich hör dem Mahoney zu. Wie schön er erzählt, wenn er mal erzählt.

Es wird spät ...

Die Hunde müssen auf den Rücksitz, weil im Kofferraum die Winterreifen liegen. Aus den Augenwinkeln seh ich Mahoney zusammenzucken. Nikas Tatzen hinterlassen Schlammstempel auf dem hellgrauen Rücksitzpolster.

»Sorry!«, japse ich.

»Hätt' i ma s'Staubsaugen spar'n kenna.«

»Ich hab einen Hundeteppich, normalerweise.«

»Hey, des is dei' Auto.«

Ja. Also. Dann fahr ich. »Billy, Nika! Sitz!«

Rückwärts aus der Einfahrt ausparken. Die Kupplung geht um einiges strenger als bei meinem Bus. Oder meine Beine sind schon lahm vom Mari-Steigjoggen. Das wird nett, morgen auf der Alm. Servolenkung hat der Golf nicht. Ich würg ihn ab. Billy haut sich den Kopf an der Seitenscheibe an, weil er sich nie hinsetzt, wenn man's ihm sagt. Und der Mahoney reibt sich die Stirn.

Es bleibt zu hoffen, dass das morgen besser hinhaut. Wenn ich erst mal in der Steilkurve an der Mur' reinfahre, wär's schon besser, ich würg den Golf nicht ab. »Des werd scho!«, schreit der Mahoney mir nach.

»Danke!«, schrei ich zurück.

Ich wette, seit Jahrzehnten hat den Mahoney keiner so viel reden hören wie wir heute.

Die nächsten fünf Stunden verbringe ich mit einpacken.

Bettzeug. Ich kann nur auf meinem eigenen Kopfkissen schlafen und unter meiner eigenen Bettdecke. Und die muss rot, gelb, orange oder hellgrün sein.

Socken, Unterwäsche: alles, was ich habe.

Zimmererhosen, lang und kurz. Jeans, die den nächsten Winter eh nicht mehr überstehen.

Espressokanne. Espressopulver, zehn Päckchen. Nudeln. Haferflocken. Eine Kiste Äpfel. Drei Kilo Bananen. Acht Gläser Bio-Nutella. Marmelade, Erdbeer. Die hat meine Oma noch gemacht.

Regenjacke. Mütze. Handschuhe. Fleeceweste. T-Shirts: zehn. Eins hat das Gesicht von Bryan Adams vorne drauf. Konzerttour 1993. Das wird sein letzter Sommer, glaube ich. Pullis: vier.

Dann: Schuhe.

Ein Paar Zwiegenähte. 1220 Gramm pro Schuh. Juchtenleder. Regnen wird's auf jeden Fall.

Dazu ein Paar leichtere, aus Nubukleder. Einen Gore-Tex-Bergpantoffel und ein Paar Joggingschuhe. Gummistiefel! Mit Stahlkappen und Profilsohlen. Für den Stall und für die Härtetesttage.

Das alles passt in den Golf. Und noch Platz für die Hunde. Einigermaßen. Die Nika lässt sich ja zusammenfalten wie eine Zeitung.

Am nächsten Tag kann ich vor Muskelkater nicht gehen. Was zu befürchten war.

In der Früh aus dem Bett raus war's schon hart. In die Küche, zum Kaffeeschrank und an den Herd ist's Gott sei Dank nicht weit. Ins Auto hangle ich mich halb am Dach hängend.

Und dann fahren wir.

Mein Garten wird verwahrlosen bis zum September. Ich habe das Gefühl, es wird mehr als gewöhnlich regnen, und das Gras wird wachsen, meterhoch. Ich hoffe, dass ein paar gute Geister auf mein Haus aufpassen, solang ich nicht da bin. Ich winke aus dem Fenster. Pfiad' euch, bis zum Herbst! Es riecht nach Rosen und Himmelblau. Im Rückspiegel blinkt es silbern. Vielleicht ist das meine Hauselfe, die mir winkt. Oder eine Libelle, kann auch sein.

Die Straße auf die Alm rauf wirkt im Auto steiler als zu Fuß. Aber der Golf muckt nicht ein einziges Mal, nicht durch den Bach und nicht im losen Schotter in der steilen Kurve an der Mur'.

Ich parke vor der Mistgrube.

Charly und Gitti haben ihren kompletten Alm-Hausstand in einen hölzernen Anhänger gestapelt. »Oimkarrn 1951« steht in Krakelschrift in die Seitenwand gebrannt. Gezogen wird er von Charlys Lada.

»Wia war d' Strass?«, fragt Charly.

»Steil.«

»Zwoa-, dreimal wenns'd g'fahr'n bist, bist'as g'wohnt«, grinst er mich von der Seite an. »Ois is bloß so schlimm, wia ma's g'wohnt is!«

Zwanzig Minuten später sind sie endgültig auf dem Weg in ihre Flitterwochen.

Und ich allein mit 45 Viechern, auf 1400 Metern.

Kaas oder Kniescheib'n

Tag 1
Die Sennerin von der Nachbarhütte hat schon auf einen Kaffee vorbeigeschaut. Fiona. Eine Südtirolerin. Sie ist für die Liebe nach Frankfurt gezogen und dann nach München. Die Liebe ist jetzt irgendwo anders. Fiona ist geblieben. Kompromisslos entschlossen, ihr Leben zu leben. Plötzlich fühle ich mich wie ein Weichei.

Ich schleppe eine zusätzliche Schaumgummimatratze vom Matratzenlager in meine Schlafkammer, lege das blümchenbemalte Bauernbett damit aus. »Nika!« »Wuä?« »Kein Fressen von egal was vom Küchenbüffet. Kein Rumbellen auf der Terrasse. Und *nicht* in den Keller gehen!« Bis ich fertig bin, ist es halb vier.

Die Kälber trotten schon im Gänsemarsch auf den Stall zu.

»Hey, Kaiben«, singe ich ihnen entgegen.

Da grollt ein Donner durchs Tal. Billy schleicht zurück in die Hütte und in den hintersten Winkel unter der Eckbank. Die Nika hat keine Angst vorm Donner. Im Gegenteil. »Wäff! Wäff!!«

Die Kälber bleiben wie angewurzelt stehen, alle elf, und glotzen uns an.

Nika, ab in die Hütte.

Der Himmel ist bleischwarz geworden. »Keeemmt's, Kaiben, keeeemmt's!«, singe ich.

»Auf geeeht's, hoamgeh!«

Wir kommen zehn Schritte weit. Und sowie ich denke, »Brave, Kaiben«, zerreißt ein Donnerschlag den Himmel. Man sieht förmlich den Riss. Eiskugeln fallen aus der schwarzen Wolkenwand.

»MMMmmmöööööööhh!!«, jammern die Kälber und stehen wehrlos da, mitten im Hagel.

»Kaibe, kiiiimm!«, schreie ich, sause um sie rum und bild mir ein, sie zum Stall treiben zu können.

Nix.

DddRRRRRWWHHAMMM haut der Donner ein zweites Loch in den Himmel.

Und dann geht's richtig ab.

Innerhalb von Sekunden sind die Almwiesen weiß. Eiskugeln prasseln auf unsere Köpfe. Die Kälber schreien jämmerlich und rennen davon. Bergab. Irgendwohin. Hagel haben sie noch nicht gelernt. Kälber müssen alles lernen. Laufen, grasen, aus dem Brunnen saufen, Kraftfutter fressen, in den Stall gehen. Alles. Wie Kinder. Hagel war noch nicht dran.

»Kaibeeee!«, schreie ich und möchte ihnen nachlaufen, ihnen zeigen, dass sie sich unter die Bäume stellen müssen. Nicht auf der offenen Wiese stehen bleiben. Aber Hunderte Hagelgeschosse schlagen auf meinen Kopf ein, und ich flüchte mich unters Stalldach.

Wie ein gestrandeter Wasserratz spähe ich nach draußen. Man sieht nichts. Nur weiße Kugeln, die im Boden einschlagen und dann einen halben Meter hochhüpfen. Man hört auch nichts, denn das Blechdach macht Trommelwirbel.

Und die kleinen Kaibe'n draußen unterwegs, ohne Dach.

Fünf Minuten später ist alles vorbei. Es hört einfach auf, zwischen zwei Augenblicken, genau so, wie's angefangen hat.

»Kaibeeee'n!«

Ich seh sie nicht gleich. Der Boden dampft. Von den Bäumen fallen dicke, eiskalte Tropfen. Blätter und Zweige liegen auf der Wiese. Wasserläufe, die's normalerweise gar nicht gibt, graben grüne Schneisen durch die Hagelkörner. Hinterlassen Eishaufen in den Senken, neben einem umgefallenen dürren Baum, und einfach mitten auf der Wiese.

»Kaibeee'n!«

Ein Bimmeln haucht kaum hörbar zu mir herüber.

Sie stehen zwischen den Fichten, links von der Hütte.

»Braave Kaiben«, murmle ich. Ganz langsam geh ich auf sie zu. Sie werden denken, ich hab ihnen das angetan. *Kaum taucht diese Wetterhex' da auf und sagt, Kiiimm, Kaiben, hoamgeh! werden wir mit Eisbrocken beschossen! Hoamgeh. Tsss. Wir sind ja nicht auf der Brennsupp'n daher geschwommen.*

»Kaaaai-beeeee!«

»Mööööh«, sagt eins. Ganz verloren.

»Kiiiiiimm«, flüstere ich ihm zu und streck die Hand aus. »Kiiiiiimm, Spatzl.«

Und tatsächlich, es kommt. Es ist das kleinste. Seine Ohren sind viel zu groß für den Rest seines Körpers.

»Braaaaav. Jeeeetza gehma hoam, kemmt's.«

Und wir gehen heim. Geradeaus in den Stall, jedes an seinen Platz. Dann gibt's Kraftfutter. Brave Kaiben. *So* brav. Glück g'habt.

An der Wand über dem kleinen Kalb steht in Gittis Kreideschrift »Wuzerl«.

»Hallo, Wuzerl«, flüstere ich. Auch wenn's grad keine Zeit hat. Es muss fressen. Die doppelte Portion, damit's zu den anderen aufholt.

Vom Nachbarstall winkt mir Fiona. »Hast du die Kälber?«

Ich nicke und streck den Daumen nach oben. Fiona auch. Dann zeigt sie hinauf zum Brunnen. »Die Kühe sind da ooobeeeen!«

Super. Da oben. Viel Spaß. Ich stapfe los. Meine Beine bestehen nur noch aus Muskelkater. Keine Knochen mehr.

»Seeeel-maaaa!«, brülle ich. Man kann ja Glück haben.

Vom Brunnen aus quere ich den Grashang bis unterhalb vom grünen Emad'l. Da drin in den Bäumen stehen sie.

»Selma, hopp!«, sage ich, und nachdem sie sich vergewissert hat, dass es nicht mehr hagelt, dreht sie um und kommt.

Der Hang hängt schwer nach links, jetzt, wo wir zurückgehen. Und ich weiß nicht, wie ich da runterkommen soll, ohne meine Beine einzuknicken. Bergauf war eine reine Wohltat gegen die nächsten 100 Meter. Ich muss mich an meiner Kuh abstützen, bis wir auf der unteren Wies' sind. »Brave Selma.«

Sie donnert von außen gegen die Stalltür. »Jaaaa!«, schreie ich. »Tyrann«, und fühle mich, als wär' ich seit 20 Jahren mit ihr verheiratet.

Ich eile. Truhe auf, Futter in den Eimer, Eimer an Selmas Platz stellen, Tür auf. Selma stürzt sich auf den Eimer, inhaliert, was drin ist, leckt sich einmal über die Schnauze und fragt: *Was war das, eine Kinderportion?*

Ich hol unbeeindruckt den weißen Plastikeimer mit den Flügeln. »Z'erst arbeiten, dann wieder fressen«, sage ich.

Meine Hände packen die vorderen zwei Zitzen.

Bsch-bsch-bsch ...

Drei armselige Milchspritzer. Und die Selma bleibt nicht stehen, sagt sie, außer ich stell ihr noch so einen Eimer hin. Ich habe die Wahl ...

»Nix gibt's«, sage ich.

Trampel, trampel.

»Okay. Von mir aus friss.

Bsch-bsch-bsch ...

Mit Mühe melke ich fünf Liter aus dieser Kuh raus. Es sollten acht sein. Das Euter *immer* leer melken, um Euterentzündung zu vermeiden, lernt man im Melkkurs. Aber meine Hände sind lahm und meine Unterarme fühlen sich an, als würde sie jemand zersägen. »Selma – Feierabend«, hauche ich, schütte die Milch durch den Seicher, und dann verwende ich 15 aufreibende Minuten darauf, diese Kuh mit meiner letzten Kraft aus dem Stall zu schieben.

Eine Hand voll Heu für die Kälber. Licht aus. Tür zu.

Tag 1, vorbei.

Wie tot falle ich ins Bett.

Das aus Gräsern gebundene Herz baumelt draußen an der Tür.

Tag 2
Es ist drei viertel sechs. Der Wecker klingelt. Es ist saukalt. Nicht aufstehen, flüstert meine kuschelige Daunendecke. Nicht aufstehen.

Um halb sieben hocke ich bibbernd vor dem Ofen und heize ein. Ich muss mir meine Skimütze aufsetzen. *Sag* amal. So saukalt sein. Es ist der 3. Juli. Das Thermometer vor dem Fenster zeigt vier Grad plus. Der Petrus hat doch einen Vogel, echt!

Endlich brennt das Feuer. Widerwilligst steige ich in meine eiskalte Zimmererhose. Fleeceweste. Schal! Keinen dabei. Dann in die Gummistiefel. Nasskalt.

Ganz schnell noch die Hunde rauslassen. Billy streckt nur die Nase zur Tür raus. *Nass*, beschwert er sich. Als könnt ich was dafür. *Nass!* Ja und? Du bist ein Hund!

Leidend verzieht er sich zurück in die Schlafkammer. Nika dagegen macht, holladrio, einen Fünfminutensprint um die untere Wies. Ein einziges Schlammloch.

Hund waschen.

Und dann geh ich in den Stall, Kälber waschen. Ein Gartenschlauch, eiskaltes Quellwasser, eine Wurzelbürste. Brrr.

Das Kalb mit der Nummer 35970 ist die Erste. Heidi. Sie verscheucht das kalte Wasser mit dem Schwanz und klatscht's mir ins Gesicht. Was mich wach macht, immerhin.

Nächste. 35971. Pippi L. Kackt mir mitten über die Hand. Ich halte Hand und Bürste kurz unter den Gartenschlauch, schrubbe weiter. Dieses Kalb sieht aus wie eine Schlammsau. Weil Klein Selmi, Selmas Tochter, jede Nacht auf sie draufkackt. So passen wir wenigstens zusammen. Beide bis zu den Ellenbogen ... Kann man alles waschen!

Meine bunt gewebten Armbänder aus Peru haben jetzt die Einheitsfarbe Braungrau.

Ich schneid sie ab.

Ich werde mir ein Radio besorgen müssen. Kaiben waschen geht nur mit Lautstärke. Sonst ist das alles viel zu nass und viel zu kalt.

»Raus!«, sage ich, mach die seitliche Stalltür auf und klatsch in die Hände.

Wollen sie nicht. Raus ist brrr.

»Raus ist eine Ansage«, teile ich ihnen mit.
Naaaaa, oiso, hmmmm, wiss'ma ned ...
Raus!
Hmmmm ..., meinen sie, *bei der Gitti hama aa immer no a bissl rumschnofl'n dürfen und eigentlich aa drin bleim, wenn's schlecht Wetter war ...*
Sofort raus!
Es ist sieben Uhr vorbei. Fionas Kälber springen schon quer über die obere Wiesn.
Ich schiebe die Kälber einzeln aus dem Stall raus. So!
Jetzt stehen sie halt vor der Hütte. »Mööööhh!« Geht's in' Wald, spielt's was.
Ich miste den Stall aus. Der Gummischieber, mit dem ich die Kälberfladen in die Mistrinne schiebe, ist schwer wie ein Betonklotz, und wenn ich ihn hochhebe, dreht er sich, denn der ursprüngliche Stiel ist irgendwann durch einen krummen Haselnussstecken ersetzt worden.
Jetzt den Mist durch das Loch in der Wand auf den Misthaufen schaufeln. Die Schaufel hat einen geraden Stiel, nur leider wackelt sie wie ein Wackeldackel. Zusätzlich ist sie vorn ausgefranst. Sie verhakt sich im Holzboden. Dieses Gerät geschmeidig zu bedienen, wird neuartige Bewegungsabläufe erfordern. Auf der Alm muss man sich an seine Schaufel anpassen.
Eine Alm wär keine Alm ohne almerische Geräte.
Auf dem Fensterbrettl: Der Hammer. Mit Isoband am Stiel befestigt. Einmal auf einen Nagel hauen, und er zerfällt in seine Bestandteile.
Beißzange. Aus der hat jemand ein Loch rausgebissen. Aber zum Nägel Reinklopfen geht sie noch, wenn der Hammer auseinandergeflogen ist.
Die Axt. Hacke. In grauer Vorzeit ist der Griff mal gesplittert. Wenn man mit Wucht ein Holzscheitl spaltet, fliegt einem das halbe Hacke aus der Hand und zerfetzt eventuell bei der Landung den im Jahr 1987 dort abgestellten Sack voller Holzkohle.

An die Wand geschraubt: ein Bajonett aus dem ersten Weltkrieg an einem Scharnier. Das ist die Vorrichtung, mit der man Holzscheitl in kleine Späne spaltet, zum Feuer machen.

In der Ecke lehnend:

Besen 1. Ein Brett, drei Borsten.

Besen 2. Verfilzte Reisigstängel an einem morschen Ast.

Besen 3. Als Ersatz-Mistschieber missbrauchter Exstubenfeger, gestutzt auf Zwergenmaß.

Und ein Rechen mit 30-Zentimeter-Zahnlücke.

Aber dann finde ich ihn: Einen robusten, rotborstigen, dichten Straßenbesen. Ich seufze auf vor Glück, klemme den Gartenschlauch in meine Faust, packe den Besen, mache einen großen Ausfallschritt und schrubbe den Boden mit Einsatz meines ganzen Körpergewichts. Da geht was. Wer braucht *Magic Guitars,* wenn man so einen Besen hat. Die Fleeceweste fliegt in den Durchgang zur Stube.

Als ich fertig bin, hör ich draußen ein missmutiges »Mööööh.« 's Wuzerl. Die Kälber stehen immer noch vorm Gartenzaun. *Uns friert's!*

»Geht's in' Wald«, sage ich, mach gnadenlos die Hüttentür hinter mir zu und koch mir einen Kaffee. So.

Halb acht.

Als Nächstes brauch ich die Kuh.

Ich tausche die Gummistiefel gegen die zwiegenähten Bergschuhe. Jetzt fällt mir erst auf, dass ich meine Beine wieder einknicken kann. Der Muskelkater ist weg. Was für eine Befreiung!

Einem vagen Gefühl folgend stapfe ich den kleinen Hügel gleich hinter der Hütte hinauf.

Und da kommen sie schon. Fiona mit ihren zwei Sportskanonen und einem Nilpferd. Die Sportskanonen recken ihre Schwänze in die Luft, schlagen mit den Hinterbeinen aus wie Rodeopferde und rasen im Galopp über die obere Wiese auf ihren Stall zu. Fiona lacht. Sie winkt mir und schreit: »Die Selma kommt auch!«

Ich signalisiere ihr ein Dankeschön und geh meinem Nilpferd entgegen. Vielleicht braucht sie ja noch ein bisschen Antreiben ...

Aber ich höre nur ein tiefes »MMMuuuuh« und galoppierende Hufe. Ich stehe ihr mitten im Weg und glotze wie ein Tourist. Selma! Sie macht einen sachten Bogen um mich, nimmt Geschwindigkeit auf.

Und dann schleudert sie ihre Hinterhufe hoch hinaus, sodass ich den Luftzug an den Ohren spüre.

»Langsam, Selma!«, schreie ich. »Brich dir nix!« Und die Kuh rast weiter.

850 Kilo pure Lebensfreude.

»Go, Selmaaaa!«, brülle ich, und ich reiße die Arme hoch, weil sie vor Fionas Sportskanonen am Stall ist.

Ich habe ihr keinen Futtereimer hingestellt.

Was für ein Anfängerfehler! Sie ist zornig. Schnaubend durchsucht sie den ganzen Stall. Sie weiß, dass das, was sie will, in der Futterkiste ist. Aber die kriegt sie nicht auf. Und dann stehen da noch fünf Eimer rum, aber in keinem von denen ist ihr Sach!

»Selma, des hama glei«, sage ich und springe zur Futterkiste. So schnell ist sie dann auch. Und hat ihren Schädel drin, bevor ich die Klappe wieder zukriege.

Ich versuche, sie wegzuschieben. Glorreiche Idee. Ihr einen Klaps geben. Ja, sehr gut.

Den Deckel der Futterkiste auf ihren Kopf klopfen. Keine Reaktion.

Ich durchlebe ein Déjà-Vu.

»Sel-*MA!!*«

Ich werfe mich ohne Vorwarnung gegen ihre Schulter. Ich ramme meine Ellbogen gegen ihre Brust, gegen ihren Hals. Ich stemme mich gegen die Wand und schiebe die Kuh weg von der Futterkiste. Das ist meine Futterkiste. Solang ich hier auf dieser Alm bin, habe ich – und nur ich allein – Zugang zu dieser Futterkiste. Ist das klar!?

Und weil ich es gleichzeitig fertiggebracht habe, einen halben Eimer voll Kraftfutter aus der Kiste zu schaufeln, lässt sie sich wegschieben, stürmt zu ihrem Platz vor der Zwischenwand und reißt mir den Eimer aus der Hand. *Her damit!*

»Fressen ist nicht alles, Selma«, sage ich, während ich sie anhänge. »Du bist zu schwer, weißt du das? Nimm ein bisschen ab.«

Sie schluckt ihren letzten Bissen, glotzt mich gierig an und kickt mir den Eimer vor die Füße. *Fressen,* ist alles, was sie denkt. Okay. Ich geb nach. *So leicht kann das Leben sein,* mampft sie.

Ich hol den Melkeimer.

Euter putzen, melken.

Bsch-bsch-bsch-bsch.

Zwei schmale Linien Schmerz ziehen sich von meinen Händen herauf, die Unterarme entlang.

»Koa Schmoiz, Selma«, gestehe ich ihr. Das wird ja nett. Aber leer muss sie werden, die Kuh. Allein schon für ihre Gesundheit.

Bsch-bsch-bsch-bsch.

Ich werd durchhalten.

In meinem Kopf klingen dazu schwere Stromgitarren. Das hilft. Meine Stirn macht ganz sacht Headbanging an Selmas gewaltigem Bauch.

Bsch-bsch-bschbschbschbsch ...

Acht Liter Milch in den weißen Plastikeimer.

The gods made heavy metal
And it's never go-nna diieeeee!

Yeaaaah.

Ich löse die Kette von Selmas Hals und sage: »Danke. Jetz' geh schön raus!«

Ich habe wichtige Dinge zu tun. Käse rühren, Melkzeug abspülen, Viecherliste schreiben.

Die Kuh muss raus.

Zehn Minuten. Verkehrsfunk, Nachrichten. Und *Suspicious Minds*. Elvis. Meine Arme verlieren die Spannung, wenn ich Elvis höre. Meine Füße haben keine Lust mehr, sich energisch gegen 850 Kilo Kuh zu stemmen. Ich lehne mich einfach an Selmas wuchtigen Körper und schau in die Richtung, in die sie auch schaut.

Ich sehe Nieselregen. Ein paar Koima, die quer über die Wiese grasen. Rauch aus Fionas Kamin. Hell und dunkel im grauen Himmel. Wind überm Risserkopf-Gipfel. Eine kleine Wolke im Kessel, die plötzlich Flügel ausbreitet wie ein Drache und im Sturzflug an der Felswand entlangsaust. Die Alm sieht jede Sekunde anders aus bei so einem Wetter. Ehe ich's bemerke, kraule ich Selmas Schopf und versinke mit ihr in die Wolkenbilder.

»Siehst du«, hör ich von irgendwo. »Du hast schon Zeit.«

Ich hab schon Zeit.

Langsam und bedächtig setzt Selma ihre großen Hufe hinaus in den Schlamm. Ich warte, bis sie auch ihr Hinterteil zur Seite gedreht hat, und dann zieh ich – langsam – die Tür zu.

Zeit. Eins nach dem anderen.

Und *dann* – mache ich Käse.

Im Prinzip mache ich alles so, wie's Charly mir aufgeschrieben hat.

Milch in Topf. Erwärmen.

Warten.

Kultur dazu.

Warten. Du hast schon Zeit ...

Lab dazu. Rühren, bremsen und ... *warten*.

Okay ... Ich kann inzwischen ja wenigstens schon mal meine Viecherliste schreiben. Selma, die Kuh. 33 Koima (23 zweijährige, zehn kleine). Elf Kälber. Macht insgesamt 45. Ich schreibe die Ohrmarkennummern aufsteigend untereinander. Die Älteste ganz oben, die Jüngste ganz unten. Meine Liste ist eines der wenigen Dinge, die ich penibelst und mit

System handhabe. Mit den Viechern kann man absolut kein Chaos gebrauchen auf der Alm.

Die Temperatur im Topf ist bei 32°C angelangt. Aber noch kein Glibberzeug. Sieht immer noch aus wie Milch.

Das kann ja noch ewig dauern.

Ruhe hab ich allerdings keine, bevor ich nicht weiß, dass alle Viecher da sind, und alle gesund. Mit Ruhe käsen ist bestimmt viel besser. Denn »der Kaas g'spannt alles«, sagt der Charly. Also steig ich in die schweren Bergschuhe und drehe eine schnelle Runde.

Es kommt, wie es kommen muss – ich find sie nicht alle. Es bimmelt beim Brunnen, es bimmelt auf halber Höhe zum Hochlatsch, und dann bimmelt's irgendwo oberhalb vom Mari-Steig. Und immer noch fehlen fünf. Fünf Kleine laut Liste. Vage kann ich mich an eine Gruppe erinnern, die ich in der Früh auf dem Weg zu Selma gesehen habe. Ich bin fast versucht, sie in Gedanken abzuhakl'n und zurück zu meinem Käsetopf zu laufen. Ich ahne, dass es mir den Käse versauen wird, wenn ich noch länger unterwegs bin – aber was, wenn ausgerechnet die fünf, die ich nicht mehr gesucht habe, verschwunden sind? Oder irgendwo oben in den Felsen hängen und nicht mehr runterkommen?

Schon ist mir der Kaas wurscht, und ich spring durch den Wald runter Richtung Gebimmel.

»Muckl, Muckl«, schnalze ich ganz sanft, nicht, dass sie vor Schreck davonspringen. Ich bin ja fremd. »Muckl, Muckl, steeeh bleib'n ...«

35549, 35550, 35552, 35555, 35556. Alle da.

Als ich die Liste zurück in die Hosentasche stecke, löst sie sich in nasse Brösel auf. Schreib ich halt eine neue. Hervorragend. Dann kann ich die Nummern übermorgen auswendig.

Ich habe das vage Gefühl, dass das auf dieser Alm besonders wichtig sein kann. Je schneller ich also meine Viecher kenne, mir Nummer, Gesicht, Fellfarbe, Alter und Gruppenzugehörigkeit einpräge, desto besser.

Also: 35556: 's Wuzerl. Das wuschlige hellbraune Winter-Kaibe mit den großen Ohren, die kleinste von allen.

Sennerins Aufgabe Nummer eins.

Was wohl der Kaas macht?

Mein Ausflug hat ein bisschen länger gedauert, als Charly aufgeschrieben hat. Und als ich das Thermometer in die weiße Glibbermasse stecke, zeigt es 41 °C an. Auch ein bisschen mehr, als Charly empfiehlt.

Unerschrocken greife ich zum Messer.

Brocken schneiden, vertikal von links nach rechts und von Nord nach Süd. Horizontal schräg irgendwie. Dann wieder warten.

Oder besser nicht warten, denn die 40 Grad, die erreicht werden sollen, hab ich längst schon übertroffen. Also gleich rühren.

Das Ergebnis eine halbe Stunde später sieht nicht so aus, wie's Charly beschrieben hat.

»Fünferldicke weiße Knödl«, hat er gesagt, in einer gummiartigen Konsistenz, die sich zu einem Klumpen baatzen lassen, wenn du sie mit der Hand zusammendrückst.

Naa, so sieht meins nicht aus. Meins sieht eher aus wie stürmisches Schneetreiben im Nebel. Vielleicht liegt's am Wetter. Draußen stürmt's und schneit's auch.

Ich mag Schnee. Schnee ist das Beste. Aber im Juli ....

Mein Schneetreiben im Topf schütte ich trotzdem in die Käseform.

Schleimige Flocken verstopfen den Abfluss im Waschbecken. Ich schüttle und rüttle die Käseform ...

Und pflopp – saust die Hälfte von dem ganzen Schlamassel auf den Boden.

So lernt auch mein Hund Nika heute, was ein Käse ist.

»Pfui«, sage ich, überflüssigerweise.

Schlapps-schlapps-schlapps. Schluck. Ihre braunen Knopfaugen leuchten mich an. *Liebe!*, sagen sie. Und: *Schmeiß noch mal so was runter!*

»Pfui! Käse!«
Ich mag Käse!
Ich nicht mehr. Klebrig glänzender Baatz in einer verstopften Plastikform. Vorsichtig stelle ich die Form in ein Nudelsieb, damit's weiter abtropfen kann. Es sieht nicht aus wie ein Käse. Eher wie ein verbogenes Frisbee. Und ob das jemals ein Käse wird ...
»Wuä?«
»Nika. Schau mal, wie du ausschaust«, sage ich, wisch ihr die glitzernden Käseschleimtropfen aus dem Fellbart, und dann gehen wir raus in den Regen, ein bisschen Frisbee spielen, dann rentiert es sich wenigstens, dass ich sie waschen muss.

Am Abend sitze ich andächtig vor meinem Käse. Ich hab ihn ohne Zwischenfälle aus seiner Form geklopft. Er sieht immer noch aus wie ein altes Frisbee. Flach und schief. Aber er wird was. Trotz allem perfekt – für seine Verhältnisse.

Nika sitzt andächtig neben mir und schaut auch den Käse an. Schaut mit einer Sehnsucht, die kaum auszuhalten ist.
Käääseee ...
Ich deck ihn zu und stell ihn aufs Küchenbüfett.
Kääää-seeee.
»Käse weg.«
Sie legt sich davor. Sie wird ihn nie vergessen, den Käse. Die Liebe ihres Lebens.

Tag 3
Es schifft pausenlos.
Dreimal am Tag zittere ich vor Kälte. Kein in der Wiese Liegen. Kein heller Gipfeltag. Kein warmer Wind in meinem Gesicht, und keine Sicht auf die weißen Berge im Süden. Nicht mal ein Hausbankerlabend.
Fionas Kälber haben den Risserkopf-Kessel entdeckt. Dort droben im steilen Geröll wachsen Blumen und Kräuter, und wenn's mal nicht regnen würde, würd's riechen wie in einem

Honigglas. Es ist gut, wenn die Kälber im Kessel grasen. Gut für die Artenvielfalt. Ohne Beweidung wär der Kessel bald überwuchert mit Gebüsch. Aber zu weit rauf sollten sie nicht kraxeln, denn irgendwann wird's zu steil. Und heimgehen sollten sie halt auch wieder. Aber das tun sie nicht, und deswegen gehen wir sie abends holen.

Die Selma muss ich auch holen, in der Früh und am Abend. Dazwischen zickzack über die Alm laufen mit meiner Viecherliste. Käsen. Den Misthaufen umschaufeln, damit wieder Platz ist vor dem Mistschub.

Wenn's dunkel wird, hab ich wacklige Kniescheiben und verschwinde einfach unter meiner Daunendecke. Manchmal geht das warme Wasser in der Dusche plötzlich aus, und ich geh mit Schlamm und Kälbermist in den Haaren ins Bett, weil ich zu müde bin, um warmes Wasser in einen Eimer zu schütten, und *viel* zu müde, um mich mit kaltem Wasser fertig zu duschen. Sogar im Schlaf komm ich mir vor, als hätte mich jemand auf eine Hebebühne gefahren, auseinander montiert und eine lange Liste von Ersatzteilen bestellt. Aber zum Einbauen kommt er nicht mehr.

Tag 8
Um drei viertel sechs klingelt der Wecker. Ich stehe schon barfuß auf der regennassen Terrasse, weil die Nika kotzen muss. Ich sehe die Sonne, die über der Kampenwand aufgeht, hinter dem Wolkenvorhang. Hellgrau. Und mit einem Mal fällt mir das Wort »Erneuerung« ein.

Das ist ein gutes Wort. Und es ist ein guter Prozess. Das ist ja das, was ich wollte. Vorgestellt hab ich mir das allerdings ein bisschen anders. Ein bisschen weniger anstrengend.

Es hat drei Grad plus heute früh.

Kälber raus und Selma suchen.

Ich such sie nach Gefühl, denn hören tu ich sie überall. Der Nebel wirft ein Echo von den Glocken zurück. Irgendwann stehe ich in einem Stück Wald, so unwirtlich und totenstill, dass ich sie dort nie vermutet hätte. Nie. Aber das ist der einzige Fleck, wo ich noch nicht war. Also krabble ich hinein, unter abgebrochenen Baumstämmen durch, zwischen Büschen und Fichtenkoppen, über Felsbrocken, die der Berg nach und nach hier runtergeschmissen hat, wenn ihm langweilig war, und – natürlich – durch einen Sumpf. 80 Zentimeter tief, den Schlammrand an meinem Hosenbein habe ich später nachgemessen.

Und da sind sie. Endlich. Sie stehen fast in einem perfekten Kreis zusammen. Umrahmt von drei liegenden Baumleichen. Keins rührt sich. Nicht ein einziges Bimm von einer Glocke ist zu hören. Gespenstisch.

»Was is'n mit euch los?«, flüstere ich.

Die Selma ist die Einzige, die mich anschaut. Ich zähl sie. Und dann hakl ich sie alle ab auf meinem nassen Papierlappen von Liste. Alle anwesend. Aber trotzdem, irgendwas ist seltsam. Und dann seh ich die Schrammen auf dem Rücken der großen roten Koim mit der Nummer 18805.

Sie lässt sich nicht anfassen. Das ist eine von denen, die nie zutraulich werden. Sie hat einen abwesenden Blick. Einen Ich-spür-meinen-Körper-gar-nicht-Blick. Eine kalte Abfolge von Fotos läuft durch meinen Kopf. Absturz. Innere Verletzungen. Blut. Telefon. Metzger. Notschlachtung. Hubschrauber. Kadaver rausfliegen …

Noch mal untersuche ich jedes Tier. Stupse sie alle an, damit ich sie ein paar Schritte laufen sehe. Von den anderen hat keins auch nur einen Kratzer. Nur die 18805. Was mach ich?

Nichts. Warten.

Wenn ihnen nichts weiter fehlt, werden sie irgendwann anfangen zu fressen. »Wenn's frisst und niederrochad, 'na feit eahm nix«, hat der Hias immer gesagt.

Ich setze mich also auf den nassen Buchenstamm.

Ich weiß nicht, ob ich dem allem gewachsen bin. Der Stille. Dem Berg. Den Sorgen. Dem Wetter. Dem dauernden Nichtwissen. Niemanden fragen können. Und der Zeit. Der langsamen Zeit.

Der Regen hat sich in einen feinen Nieselvorhang verwandelt. Und dann macht vor mir etwas leise bimm-bimm. Sie fangen an zu grasen. Glück g'habt. Ein ganz normaler Tag.

»Selma, geh weiter.«

Ich muss den Käse von heut Vormittag noch aus seiner Form holen und den von gestern in den Keller bringen.

Aber das Tuch, unter dem der Käse sein müsste, ist weg. Und der Käse selber auch. Komisch, hab ich den schon runtergebracht?

Nein. Im Käsekäfig drunten hocken nur die zwei festen, runden Laibe, die der Charly dagelassen hat, und drei von mir.

Ich muss noch mal auf dem Küchenbüfett nachschauen ...

Da seh ich das Abdecktuch unterm Tisch.

Daneben macht ein hellbraunes Fellwuschel Sitz und klimpert mich mit sehnsuchtsvollen Augen an.

»Nika!«

Kääää-seee?

Hat die den ganzen Käse gefressen? Und ich wunder mich, warum sie in der Früh kotzen muss. Ah!!

Auf den von heute werd ich besser aufpassen. Ich hebe den Deckel vom großen schwarzen Topf. Und mach ihn gleich wieder zu.

Den kann ich vergessen. Stinkend und schon gelb hat er sich in seine Form gebacken.

Na, toll. Wird der da jemals wieder rausgehen? Ich rüttle. Bewegt sich keinen Millimeter. Was ... Vielleicht, wenn ich hinten draufhau? Mit dem Hacke? Aber das hat schon auf der Ganai-Alm mit dem Buttermodel nicht funktioniert.

Messer. Ich schäl ihn einfach raus aus der Form, noch einmal schü... pflatsch. Es scheppert und kracht, und der Topf samt Käse poltert auf den Boden. Billy versteckt sich erschrocken hinterm Bett, und Nika schießt unterm Tisch raus, mit glücklich nach vorn gestellten Ohren.

»Nein«, sage ich und schmeiß den Kochkäse auf den Mist.

Hinter mir in der Hütte heult die Nika bitterlich. Aber ich kann's auch nicht ändern. Man kann nicht an einem Tag zwei ganze Käse fressen.

Ich überlege schon, ob ich der armen Nika zum Trost ein kleines Stück von einem anderen Käse gebe, da piepst mein Handy. »Habe Apfelstrudel gebacken. Würd dich gern besuchen. Zeit?« Meine Mutter.

Ich hol sie ab, mit dem Super-Golf.

Der Golf ist ein vom Himmel gefallenes Glücksgefährt. Aber meine Mutter weiß das nicht zu schätzen. Küchenkreppblass hockt sie auf dem Beifahrersitz. »Steil«, höre ich den einzigen verbliebenen Gedanken in ihrem Kopf.

»Mama, du musst zum Berg hinschauen!«

Ich warte bis nach der Kurve, um in den zweiten Gang raufzuschalten.

Serpentinen machen meine Mutter nervös. Sie kann nichts sagen, weil sie ihre Lippen zusammenzwickt wie eine Zange. Und wir sind noch nicht mal aus dem Wald heraußen. Wird sie mich zwingen anzuhalten, wenn wir um die Kurve in der großen Mure fahren? Wenn sie nur noch Schotter und Geröll sieht, und aus der Neigung ihres Sitzes schließt, dass der Golf gar nicht anders kann, als hintenüberkippen?

»Mama, alles ist gut«, sage ich, weil ich fürchte, dass sie vergisst zu atmen.

Vor uns fällt der Bach über eine Steinmauer und rauscht von dort sacht, eben und zahm über die Straße.

Im Golf stockt die Luft.

Für jemanden, der ihn zum ersten Mal sieht, erscheint der Bach vielleicht wie ein reißender Gebirgsfluss. Aber nur, weil man gleich durchfahren wird. Und im Tal macht man so was nicht. Im Tal werden Betonbrücken gebaut.

»Des schaut viel schlimmer aus, wie's is, Mama«, sage ich.

Sie stemmt ihren rechten Fuß gegen's Bodenblech, als wollte sie durchbrechen und bremsen. Prophylaktisch. Als Notanker.

Ich schalte in den ersten Gang zurück und lass den Golf fast im Standgas durch den Bach rollen. Ein bisschen hoppelt's, weil die Steine im Bach gröber sind. Den feinen Kies spült's ja davon. Aber es schwappt kein Wasser über die Achsen oder so. Trotzdem schnappt meine Mutter am anderen Ufer nach Luft, als hätten wir den Amazonas durchquert.

»Super Golf, gell?« Er zieht mit einem leisen Antippen des Gaspedals aus dem Bachbett raus wie eine Lokomotive und setzt zum Sprint bis zur nächsten Kurve an. Und droben in der Mur', bei 26 Prozent Steigung und losen Steinen, scharrt er nicht einmal. Weil ich nie Vollgas geben muss. Aber davon versteht meine Mutter leider nichts. Sie spreizt konsequent beide Füße ins Bodenblech und beide Händen gegen's Handschuhfach.

»Werst' sehn, des is a scheene Alm«, lächle ich.

Keine Antwort.

»Mama?«

Sie starrt wie ein hypnotisiertes Kaninchen nach links, über mich drüber, den Hang hinunter. In die Tiefe.

»Mama – zum Berg hin!«

Höhenangst ist nichts Rationales. Das kann man nicht wegdiskutieren. Nur überbrücken. Lange genug aushalten. Lange genug zum Berg hinschauen und sich einreden, der ebene Boden wäre nicht weiter als einen Meter unterhalb. Und irgendwie, durch ein Wunder der Natur, kann man irgendwann wilde Grate gehen und ausgesetzte Schotterwege fahren, als wären's ebene Straßen. Das kann Jahre dauern, oder Minuten. Meine Mutter wird dieses Stadium nie erreichen, glaube ich. Muss sie auch nicht. Sie lebt im Tal und fühlt keine Sehnsucht nach Felsen und hohen Gipfeln.

Sie reißt tapfer ihren Blick nach rechts, um zum Berg hinzuschauen, wie ich's ihr gesagt habe. Ausgerechnet am Scheitelpunkt der Kurve macht sie das. Bergab ist jetzt rechts.

»Huuuch!!«

»Sorry, Mama, links.«

Sie glaubt mir kein Wort mehr.

»Da passiert nix, Mama«, sage ich. »Des is a top ausgebaute Straß'.«
»Wos is des?!«
»Glei sama da.«
Der Golf schnurrt weiter, als wäre er auf dem Penny-Parkplatz im Tal ...
»Muasst du so schnell fahren?«
Ich grinse meine küchenkreppweiße Mutter an. Ich hab mich an steile Straßen gewöhnt. Schlimm sehen sie nur beim ersten Mal aus. Weil man Angst hat. Dabei ist die Angst noch nicht mal echt, glaube ich. Nur ein Trick. Nur ein schräg gestellter Spiegel, der das Leben viel steiler aussehen lässt, als es in Wirklichkeit ist.

»G'schafft!«, sage ich. Und ich sehe, wie ihr Gesicht wieder Farbe bekommt. Wie ein Sonnenstrahl ihre Augen trifft und ihr Herz einen kleinen Hüpfer macht, direkt über das letzte Steilstück drüber, und schon sind wir auf der Alm.

Ich parke den Golf vor dem Misthaufen und mach meiner Mutter die Tür auf. Sie steigt aus mit wackligen Knien. Dann dreht sie sich einmal um sich selbst, und sagt: »Mei, is da schee.«

In der Hütte kläfft jemand. Ich sperr die Tür auf, und ein schwarzes und ein zottliges Fell sausen in kleinen Kreisen um meine Mutter rum. »Ja, der Biiilly, griaß di, haaaallo, Nika. Ja, wo seid's denn ...«

Ich lache. Und dann muss ich niesen, weil ich in die Sonne blinzle.

Sonne.

Tatsächlich. Der Himmel hat ein blaues Loch. Und meine Mutter hat mir einen Apfelstrudel mitgebracht. Das Leben ist perfekt.

Wir setzen uns auf die Terrasse und mampfen den butterweichen süßen Sommer in uns hinein. Die Teighülle knurpst beim Draufbeißen. Warme Apfelstücke schmelzen auf unseren Zungen. Das sind die ersten Äpfel aus dem Garten. Wie schön. Wie viel Glück in einem Apfelstrudel stecken kann.

Am liebsten würd ich mich in die Schüssel reinsetzen und essen, bis ich platze. Mmmmm!!!

Doch mit einem Mal kommt ein bestialischer Gestank um die Ecke.

Ich höre schlagartig auf zu kauen.

»Riechst du des aa?«, frage ich meine Mutter.

Sie schüttelt mit vollen Backen den Kopf. Und dann, mit dem Wind, nickt sie plötzlich doch.

Entsetzlich. Kloake, Hölle, Unterwelt. Uuuaaaah, wo kommt'n das her?

Hinter mir macht es »Schmatz-schmatz« und »Tapps-tapps«.

»Nika!«

Bis zum Bauch getaucht in teerschwarzen Schlamm. Ihr schwarzgrün verschmiertes Maul kaut den letzten Bissen von etwas, und ihre rosarote Zunge leckt genüsslich gelb-weiße Krümelreste aus ihrem Bart. Sie tropft. Gülle.

»Nika! Scheiße!«

Ihre Augen leuchten mich an.

Oh, nein.

Mit zwei Schritten sause ich ums Hütteneck und sehe den verkochten Käse nicht mehr auf dem Misthaufen. Aber ein paar Trittlöcher bis zu der Stelle, wo er war.

Kääääseeeee!! Nika ist mir hinterhergetrottet und macht sehnsüchtig Sitz.

Ich habe noch nie so einen glücklichen Hund gesehen. Ihre Augen sehen aus wie Weihnachten. Und sie stinkt, wie noch nie ein Hund auf der Welt gestunken hat. Eine schwarzgrüne Spur aus Hundetatzen zieht sich über die Terrasse. Und jetzt drückt sie sich selig an mich.

»Nika, pfui Teufel!!« Sie schluckt. Verwirrt tappeln ihre Tatzen auf der Stelle. *Wieso pfui Teufel?*

Drei Eimer Wasser. Der stiellose Schrubber. Ein Putzlappen, ein Handtuch, Gummihandschuhe.

Meine Mutter deckt den Apfelstrudel zu und stellt ihn in den Keller. Auf das oberste Regalbrett. Man kann ja nie wissen.

Ein seltsamer Tag

Ein Freitag. Jackas'tag. Halbzeit auf der Alm.
Auf der Ganai wird der Hias heute eine Rede halten. Ich frag mich oft, wie's ihnen geht, da drüben. An klaren Tagen seh ich die Chiemgauer Berge von meiner Terrasse aus. Heute halt mal wieder nicht. Ich hab's mir angewöhnt, barfuß durchs nasse Gras zu laufen, während die Nika ihre morgendlichen Runden in der Schlammwiese dreht. Das ist eiskalt, aber danach friert's mich nicht mehr.
Ein seltsam dunstiger Nebel hängt um die Hütte herum.
Sie haben besseres Wetter angesagt. Sommer. Aber noch ist davon nichts zu sehen.
Heute kommt Besuch. Meine drei Mädel aus Köln. Lang vermisst. Ein groß gefeiertes Wiedersehen wird das werden. Um zehn hol ich sie drunten am Segelflugparkplatz ab. Ich hab sogar Prosecco gekauft.
Ich beeile mich. Bin extra eine halbe Stunde früher aufgestanden. Das geht leicht, wenn man sich auf etwas freut.

Eigentlich ist das ein Tag wie immer. Regen, vier Grad plus um halb sieben. Aber der Nebel ... ich weiß nicht.
»Was soll denn daran seltsam sein«, denkt mein Kopf, ungeduldig und vernünftig. »Wetter ist Wetter, und sonst nichts. Also spinn nicht.«
Bis auf den Nebel. Der Nebel und noch etwas. Etwas, das jetzt in der Früh noch gar nicht da ist. Noch gar nicht passiert.
Ich hangle mich nach dem Gefühl meiner schlaftrunkenen Hände am Treppengeländer zurück in die Hütte und in den Stall. »Kaiben, aufstehen!«
Ich greife nach dem Wasserschlauch. Und schon wieder kalt und nass.
»Aufstehen, Mädel!«, sage ich und ziele mit dem Wasserschlauch auf den ersten Kälberhintern. Klein Selma schaut mich an – *jetz' is sie überg'schnappt. Hast du auf die Uhr geschaut!? Draußen is dunkel. Und greislig!*

Das seh ich! Und den Nebel seh' ich auch! Ich hasse nasskalt. Trotzdem aufstehen!

Ich dreh's Wasser auf. Wo ist die Bürste – ah, da oben auf dem Balken ... ich greife daneben, und die Bürste fällt mir auf den Kopf wie ein Ziegelstein. Und landet mitten in einem Kälberfladen. Was für *Haufen* macht ihr eigentlich? Wie eine ausgewachsene *Kuh*! Fresst nicht so viel. Klein Selma sieht schon aus wie ein Heißluftballon!

Ich klaub die Bürste aus dem Dreck, zieh sie einmal mit Schwung nach hinten durch, an der Wand macht es leise platsch, und dann richte ich den Wasserschlauch auf das Hinterteil der armen Heidi.

Ich schrubbe schweigend. Nur den Regen und den Wasserschlauch hört man.

Dann bin ich fertig. Kälber raus!

Ich schiebe jedes einzeln durch die Tür. Wie immer. Klein Selma entkommt meinem Griff, wie immer, und versucht, den Müllsack zu fressen. 's Schlecki entdeckt, dass es viel angenehmer ist, ihre Hörndl an mir zu wetzen anstatt an der Stalltür, weil meine Rippen nachgeben und der Türstock nicht, und während ich das über mich ergehen lasse, schmeißt 's Blondie draußen den Grill um. »Schluss jetz' und raus!«, poltere ich. Energisch zeige ich zum offenen Zaun. RAUS!

Wie Erstklässler, die keinen Bock auf Textaufgaben haben, trotten sie durch den Zaun und über den Wiesenbuckel außer Sicht. Ich hör ihre Glocken zum Wald bimmeln. *Ätz-zend! Da geht der Wii-hiind!*

Und da hab ich kurz gedacht: Lass sie einfach drin. Aber einen ausreichenden Grund? Nein. Wetter wie immer. Weder Schnee noch Hagel, noch Sturm. Und wir sind auf der Alm und nicht im Wellnesspark. Also Kälber raus.

Vor dem Ofen schmiere ich Silikoncreme auf die schweren Bergschuhe, zum Abdichten, trinke noch eine Gnadentasse Kaffee, lauwarm ... Und dann – Selma suchen. Irgendwo ganz weit weg, das ist mir klar, wenn ich nur aus dem Fenster schau.

Und in die falsche Richtung werd ich heute auch laufen. Denn ich habe keine Ahnung, wo die Kühe gestern Abend hin sind.

Fiona weiß jeden Abend, wo ihre Kühe hingehen. Und ich? Bin ins Tal gefahren, einkaufen. Nutella, Melonen, frischen Salat. Dann habe ich meine Wadel mit Heißwachs enthaart. Geduscht. Dekadenten Luxus gelebt.

Ich schnüre den Kragen meiner Regenjacke zu. Ich geh hinter die Hütte und durch den Risserkopf-Kessel. Keine Kuh. Ich horche. Bimm. Bing-bing. Bimm. Der Klang hängt richtungslos in der Luft. Bing-bing ... Weiter oben.

Bimm. Bing-bing.

Oder? Bing, bing. Manchmal kommt's mir vor, als wär die ganze Klarau eine Klangschale.

Rauf zum Bergsteigerschild. Da bin ich gleich.

Wieder horche ich. Und hör kein Geräusch. Keine Glocke, keine Selma. Nichts.

Das Gebimmel war ein Nebelecho. Wenn das Bergsteigerschild da nicht wäre, wüsste ich nicht, wo ich bin.

Die Luft ist so weich plötzlich. Alles fühlt sich an wie Schmierseife. Schmierseifenstille.

Ich höre mein Ohrensausen. Es verschlingt alles andere. Ich wünsche mir ein Geräusch. Eins, das meine Ohren nehmen können und anfassen und umdrehen und erkennen, was es ist. Wo ist eigentlich der Wind? Und der Regen? Welches Geräusch macht der Wind sonst?

»Seeeel-maaaa!«, schreie ich durch das Ohrensausen.

Nichts.

So staad.

Warum hat der Wind plötzlich aufgehört? Hab ich mir den vorher eingebildet? Und der Regen? Meine Jeans ist schon durchnässt. Ich schreibe in Gedanken *Plastiküberhosen* auf meinen Einkaufszettel. Aber jetzt regnet's nicht mal mehr. Jetzt is nur staad.

»Seeel-maaaa!«

...

Also runter. Hinter ins Huabamoos. Ist auch viel logischer, 's Huabamoos ist die Regeninsel. Dort sind sie immer, wenn's regnet.

Aber auch im Huabamoos ist es still.

Gibt's das?

Ich geh weiter, durch den Wald mit 100 Lichtungen hinterm Huabamoos. Nach der vierten Lichtung hab ich das Gefühl, dass ich hier noch nie war.

»Seeel-maaa!«

Ganz hinten. Auf der letzten Lichtung, gleich am Almzaun stehen sie. Alle. Verteilt zwischen ein paar Fichten, einer großen Tanne und ab und zu einem alten Ahorn. Die Kleinen kauern unter den Zweigen wie unter hängenden Zeltdächern und glotzen mich an. *Uns friert's!*

Ja, ich weiß, scheiß Wetter, mich friert's auch.

»Selma, komm, geh ma«, sage ich.

Selma schielt nicht mal. Sie frisst. Rupf-rupf. Rupfrupfrupf. Mampf. Rupf-rupf. Schlucken. Weiterrupfen. Nicht mal eine Pause zum Kauen.

»Selma, geh ma.«

Nein.

»Melken, Selma.«

Morgen wieder.

»Selma!!«

Ich stemme mich gegen ihr Hinterteil. »Selma! Geh ma!!«

Selma dreht sich um und geht weg von mir. Und damit auch um 180 Grad weg vom Stall.

Heute nicht.

»Doch. Wir geh'n jetzt«, sage ich. »Hopp!«

Mampf, mampf.

»HOPPP!!«

Rupf. Mampf. Rupf.

Zack! Macht der Stock auf Selmas Hintern.

Nichts.

»SELMA!!«

Ich geh nicht. Und wenn du dich auf den Kopf stellst.

Eineinhalb Stunden später bin ich wieder in der Hütte. Meine Jeans hängt überm Ofen. Kalte Tropfen fallen von den Hosenbeinen. Ich setz mich in der Unterhose auf die Eckbank und trinke den Rest Kaffee von in der Früh. Schwarz.

Heute gibt's keine Milch.

Selma hat gewonnen. Ich habe mich auf den Kopf gestellt. Und sie ist nicht mitgegangen.

Mistvieh. Jetzt mach ich das wirklich nicht zum ersten Mal. Ich mag sie. Wir haben uns immer geeinigt. Auf das, was ich wollte. Weil ich die Sennerin bin und sie die Kuh, und daher ich bestimme, was gemacht wird.

Heute hat die Selma entschieden. *Change in plans.*

Und irgendwie ... Es ist schon August. Die Milch reicht nicht mehr wirklich, um weiter früh und abends zu melken, stur nach Plan. Es ergibt für die Selma keinen Sinn, wegen meinem Stallplan von ihrem Frühstück weggescheucht zu werden. Nachmittags schaut sie dann ja eh vorbei.

Selma hat recht.

Heute bricht mein System zusammen. Meine Almroutine hat ihren Sinn verloren. Die hat mir einen Rahmen gegeben, in den mein Leben passt. Aus dem ich nicht rausfallen kann. *Und* ... der die Zeit aufhält. Wenn die Kuh bald trockengestellt wird – kommt auch das Tal wieder näher. Ob ich will oder nicht, werden sich die Dinge ändern. Die Selma würde laut lachen über derart zaudernde Gedanken.

Willst du einen Zaun um dein Leben und täglich das gleiche Theaterstück aufführen? Nein.

Das Leben ist eine Reise. Ein Fluss. Nichts, was du tust, kann ihn aufhalten. Also so viel Intelligenz hätte ich dir schon zugetraut.

Es ist schon zehn. Ich muss meine Mädel am Segelflugplatz abholen. Ich frage mich kurz, ob es möglich wäre, mit dem Segelflieger von Köln nach Mieseben zu fliegen. Aber dann hätten sie kein Gepäck dabei. Und keinen Hund. Lia kommt nämlich mit ihrer Afghanendame Cansin.

Ich habe gerade noch Zeit, Billy an beiden Ohren zu nehmen und zu sagen: »Sei bloß brav zu ihr. *Sie* ist der Gast!«

Und dann muss ich sausen. Mit einem Sprung über die Mistgrube, das ist der schnellste Weg, hinein in den Super-Golf, starten, fahren.

Die Mädel rufen schon an. »Wir stehen an so 'nem Schild. Geißbauern-Alm. Stimmt das?«

Ja, stimmt, bin gleich da.

»Toll! Wir haben 'n Kuchen gebacken!«

Ich muss grinsen. »Welchen?«

»Kirsch.«

Ja, das können wir auch. Kuchen backen. Und Lieder schreiben, einen 7000er besteigen, Bäume fällen, ganze Häuser renovieren, tibetische Gebetstexte rezitieren und in Flip-Flops auf die Aiplspitz laufen. Sogar einen Spreizlzaun werd ich irgendwann noch bauen. Nur, weil's schön ist, um mein Haus herum vielleicht einmal.

Ich schau in den Rückspiegel, zufällig. Und da bin ich. Ich erkenn mich wieder. Ich hab Licht um mich rum, auch wenn's regnet. Ich hab den Sonnenschein zurück.

Der Golf fährt drunten aus dem Wald raus, fast als würde er tanzen. Ich mach das Gatter vor dem Segelflugplatz auf, fahr durch und zieh's hinter mir wieder zu. Wir sausen vor zum Parkplatz, ich muss den Golf zurückhalten, sonst schlägt er Pirouetten. Und da winken schon die Mädel.

»Hi!«

»Mann, du bist echt in den Bergen!«

»Man fühlt sich gleich wie Heidi.«

»Geiler Golf.«

»Habt's an Stau g'habt?«

»Sind das schon deine Kühe da vorne?«

»Wo haste denn die Tölen? Auf der Hütte gelassen?«

»Ich hab sooo viel Gepäck dabei.«

»Ah, schön!«

»Haste schon Käse gemacht heute?«

»Hey, Almomat, lass dich mal drücken.«

»Gehn die Taschen in' Kofferraum?«

»Krass, Mädel, wolltet's ihr a Nordpolexpedition machen?«

»Kannst du den Hund auf'n Schoß nehmen?«

»Is des Kirsch-Streusel? Den Kaffee müss ma leider schwarz trinken, heut is mir die Kuh nicht mit in' Stall gegangen. Habt's Gummistiefel dabei? Ich hab zwei Paar, wenn's is. Hama alles? Nimmst du den iPod mit? Es gibt aber kein' Strom.«

»Kein' Kühlschrank?«

»Naa.«

»Und der Prosecco?«

»Keller.«

»Maaannn, die hat auch noch 'n begehbaren Kühlschrank.«

Und dann fahren wir. Den gleichen Weg zurück, den ich gerade runtergefahren bin. Und völlig anders. Es ist laut im Golf. Wir erzählen zu viert, gleichzeitig, hängen Schnappschüsse aus unserem Leben in die Luft. Manche sind sensationell. Auf manchen ist nicht wirklich was erkennbar. Und ein paar sind dabei, die müssen erst noch gemacht werden.

»Und gibt's 'n paar fesche Jaagersburschen bei dir oben?«

»Naa«, sage ich und biege scharf rechts ab auf den Weg rauf zur Klarau.

Im Rückspiegel seh ich Lenes Nase als weißen Fleck an der Scheibe.

»Pass auf, wir gehn gleich ganz da hoch, ich hab's dir gesagt.«

Ganz geheuer ist ihr das nicht.

»Und andere Burschen auch nicht?«

»Naa ...«

»A-haaa!!«, macht Lia und grinsend wackelt ihr Zeigefinger.

Hana verdreht die Augen. Alm und Liebe und ich – das ist doch noch nie gut gegangen.

Lenes blasser Blick geht immer weiter nach rechts unten.

»Wir stürzen nicht ab.«

»Nein, du fährst hier bestimmt oft.«

Einparken vor der Mistgrube, Motor aus. »Jetz' sama da.«
»Hier wohnst du?«
»Das sieht ja aus wie auf'm Poster.«
»Können wir auch hier einziehen?«
Die Mädel schleppen Rucksack, Ikeatasche, eingerollten Schlafsack, Kissen, Hundebett und Kuchenplatte in die Hütte.

Der Billy knurrt und bellt, seit wir um die letzte Kurve gefahren sind, also sperr ich ihn in die Schlafkammer. Cansin, die feine Afghanendame, geht einen Kreis durch die Stube. Kapriziös, elegant, wunderschön und alles, was man sonst noch ist, wenn man das ist. Sie und Billy wären ein gutes Paar: der Prinz von Zamunda und Lady d'Arbanville.

Auf einmal ist es still in der Schlafkammer. Und auch die Hündin hebt aufmerksam die Nase. Sie schaut zum Fenster.

Eine Gänsehaut zittert über meine Arme.

Das Feuer im Ofen duckt sich.

Was ist das?

Jemand fliegt durch die Hütte. Ein unsichtbarer Besuch.
Vergesst nicht, dass ich da war.

Cansin kläfft hysterisch, Billy tobt wie ein Löwe im Käfig und wirft sich gegen die Tür.

»Halt die Klappe«, sag ich. »Es is gut. Nix passiert.«

Da kommt Fiona, meine Nachbarin, aus ihrem Stall gelaufen.

»Schau mal bitte.«

Ich hab ein frisches T-Shirt an. Weiß. Und meine letzte saubere Jeans.

Fionas Blick sieht seltsam aus.

Keine Zeit zum Umziehen. Keine Zeit, Fragen zu stellen.

Drüben im Stall poltert es. Ein halbwüchsiges Koibal läuft drin rum. Atem pumpt. Schweißnasses Fell. Aufgerissene Augen. Blutverschmiertes Gesicht. Das rechte Horn ist abgebrochen.

»Die Stella«, sagt Fiona.

»Was is passiert?«
»Die ist grad so zum Stall gekommen.«
»Allein?«
»Ja.«
»Eigentlich ist die Stella so eine zutrauliche.«
Aber sie lässt sich nicht einfangen.

Sie lässt uns nicht näher kommen. Nicht auf zwei Meter. Ich hol den Halfterstrick. Die Gummisohlen meiner Turnschuhe rutschen auf den Holzplanken. Voller Dünnschiss, voller Angst und Schock.

Mist, denke ich. Was ist denn da passiert.

Ich folge dem verschreckten Tier in eine Ecke.

»Langsam«, sagt Fiona.

Wir bewegen uns in Zeitlupe. Ich würde gern den Halfterstrick in die linke Hand nehmen. Damit ich die rechte frei hab, um das lose Ende um Stellas Kopf zu schlingen. Die Bewegung ist zu viel. Stella springt zurück. »Pass auf!«, schreit Fiona. Aber zum Glück passiert nichts. Stella hält schnaufend in der anderen Stallecke an.

»Kuuhdi, keiner tut dir was.«

Das glaubt sie nicht. Und der Strick in meiner Hand beweist ihr das Gegenteil. Sie hat Schmerzen. Nur das Horn, hoffe ich. Aber wer weiß. So voller Adrenalin kann eine Koim sogar mit einem gebrochenen Bein laufen.

»Kuuuuhdi, alles gut.«

Sie lässt den Kopf ein wenig sinken. Gut. Ich bleib stehen. Einfach warten. Wie einen Vorhang muss ich die Angst wegschieben. Solang die Angst da ist, geht gar nichts.

»Stella, geh heeer«, singt Fiona.

Und Stella schaut sie an. Das ist gut.

»Geh heeeer.«

Sehr gut macht sie das. 's Koibal kennt den Singsang. Schnauft ruhiger. Fiona hält ihr die Schüssel mit Kraftfutter hin. Zu viel. Panik. Zurück!

Aber ich hab schon die Hände um ihren Hals, den Strick drübergeworfen und beide Enden in meiner Hand. Festhalten jetzt. Wir schlittern bis zur Tür. Stella rennt, als wär da keine Tür. Stopp!! Nicht alles noch schlimmer machen. Umdrehen!

Stella rammt die Vorderbeine in den Boden. Sie reißt den Kopf hoch, bringt ihn irgendwie an der Wand vorbei zur Seite. Ich halte den Strick fest. Sie schleift mich zwischen ihrem Körper und der Wand mit. Und irgendwie kommen wir zum Stehen. Im Eck. Der Weg nach vorn ist versperrt. Und an der Seite steht Fiona.

»Is ja guuut, Stella, komm, geh heeeer.«

Stella kapituliert für einen Atemzug. Der genügt, um den Strick mit der Schlaufe über ihre Schnauze zu ziehen, einfädeln, loses Ende durch den Eisenring in der Wand ziehen. Den Strick um beide Fäuste gewickelt, ein Fuß an der Wand. Fiona legt mit einem sicheren Griff die Kette um Stellas Hals. Ruhig sagt sie: »Gut.«

Ich bind den Halfterstrick ganz kurz.

Das Horn sieht nicht gut aus. Matsch und Splitter. Sie muss direkt draufgefallen sein. Blut tropft im Viertelsekundentakt auf den Boden. Fiona holt Alkohol, Mullbinden, Bandagen und eine Stirnlampe. Ich halte Stellas Kopf mit aller Kraft, die ich habe. Fiona spült und säubert das verwüstete Horn. »Ich krieg nicht den ganzen Dreck raus«, seufzt sie.

»Wurscht«, sage ich. Steine, Grashalme, Erde, wie soll man das alles erwischen ohne Betäubung im Almstall.

»Kannst du einen Druckverband machen?«, fragt Fiona.

»Nur, bis es aufhört zu bluten.«

»Mullbinden da reinstopfen«, sage ich.

Wir müssen beide mal durchatmen. Dann systematisch Mullbinden in Alkohol tränken und den Horn- und Knochenmatsch damit ausstopfen. Klebeband drum herum, so fest es geht. »Halt das?«

»Derweil halt.«

Ich binde den Halfterstrick los. Stella wirft sofort den Kopf hoch und will sich rückwärts losreißen. Der dicke Balken ächzt, aber ausrichten kann so ein Koibal nichts gegen einen

Baumstamm, der schon seit über 300 Jahren widerspenstige Kälber festhält.

Wir sehen aus wie Metzger. Fionas Arme sind blutverschmiert bis zu den Ellbogen. Mein weißes T-Shirt werd ich in den Ofen stopfen. Still stehen wir da und tätscheln Stellas Hinterteil. Am Bein hat sie auch Kratzer. Schnaps drauf. So.

»Ich schau dann mal nach den anderen«, sagt Fiona leise. Ich nicke. Es wird schon alles gut sein. Es wird schon alles passen.

»Vormittags waren sie hinten im Kessel, alle neun«, sagt Fiona, sie redet in sich selbst hinein.

»Ja«, sage ich. »Es werd scho alles passen.«

Der Schreck hat einen Krater hinterlassen in ihren Augen. Sie nickt, nimmt ihren Almstecken, der immer an der gleichen Stelle an der Wand lehnt, und geht. Ohne Jacke. »Ich schau einfach mal.«

Es riecht nach Kaffee. Hanas Kuchen thront süß und knusprig mitten auf dem Tisch. Die Mädel halten in ihren Bewegungen inne, als ich zur Tür reinkomme. Lias Hand lässt drei Tassen über dem Tisch schweben. Der Holzprügel, mit dem Lene gerade nachschüren wollte, plumpst zurück in den Holzkretz'n. Hana schaut mich an, die beige Thermoskanne aus den Siebzigern schräg vor sich haltend. »Wasch dich mal«, sagt sie.

Ich hoffe, die Mädel wollen noch Kuchen essen. Grad mal eine halbe Stunde auf der Alm, und schon passiert ein Gemetzel.

Aber ich habe Glück. Als ich aus der Dusche zurückkomme, hocken sie schon um den Kuchen rum und wollen die Geschichte hören. Was ist passiert?

Also erzähle ich.

»Und das ganze Blut nur von einem Horn?«

Ja. Nur von einem Horn. Ein fast fingerdickes Blutgefäß läuft durch das Horn eines Rindes. Ein Horn besteht aus einem Knochenzapfen, Nervengewebe und Blutgefäßen, umschlossen von einer verhornten Hülle. Es ist aufgebaut wie ein Stoffwechselorgan. Rinder entgiften über Hufe und Hörner. Hörner sind immer warm. Sie fühlen. Kühe können den Himmel fühlen mit ihren Hörnern.

Lene hält ihre Arme in die Höhe, gebogen wie Kuhhörner.
»Und wie fühlt sich der Himmel an?«
Keine Ahnung.
Wie Kirschkuchen.

Ich geh noch mal, meine Koima zählen. Ich kann diesem Tag irgendwie nicht trauen. Wir nehmen die Hunde mit. »Sei brav!«, ermahne ich meinen Billy und er mault »Ja, ja, ja.«

Eine halbe Stunde lang geht's gut. Wir finden meine Viecher, immer noch auf ihrer Insel, ganz hinten am Zaun. Vollgefressen. Wiederkäuend. Als hätten sie alle eine Auszeit genommen. Urlaubstag für die komplette Belegschaft. Und Selma ist immer noch nicht zu bewegen. Nicht einen Schritt.

»Will die nicht?«, fragt Lene.
Nein.
»Okay, Selma«, sage ich, »komm, wann du magst. Ab fünf mach ich die Stalltür auf.«
»Phhhff«, schnauft Selma. Und wir gehen.

Was ist denn heute los? Der ganze Tag schon so ... seltsam. Ich sollte meine Kälber suchen und heimholen. Denke ich.

Und pass nicht auf. Lia hat wohl auch nicht aufgepasst. Und zack, haben sich die Hunde in der Wolle. Mein samtfelliger Billy rammt mit gefletschten Zähnen die zarte Cansin. Cansin kläfft, kreischt und beißt wild nach Billys Maul. Er beißt zurück. Keiner lässt los. Cansin kennt kein Halten mehr, hört nichts, sieht nichts, nur noch beißen. Ich hab keine Leine mehr in der Hand. Wie das gegangen ist, weiß ich nicht. Muss irgendwie meinen Hund am Geschirr erwischen. Irgendwann gibt's einen winzigen stillen Moment. Ich greife zu, nur mit einer Hand, und ziehe das Geschirr zu mir. Der tobende Wolf, der das Geschirr trägt, reißt sein Maul herum und beißt in meinen Arm.

»Billy! Werd wieder normal, Herrschaftszeiten! Hund!« Er lässt mich los, stürzt aber sofort wieder nach vorne.

»ARRRRRARRRAARRRR.«

»Schluss!«

Ich erwische ein Ohr, packe ihn und zerre ihn weg vom Kampfplatz. Durchatmen. Das dauert ein paar Sekunden, dann schau ich mich nach Lia um.

Sie macht irgendwas am Maul ihres Hundes. Und der Hund jault dabei.

»Alles okay?«, frage ich.

»Ich glaub, der Zahn ist weg«, sagt Lia.

»Wie, der Zahn ist weg?«

Ich binde meinen Terroristen an einen Baum.

»Cansin, mach das Maul auf! Guter Hund.«

Tatsächlich ist der Reißzahn weg. Besser gesagt nicht zu sehen. Was nicht ganz das Gleiche ist. Der Zahn steckt in der Lefze. Oberlippe Innenseite. Wenn man da ganz reinfassen könnte, um den Zahn rum, dann könnte man die Lippe wieder aus dem Zahn rausziehen, oder den Zahn aus der Lippe. Man müsste auf jeden Fall an der Lippe ziehen. Ziemlich weit, denn die Dame hat lange, spitze Zähne.

»Beißt die mich, wenn ich das mache?«, fragt Lia.

»Ich würd beißen«, sage ich.

»Soll ich's trotzdem versuchen?«

Ich zucke mit den Schultern. Lieber nicht, will ich gerade sagen, da hat Lia schon die Finger in Cansins Maul. Ein Rupf, der Hund quietscht, reißt sich los und läuft davon. Versteckt sich unter einem Baum und linst uns misstrauisch an. *Warum tust du mir weh!?*

»Sorry!«, sagt Lia.

Ein Versuch war's wert. Und jetzt?

Jetzt zucken wir beide mit den Schultern.

Wir machen noch zwei Versuche, droben in der Hütte, mit Stirnlampe, Halsband und Hilfe von Hana. Hana trifft dann die Entscheidung: Das geht nicht. Gibt's hier keinen Tierarzt?

Doch, gibt's. Drunten im Tal. Sogar eine Tierklinik.

Also noch mal fahren.

Wir packen Cansin weich und sicher auf den Rücksitz.

Hoffentlich schaff ich das rechtzeitig zum Stall zurück, denke ich noch.

Und da stehen, durch eine wundersame Fügung, meine Kälber vor dem Zaun. Ah, Gott sei Dank. »Hallo meine zauberhaften Ginies!«

»Mmmööööh!«, sagt 's Wuzerl.

»So is brav, hopp, hopp!« Ich scheuche sie alle in den Stall, und jedes kriegt eine doppelte Portion Kraftfutter, so froh bin ich, die Bagage sicher unter Dach und Fach zu wissen. »So!«, verkünde ich, um einen ganzen Steinbruch erleichtert.

»Jetzt könn'ma fahren, jetzt kann nichts mehr passieren.«

Wie mit einer Ladung roher Eier rollt der Golf um den Buckel vor der Hütte. Fiona kommt gerade den Weg rauf.

»Hast du deine Viecher gefunden?«, schreie ich durchs Fenster. Ich seh's ihr eh schon an, dass sie nicht da sind.

»Die sind schon irgendwo«, sage ich. »Wenn wir zurück sind, schau ma alle miteinander noch mal.«

Fiona nickt und schlurft weiter, zu ihrer Hütte. Sie sieht so müde aus. Man sieht ihr den Sommer an. Und es ist grad mal Halbzeit. Sie sollte sich einen Kaffee kochen und mal eine halbe Stunde auf der Eckbank sitzen bleiben. Mit den Füßen auf einem Stuhl vor'm Ofen. Sollten wir alle eigentlich. Später. Nach dem Tierarzt, nach dem Stall und nachdem wir die vermissten Viecher gefunden haben.

Es ist eine andere Welt im Tal. Leute sitzen mit ihren gekämmten Hunden im Wartezimmer des Tierarztes. Eine Frau mit einem Golden-Retriever-Welpen trägt ein luftiges

Kleid, fliederfarben, die Flip-Flops passend dazu. Sie hat perlmuttlackierte Fingernägel, Armbänder ums Handgelenk, Ohrringe. In einem Bambuskatzenkorb sitzt ein Luxustiger. Ein geliebtes Tier. Er kriegt Nahrungsergänzungsmittel und nur Biofutter, sagt sein Frauchen, und trotzdem hat er Durchfall. Daneben ein Bearded Collie, der friedlich auf seinem orthopädischen Kissen schläft. Liebevoll beobachtet vom Herrchen. Und wir. Dreckverschmiert, der Hund nass, wir nass, und in den Fasern meines Fleecepullis hängt unauslöschlich die ganze Alm. Ich riech's immer erst im Tal. Weil hier alles frisch gewaschen ist. Im Tal sind Haare geföhnt. Schuhe geputzt. T-Shirts nur einmal getragen. Und schon packt es mich kalt am Genick. Das Tal. Ich bin schon auf dem Weg zur Tür raus, da flüstert der alte Indianerhäuptling in mir *Du bleibst und kümmerst dich!* Also drehe ich um und melde uns an. »Grüß Gott, wir haben da einen Beißunfall, der Zahn steckt in der Lippe.«

Cansin kriegt das volle Programm. Vollnarkose, Kreislaufüberwachung, Operationsbesteck, und mit einiger Mühe fieselt die Tierärztin den Zahn aus der Lippe. So was hat sie auch noch nie gesehen. Sie spült und näht das Loch, gibt uns eine Tüte Antibiotika mit, und dann warten wir, bis der Hund wieder aufwacht.

Es ist seltsam, einen leblosen Körper zu bewachen. Sogar wenn ich weiß, dass es nur eine Narkose ist. Das ist nicht wirklich die Cansin, die ihre feine, stolze Schnauze so weit oben trägt. Was passiert da? Leben und Körper ist nicht unbedingt ein und dieselbe Sache.

Wie einsam Lia aussieht. In der Ecke am Boden wartend, dass ihr Hund zurückkommt.

Eine Stunde später fahren wir zurück auf die Alm. Vorsichtig. Weich. Und ganz, ganz leise.

Ich werde schon erwartet. In Selmas Zeitrechnung bin ich zu spät. Vorwurfsvoll steht sie vor der Stalltür.

»MMMMAAAAAHH!« *Wo warst du!!*

Ich springe aus dem Golf, mach die Stalltür auf, und fürchte um die Scharniere, denn Selma nimmt keine Rücksicht. Wo ist mein *Eimer*!?

Als ich nach dem Melken aus dem Stall komme, hockt Hannes, unser Almnachbar, auf der Terrasse. Ein Bier in der Hand. Er kommt bereits vom Feiern, drüben im Siebenthal haben die Almleute getauscht. Halbzeit is. Und der Xaver, dortiger Almerer und begnadeter Volksmusikant, hat für dieses Jahr seinen Abschied gefeiert.

»Hoi«, sage ich zur Begrüßung. »Was machst'n du da?«

»Nachschau'n«, sagt Hannes. »Ob alles passt.« Er hat auf einmal ein schlechtes Gefühl gehabt, sagt er. Irgendwas, hat sein Gefühl gesagt, stimmt nicht bei den Mädel drüben. Da ist er nachschauen gekommen.

»Treffer«, sag ich. »Lia und ich waren grad beim Tierarzt.«

»Woass scho Bescheid.«

Na, dann.

»Hat die Fiona ihre Viecher schon gefunden?«, frage ich. Und bete um ein Ja.

»Nein.«

Besorgt kommt sie auf meine Terrasse. »Ich war überall. Das ist echt Scheiße jetzt.«

Es wird keine Ruhe mehr geben, heute nicht. Dann suchen wir alle miteinander. Ich teile Hannes und die Mädel ein, wie ein Feldwebel.

Fiona geht noch mal hinter zum Mari-Steig. Einfach aus einem Gefühl raus, auch wenn sie da schon war. Meistens liegt sie richtig mit ihrem Gefühl.

Hannes geht in den Wald unterhalb vom Risserkopf. Hoffentlich sind die da nicht drin, denke ich, das ist ein komischer Hang.

Die Mädel umkreisen das kleine Holz hinter der Hütte, und ich geh rauf zum Hochlatsch, zum Paradies und bild mir ein, in der Ferne Glocken zu hören.

So staad

In dem Nebel sieht man nichts, und wo das Bimmeln herkommt, kann ich nicht sagen, aber irgendwas bimmelt da oben. Also geh ich weiter. Durchkreuze die letzte Wiese, und oben am Zaun offenbart sich, wo die Glocken bimmeln. Andere Seite. Moosboden-Alm. Nicht unsere Viecher.

Unverrichteter Dinge laufe ich wieder runter zur Hütte. Ich ertappe mich dabei, wie ich denke: Was soll's. Morgen ist schöneres Wetter, und dann kommen sie eh von allein. So was darf ich nicht denken auf der Alm. Aber ich möchte einfach in die Hütte, duschen und mich auf die Eckbank setzen.

Hana wartet schon auf der Terrasse.

»Die Tiere sind abgestürzt«, sagt sie.

Ich habe das Gatterl noch nicht aufgemacht. Mach's auch nicht auf. Denke zu langsam. Frage wie ein Idiot: »Wie – abgestürzt?«

»Dahinten.« Hana zeigt talauswärts zum Mari-Steig.

Dahinten is doch nicht gefährlich, denke ich. Oben is' doch nur gefährlich.

»Alle sind ganz aufgelöst. Die haben versucht, dich anzurufen.«

»Aha.« Mehr fällt mir nicht ein.

»Deine Nachbarin hat gesagt, eine Kuh hat sich das Bein gebrochen.«

»Schmarrn.«

»Doch, ich glaub schon.«

»Wo genau?«, frage ich.

Da kommt Fiona schon gelaufen. Vom Mari-Steig zu ihrer Hütte. Und da versteh ich endlich.

Ich lauf ihr entgegen. »Wo?!«

»Mari-Steig, unterhalb, beim Marterpfahl.«

Ich renne los.

Als könnte ich was ändern an dem, was passiert ist.

Der Marterpfahl ist ein abgesägter Fichtenstamm auf einer Lichtung, auf dem ein Salzstein fürs Wild steckt. Allerdings 2,50 Meter hoch. Kein Hirsch hat so einen langen Hals. Wahrscheinlich ist das nur für den Winter. Warum der Marterpfahl heißt, weiß so genau keiner. Und jetzt markiert er die Absturzstelle.

Dann seh ich sie. Die kleine Gelbe. Bella. Ich glaube, sie heißt so, weil sie so hübsch ist. Ich seh sie von vorne. Friedlich eigentlich. Ganz still. Als hätt sie sich hingelegt zum Ausruhen.

»Servus, Koibal«, sage ich und streichle ihre Stirn. Sie nickt nicht mit dem Kopf, wie sie's sonst tun würde. Schaut mich nicht an. Schaut nach innen.

Und dann seh ich die Hinterbeine. Eines normal, wie sie's eben unter den Körper schieben, wenn sie liegen. Das andere umgeknickt, gefaltet wie Papier. Nach hinten rausragen.

Mir wird schlecht.

Das ist nicht zu reparieren.

Das ist ein Todesurteil.

Scheiße. Sage ich. Scheiße, das gibt's doch nicht!!

»Karin?«

Hannes. Hinter einem Baum. Eine riesige Fichte. Die Äste hängen bis zum Boden.

»Ja?«

»Warum hast'n du dein Handy nicht dabei?«

»Ich ...«

»Das musst du dabei haben. Immer.«

»Ich hätt ja eh nix machen können.«

»Es kann aber auch mit dir was sein.«

»Wo bist'n du?«

»Da hint'.«

Ich geh da hin, wo er ist.

»Seit a halben Stund' bet' ich, dass er sie endlich erlöst. Aber nix. Koa Gott do heut'.«

's Ganserl liegt unter dem Baum. Die Vorderbeine unter dem Körper, gestreckt, der Kopf bergab, Blut rinnt aus der Nase, beide Hörner hängen wie nasse Papierfetzen neben ihren Augen runter.

»O mein Gott. Was mach ma denn jetzt?«
»Nix. Die Fiona telefoniert mit'm Bauern.«
»Hast du ein Gewehr dabei?«
»Naa.«
Hätte ja sein können. Er trägt immer einen Jägerrucksack. Sieht auch aus wie ein Jäger. Sein bester Freund ist ein Jäger. Ich wäre froh um ein Gewehr, und ich würde schießen.
»Messer?«
Naa.
»Scheiße.«
Ich hör ein Poltern und kleine Steine kullern. Die Bella rappelt sich auf. Vorn auf den Knien, die Hinterbeine wollen in die Höhe, aber eines fehlt.
»Hannes!«, schreie ich. Er läuft runter zu ihr. Aber was soll er tun? Wumm, macht es, und Bella rollt. Über einen Felsen. Über einen Baumstumpf. Bleibt am nächsten Felsen hängen, und liegen.

Hannes setzt sich neben sie. Wortlos.

Aufpassen, dass sie nicht noch mal aufsteht, das kann er machen.

Und ich? Ich bete.

Ein Gebet an die heilige Maria. Gottesmutter. Breit die Arme aus. Halt uns, Mutter, wo wir uns nicht halten können. Bring uns Frieden, wo wir Angst haben, führ uns nach Haus, wenn wir verloren sind. Halt uns, Mutter, wenn wir weinen. Wenn wir sterben. Nimm unsre Schmerzen, Mutter, zünd ein Licht an, wenn wir gehen. Hol uns heim.

Ich bete das, um nichts anderes denken zu müssen. Um den zerschmetterten Körper nicht als ganze Wahrheit sehen zu müssen. Um eine Welt dahinter ahnen zu können. Wo's aufhört wehzutun. Wo's still wird. Keine Angst mehr. Nicht mehr kämpfen.

Meine Fäuste packen die Fichtenäste, die dem Ganserl in die Augen hängen. Wenn die weg sind, denke ich, hört sie vielleicht auf, sich hochkämpfen zu wollen. Bleib doch liegen. Hör doch auf zu kämpfen.

Wie stirbt man? Was weiß ich schon davon, wie man stirbt. Ich hab den Tod noch nie gesehen. Das, was ich für den Tod gehalten habe, das war er nicht.

Mein Gott, Ganserl, es dauert nicht mehr lange, die sind gleich da.

Ich bete, und ich hör ihr zu.

Die Welt ist so ein schöner Ort. Gehen ist nicht leicht. Alles loslassen. Nichts behalten. Nirgends mehr sein. Keine Wiesen mehr um mich haben. Keine Wolken mehr, kein Nebel, keine Sonne.

Ein anderes Licht ist das. Es hüllt mich ein.

Aber weit weg ist's. Davor ist Dunkel.

Angst hab ich.

Mein Körper ist kalt. Da waren Schmerzen, überall. Ich fühl nicht mehr. Keinen Körper mehr. Es geht langsam. Vor dem Kälterwerden hab ich Angst.

Ein Beben geht durch ihren Körper. Ein Sträuben. Sie kann den Kopf nicht heben. Und versucht's doch. Ihre Vorderbeine ... O Gott, denke ich. Da müssen die Schultern ausgerissen sein.

Sie atmet gurgelnd.

»Bitte, verdammte Scheiße!«, bete ich. »Warum kommt nicht endlich jemand und erschießt sie?!«

Sie atmet lange, lange aus.

Vielleicht hab ich nie wirklich das Leben gesehen. Nie ohne Vorsicht jemanden geküsst. Immer auf den Boden geschaut, wenn ich gehe, anstatt in den Himmel.

Leben ...

Ihr Körper fängt an zu rutschen.

»Sch-sch-sch«, mache ich.

Sie kämpft. Sie will da raus. Unter dem Baum raus. Dort nicht bleiben. Wieder leben. Die steilsten Hänge rauf- und runterspringen, wie sie's immer gemacht hat. So geschickt, wie sie klettert. Wie eine Gams. Ihr Körper ist trainiert wie der einer Sportlerin. Ein toller Körper. So viel Kraft.

Zweimal schiebt sie noch, und dann plumpst sie zurück. Ihr Körper ist zerschmettert. Sie kann's nicht glauben, ich kann's nicht glauben, aber es ist passiert.

Es ist passiert.

»Gleich is vorbei«, flüstere ich.

»Die Sternschnuppe ist tot.«

Fiona rutscht über die schlammige kleine Lichtung zu uns runter. Ich schau sie nur an.

Drei.

»Liegt da oben.«

»Und die anderen?«

»Stehen weiter vorn. Kein Kratzer.«

»Kommt jemand?«, frage ich.

»Ja, der Bauer. Bringt den Metzger mit. Hat ihn bloß nicht gleich erreichen können.«

»Gut.«

Sie hat eine Flasche mit einem Gemisch aus Schnaps und Kaffee dabei. Das hat schon halb verendete Tiere wieder ins Leben zurückgerissen.

»Sollen wir?«

Es wird nichts mehr bringen.

Es lässt keine zu Brei geriebenen Knochen zusammenwachsen und stillt keine blutenden Organe.

»Ja, probier ma's.«

Wir halten Ganserls Kopf und schütten ihr das Zeug ins Maul. Ein Teil läuft daneben, einen Teil schluckt sie sogar. Röchelt. Hustet. Dreht ihre trüben Augen weg.

»Lass es«, sagt Fiona und setzt sich auf den Boden. Die Stirn in die Hände gestützt. Ich reibe ihren Rücken durch die Regenjacke. Mit der anderen Hand halte ich die Äste.

Ich werde diese Äste halten, bis es vorbei ist. Das ist meine Aufgabe jetzt. Es gibt keine andere Aufgabe mehr. Hier stehen bleiben und die Äste halten.

Hannes bleibt bei der Bella, Fiona läuft zur Hütte zurück, um dem Metzger den Weg zu uns zu weisen.

Eine halbe Stunde. So lang. Schweigen. Hannes, Bella, Ganserl, ich. Ein Fichtenast. Regentropfen. Dann nicht mal mehr die.

Ruhig wird es. So staad.

Staad werd's.
Du woasst, wann des is,
Woasst, wos dann kimmt.

Staad is,
Ois is guad.
Du bist scho dahoam.
Du bist
Scho dahoam.

Der Metzger ist ein junger Mann. Blond, kommt grad mitten aus der Feuerwehrübung, schaut die Bella an, schaut 's Ganserl an, schnauft einmal durch und holt den Bolzenschussapparat aus seinem Rucksack.
Sanfte Hände hat er.
Zuerst erschießt er die Bella, dann 's Ganserl.
Nicht einmal jetzt geht 's Sterben schnell und leicht.
Wir warten.
Bis es wieder still ist.
Dann gehen wir.
Die Koima, die noch droben am Mari-Steig stehen, fünf anstatt neun, treiben wir zur Hütte zurück in den Stall. Da wird man morgen sehen.
Dann geht jeder in seine Hütte.

Jeder macht sich ein Bier auf. Die Mädel haben Gemüsereis gekocht und die Hunde gefüttert und Gassi geführt. Die Kälber liegen breit und friedlich im Stall.
Ich bin froh, dass denen nichts passiert ist.

Heute hat's uns den Sommer zerrissen. Es ist nicht mehr die gleiche Alm. Es treibt uns früher raus, und wir sind spät noch auf'm Berg unterwegs. Nachschauen. Hoffen.

Aber nicht aufgeben. Das nicht.

Lernen, was für ein Glück das Leben ist. Was für ein Geschenk. Tanze jeden Augenblick.

Flieg vom Sonnenaufgang

Ich habe eine Adlerfeder gefunden.

Mein Hund ist direkt drübergelatscht. Der Billy. Und weil er so ein guter Hund ist, hat er angehalten, ist zwei Schritte zurückgelaufen und wollte draufpieseln. Auf eine Adlerfeder!

»Ned o'piesl'n!«, hab ich gejapst. Ich hab sie nach Hause getragen wie ein Heiligtum.

Es ist keine riesige Feder. Keine Schwungfeder. Irgendeine normale Gefiederfeder. Ich werd, wenn ich Gelegenheit dazu habe, den Jäger fragen, was es genau für eine ist.

Ich hab sie über meinem Bett in die Ritze zwischen zwei Balken gesteckt.

Eine Adlerfeder heißt Freiheit.

Weitblick. Schauen bis hinter den Großvenediger.

In Peru ist der Adler ein Krafttier. Er steht für die Himmelsrichtung Osten. Er fliegt zu uns vom Sonnenaufgang. Er zeigt uns die hohen Berge, von denen wir kaum träumen können. Er kennt die Weisheit, die auf den schneebedeckten Gipfeln wohnt. Der Adler steht deshalb für die Weisheit in uns selbst. Für die Kraft unseres Bewusstseins. Göttliches Bewusstsein. Die Kraft, alles von oben zu sehen. Das große Ganze. Und doch den Blick für jedes Detail zu bewahren. Die Freiheit.

Ich bekomme eine Gänsehaut, wenn ich die Feder anschaue.

Vielleicht ist es so. Vielleicht kann ich das jetzt. Frei sein. Mein Leben wählen. Meine Welt leben.

Freiheit ist, wenn du das, was du tust, mit Liebe tust. Voll und ganz, und nichts anderes. Wenn du in dem, was du tust, nicht den Wunsch hast, irgendwo anders zu sein, dann bist du frei. Keine Hindernisse mehr zwischen dir und deinem Glück.

Wenn die Adler fliegen, dann heißt das auch, dass der Sommer da ist.

Es ist August, und ich atme auf. Der Boden ist trocken. Ich kugle mit der Nika über die Wiese. Aber bald hängt ihr die Zunge bis zum Boden. Die Tage sind heiß wie ein Grill. Und am Abend donnern Gewitter durch die Klarau-Alm, dass die Hütte wackelt.

Almsommer!

Ich melke die Selma zum letzten Mal heute.

Wir zelebrieren das. Einen Extraschwung voll Kraftfutter, eine Handvoll frische Heublumen, den Kaiserwalzer aus meiner Radiokonstruktion, meine Stirn an ihrem weichen Bauch, und los geht's. *Bsch-bsch-bsch-bsch ... Bsch-bsch-bsch-bsch ...*

Vier Liter.

»Selma, du bist die beste Kuh auf der Alm, weißt du das?«

Sie bläst mich an aus ihren Nasenlöchern, dass ich Wind auf meiner Haut fühle.

Ich schütt die Milch gleich in den Topf, zusammen mit der von gestern, schnell ein letzter Käse, und dann war's das mit der Milli-Pritschlerei für dieses Jahr.

Und dann lass ich meine Kuh von der Kette, mach die hintere Tür auf und geh mit ihr ein letztes Mal durch den Stall. Zum Brennholzhaufen an der Wand, ein paar runtergefallene Heuhalme fressen, ein bisschen in den Sägemehlhaufen prusten, schauen, ob die Futterkiste wirklich zu ist ... Und ein paar Minuten zur Tür rausschauen. Ein lauer Sommernachmittag.

Selma und ich drehen gleichzeitig den Kopf. Drüben beim Nachbarn geht die Stalltür auf. Die zwei Kühe traben heraus, direkt zum Wassertrog und saufen ihn halb leer. Fiona läuft mit ihren Sportlerschritten zum Risserkopf rauf, Kälber holen. Meine Kleinen tummeln sich droben am Swimmingpool. So nenn ich den seichten Teich mitten in der Wiese im Kessel. 's Wuzerl steht bis zu den Knien im Wasser. Bäuche haben sie wie kleine Tonnen. Aber auf Diät setzen kann ich sie schlecht hier oben. Die laufen rum und fressen den ganzen Tag. An meine Kuh gelehnt sehe ich das alles nebenbei. Und nebenbei falle ich in ihren Atemrhythmus.

Ganz langsam.

Dastehen und schauen.

Das ist ein Teil von meinem Tag geworden. Ein wichtiger Teil. Ich hoffe, ich verlern das nicht wieder. Im Tal verlernt man schnell.

»Urlaub, Selma«, flüstere ich in ihr Ohr.

»Mmmmmmmmmhhhh.«

»Danke für die Zeit ...«

Ein bisschen stehen wir noch da, und dann latscht sie langsam raus. Trinkt einen Schluck Wasser am Brunnen, brüllt zu ihren zwei Freundinnen rüber und marschiert ihnen hinterher.

Zufrieden mach ich die Stalltür zu. Ich komm genau rechtzeitig zum Käserühren. Klein, aber fein wird der. Das i-Tüpfelchen in meiner illustren Sammlung drunten im Käsekäfig.

Irgendwann läuft's von allein. Sobald man Zeit hat für die Dinge, die man gerade macht.

Das hab ich von meiner Selma gelernt.

Und dann geh ich rauf zum Aiplspitz-Gipfel. Ich sitz am Gipfelkreuz und schau, so weit meine Augen sehen können. Zugspitz, Karwendel, Großvenediger. Bis die Sonne vor meinen Augen bunte Punkte tanzen lässt und Salzspuren auf meine Haut malt. Bleib sitzen, bis sie, tiefrot, versinkt, weit hinter der Zugspitz'. Und ins Gipfelbuch schreibe ich: Heute hab ich gesehen, dass die Erde ein Planet ist. Und wir hängen alle kopfüber, ob wir wollen oder nicht.

Heuwetter

Das Gras im Almanger steht über kniehoch. Es wird höchste Zeit, dass wir mähen. Sonst haben wir nur noch dürre Stangerl, die niemand fressen mag.

Ich lauere stündlich auf den Wetterbericht im Radio. Mit Mikrometerbewegungen versuche ich, einen österreichischen Sender reinzukriegen. Denn wettertechnisch kann man *Antenne-Bayern-Drei* vergessen. Jedenfalls auf der Alm. »Gegen Abend am Alpenrand örtliche Gewitter.« Ja, danke. Wo genau? Der Alpenrand ist lang und weit ...

Also mäh ma, wann der Nachbar mäht. Aber der kann sich auch nicht entschließen, sagt Fiona.

Es ist ein Kreuz mit dem Heu ...

Drei Tage heiß, trocken und a bissl Wind. Das braucht man für ein gutes Heu.

Kein Gewitter.

Ich könnte Vladó anrufen.

Vladó ist ein alter Freund von mir. Er ist Fotograf. Eigentlich hat er jahrelang Werbung gemacht. Bis er diese Wolke fotografiert hat. Eine Gewitterwolke. Ein lokales Phänomen nennt er so was mittlerweile. Eine Wolke, genau über Rosenheim. Tiefschwarz. Und durch die Wolke zucken Blitze, blau, weiß, golden, und ein grüner. Wie in einer Lasershow. Und alles ohne Photoshop. Auf Film. Von der Kampenwand aus gemacht.

Dieses Foto hat Vladó in die Kunstszene katapultiert. Und die Galeristen wollen *mehr*. Also wenn einer weiß, wo die Wolken sind, dann Vladó.

Es klingelt ewig. Dann, endlich, atemlos: »Pronto!«
»Wie schaut's aus mit Gewitter?«
»Schlecht«, meint er.
»Wie lang?«
»Heut und morgen. Übermorgen Abend könnt's klappen.«
»Wie viel Uhr?«
»Was, wie viel Uhr?«

»Wann das Gewitter übermorgen Abend losgeht.«
»Nicht vor sieben.«
»Sicher?«
»Ziemlich. Und was macht die Liebe?«
»Nix.«
»Ich muss mal hochkommen zu dir.«
»Ja, des machst'.«
Ich berichte Fiona, was ich Neues weiß. Sie ruft bei ihrem Bauern an, ich bei meinem. Es ist ein Hin und Her. Aber irgendwann sind wir uns alle einig. Heute wird gemäht.

Unsere jungen Bauern bringen uns einen Balkenmäher. In Marlbororot. Messerscharf geschliffene Zähne. Vorwärtsantrieb: einen Schildkrötengang und einen Vollgasgang. Leerlauf für rückwärts, da zieht man ihn halt. 88 Kilo. Ein Honda. Ein Traum.

Früher, das weiß ich von Annika, hatten sie dieses Urzeitmonster. Das muss explodiert sein, denn sonst wär's noch da. Manchmal ist der Fortschritt einfach ein Segen. In einer knappen Stunde hat jeder seinen Almanger gemäht.

Fiona und ich schwingen die Heugabeln. Das Gras muss ausgebreitet werden. Dünn, locker und fluffig, sodass die Sonne und der Wind durchfahren können. Jede Stunde, die's früher trocken ist und eingebracht werden kann, könnte Gold wert sein. Denn mit den Gewittern weiß man nie. Sogar Vladó ist nur *ziemlich* sicher. Wir gabeln, schütteln, wenden, was die Arme hergeben.

Und dann warten wir, dass es antrocknet, vielleicht sogar schon ein bisschen knistert.

Dann kann's noch mal gewendet werden. Am Abend müssen wir's in langen Schlangen zusammenrechen, damit's über Nacht weniger Feuchtigkeit erwischt. Und morgen, wenn der Tau weg ist, wieder auseinanderbreiten. Mittags wenden. Abends in Schlangen rechen.

Während wir warten, koche ich Kaffee. Unsere lieben Bauern haben je einen Korb voll Gebäck dagelassen. Wir werden drei Tage nur Kuchen und Auszog'ne essen. Das müssen wir sogar, weil wir die Kraft brauchen. Das ist ja das Schöne an der Heuarbeit.

Und als hätt er's gerochen, spaziert der Hannes von der Nachbaralm auf meine Terrasse. Sein Hund, die Lucy, schleppt sich hinter ihm her. Eine Dogge. Schon elf Jahre alt. Sie hat Mühe, ihre Hinterbeine zu bewegen.

»Was is'n mit der Lucy!?«, frage ich als Allererstes.

»Mei, seit gestern ... hat sich vielleicht übernommen.«

Ich lege eine Hand auf ihr Hintergestell. Nur Knochen. Der ganze Hund ist nur Haut und Knochen. Und zittert am ganzen Leib. Die kann nicht mehr.

»Warum is'n die so dürr?«

»Mei, die frisst nicht g'scheit.«

»Wie lange?«

»Mei, scho lang. Hoaklig war's scho immer, aber jetz' ...«

Ich müsste eigentlich wütend werden. Über jemanden, der seinen Hund so runterkommen lässt. Und dann auch noch über einen ganzen Berg mitschleppt! Aber ich werd nicht wütend. Hannes weiß sich keinen Rat mehr. Ich lege einfach meine Hände auf das Hundegerippe, fang sie ab, weil sie sonst aus 70 Zentimeter ungebremst auf den Boden knallen würde, und höre auf zu denken. Ich fühle meine Hände und angenehm warmen Vanillepudding um mein Herz herum. Ich muss tief, tief atmen auf einmal. Und fühle, wie der Hund auch tief atmet. Eine Welle, hoch wie ein Haus, überschwemmt uns. Wie schwach dieser dürre, große Körper ist. Ein tiefer schwarzer See.

»Was is denn mit dir passiert, hm?«, frage ich den Hund.

»Mei ... ihr Frau'le is g'storben ... «

»Frisst sie seitdem nichts?«

»Doch ... scho ... aber schlecht.«

»Und das Zittern?«

»Zittern ... hm ... des hot's eigentlich immer. Des is 's Alter.«

's Alter ist das nicht, das weiß ich. Das ist etwas ganz anderes. Ich seh förmlich die Pipeline zwischen Hund und Besitzer. Er braucht Kraft, und sie gibt ihm, was sie hat. Das passiert einfach. Es ist uns nicht bewusst.

»Lucy, schlaf a bissl, hm?«

Mit einer hochgezogenen Augenbraue schaut sie mich an, schmatzt einmal und rollt sich zusammen.

Fiona schenkt Kaffee ein.

Sie reicht mir eine Auszog'ne unter den Tisch, weil ich meine Hand auf dem Hund lasse. Weiter verliert sie kein Wort darüber und unterhält sich mit Hannes über seine Koima, über ihre Kälber, übers Schwenden, darüber, wie viel Alpenkreuzkraut eine Koim verträgt, bevor sie krank wird, über unsere Alm, seine Alm, über die Alm an sich und die Senner auf den anderen Almen. Und ich bin froh, dass niemand sich dran stört, dass ich unterm Tisch sitze und den Hüftknochen eines Hundes halte.

Nachdem er seine zweite Auszog'ne aufgegessen hat, meint Hannes: »Des taugt ihr.«

»Ja«, sage ich.

»Wos machst'n do?«

»Hab ich in Peru gelernt.«

»Hand aufleg'n?«

»So was in der Art.«

Funktioniert übrigens auch mit Autos.

Es wird Zeit, unser Heu umzudrehen. Der Hannes trinkt derweil noch ein Bier. Er hat heute schon genug gearbeitet und genießt seinen Feierabend.

Ich bin froh, dass ich einen Vorwand habe, von der Terrasse runterzukommen. Ich muss nachdenken. Heu gabeln, zweimal schütteln, hochwerfen, wenden, auseinanderziehen.

Ich spür immer noch die klapprigen Hundeknochen in meinen Händen. Und um mich rum ein Gefühl wie unter Wasser, im grellsten Sonnenschein. Was ist das nur ... Warum berührt mich dieser alte klapprige Hund so tief, bis weit unter mein Herz?

Heu gabeln. Schütteln. Wenden. Auseinanderziehen. Zeile für Zeile. Schütteln. Wenden. Auseinanderziehen.

Die Wiese ist größer, als sie aussieht, und das ist gut so.

Als meine Fäuste irgendwann den Gabelstiel loslassen, habe ich in jeder Handfläche eine riesige Blase. Ich hab's nicht mal gemerkt.

Der Hannes zieht eine kleine Flasche aus seinem Rucksack, als er das sieht. Arnikaschnaps. Ein sehr feiner. »Ah, da bin ich froh!« Ich hab keinen angesetzt dieses Jahr.

»Konnst' ho'm«, sagt er. »Wennst' scho mein' Hund g'sund machst ...«

Lucy schläft unterm Tisch, tief und fest und hat aufgehört zu zittern.

»Konnst du de Lucy wieder hi'richten, moanst?«, fragt er.

»Keine Ahnung.«

»Is fast schad, wenn i's aufwecka muass und wieder da nüberscheuchen ...«

»Dann lass sie halt da«, sage ich.

Warum hab ich das jetzt gesagt? Egal, is schon draußen.

»Und du kimmst z'recht, moanst?«

»Hm... schau ma halt mal.«

»Brav is ja. Die g'spannst gar ned. Muasst halt sagen, was'd dafür kriegst.«

»Jetzt schau ma erst amal.«

Er steht auf, streckt sich, streichelt seinen Hund und geht die paar Stufen von der Terrasse runter. Jetzt schaut er um. Die Lucy schaut auch. Ich schau auch. Hannes macht sich still und langsam auf seinen Weg. Und die Lucy bleibt liegen.

»Hast' jetzt drei Hunde«, fragt Fiona, ohne Fragezeichen.

»Nein. Zwei. Und einen Pflegegast.«

»Die hat ganz schön Glück.«

»Schau ma mal.«

»Du und dein schau ma mal.«

Freitag
Das Heu ist drin. Hurra. Um zehn vor sieben, wie Vladó gesagt hat. Keine zwei Minuten vor dem Gewitter. Die letzten Gabeln haben der Franzl und sein Vater schon durch die ersten Regentropfen getragen, hoch über ihren Köpfen.

Jetzt ist der Speicher voll.

Alles riecht nach Heu und Blumen. Sogar wenn's draußen schüttet und hagelt, ist die Sonne in der Hütte. Weiche, grüne Heuhalme. Hauchdünne blaue Blütenblätter und dicke gelbe Margariten.

Kaum war die Luke zu, hat der Himmel noch schnell einen Kübel Wasser über uns drübergeschüttet. Wir haben von unterm Vordach aus zugeschaut. Laut lachend und plappernd. Unseretwegen kann jetzt die Welt untergehen, das Heu ist drin.

Das Gewitter ist in zehn Minuten vorbei.

Und dann hocken wir uns alle miteinander auf die Terrasse und begutachten den kurz gemähten Almanger, wie sich das gehört.

»Habt's an Hunger?«, frage ich nebenbei in die Runde.

Da drückt die Rosi-Oma meine Hände, als hätte ich ihr ein Geschenk gemacht, und sagt: »I hätt so einen Hunger auf Kaasspotzn.«

Ich strahle. »Ich auch!«

Und schon steht die Rosi am Herd.

Kaasspatzn

»Praktisch für d'Alm«, sagt die Rosi. Weil alles da is. »Kaas hast, Butter hast, Milch hast, Eier hat d'Nachbarin. Brauchst bloß a Mehl, Salz und Zwiebeln.«

Topf auf'n Herd, Wasser, Salz rein, zum Kochen bringen.

Derweil rührt Rosi den Teig in der größten Schüssel, die der Küchenschrank hergibt. Wir sind viele und haben Hunger!

Zuerst macht sie einen Berg Mehl, mit Mulde. Dann alle Eier, die da sind, auf den Mehlberg schlagen. An dem Tag waren das ein Kilo Mehl, acht Eier. Vermischen. Langsam, es staubt.

Dann Milch dazuschütten. Gut durchkneten, am besten mit einem hölzernen Kochlöffel. Ein gscheiter Stiel ist von Vorteil, den kann man besser packen.

Der Teig sollte kleben. Auf keinen Fall sollte er flüssig sein. »Zaach zum Schlogn«, sagt die Rosi. Man merkt's in den Ellbogengelenken. Wenn er richtig ist und wie ein alter Kaugummi in der Schüssel pappt, wird er noch gesalzen. Auf ein Pfund Mehl ein knapper Teelöffel, bloß nicht mehr. Der Käse ist ja auch noch salzig.

Das Wasser kocht.

Wir brauchen eine große Pfanne (oder zwei) auf dem Herd. Mit viel Butter und gehackten Zwiebeln. Goldschimmernd anbraten. Das passiert parallel.

Und jetzt ist handwerkliches Geschick gefragt.

Den Teig portionsweise auf ein Brett löffeln. Mit einem Messer dünne Fäden/Batzerl ins kochende Wasser schaben. Nicht alles auf einmal. Nur die eine Teigportion. Es kocht auf, die Spätzle schwimmen oben, abschöpfen.

Rüber in die Pfanne. Schwenken. (Man wirft die Pfanne dabei nicht hoch, sondern schiebt sie von sich weg und zieht sie mit einer schnellen Schlaufenbewegung wieder zu sich zurück. Schwupp – gewendet). Nächste Portion Spätzle machen.

Okay, das geht auch nacheinander. Zuerst alle Spätzle kochen, und dann alle miteinander in die Pfanne(n) mit den angerösteten Zwiebeln. Parallel macht der Rosi einfach mehr Spaß. Mir auch.

Auf keinen Fall spart man mit Butter. Butter gibt's auf der Alm in rauen Mengen.

Also viel Butter, Zwiebeln, anbraten, Spätzle drauf, und noch mal Butter.

Und dann den Käse.

»Kaas konnst aa oan nehma, wo jetz' ned so toll wor'n is. Der verkocht si.«

Ja, davon habe ich eine schöne Auswahl: ein Frisbee, ein Datschi, ein hoher Turm mit kleinen Löchern wie ein Schwamm, zwei ziemlich schmierig weiche und ein paar feste, schöne, trockene. Sie sind annähernd perfekt. Jeder für sich, denn es sind lauter Einzelstücke.

Ich nehme den hohen Turm.

In Würfel schneiden und nach und nach zu den Spätzle kippen. Immer weiter schwenken. Wenn das nicht mehr geht, rühren. Pfeffern. Und nach Geschmack noch salzen, Kaasspatz'n sollten nicht fad schmecken.
Ein paar Streifen Käse obendrauf. Für 10 Minuten ins Backrohr.
Schnittlauch drauf.
Ein paar Gabeln auf den Tisch legen. Pfanne(n) hinstellen. Fertig.

Ah! Wir verputzen sogar noch die letzten Brösel. Der Franz-Opa erzählt Geschichten von früher. Als er selber noch auf der Alm heroben war. Schön ist das, mittendrin zu sitzen, wenn die anderen alle reden. Einfach dahocken, über die Alm schauen, vollgefressen, ein Bier trinken und froh sein, dass endlich Sommer ist.

Es ist ein wunderschöner Sonntag.
 Die sind selten in diesem Sommer.
 Fiona steht mit einem Teller voll Zwetschgendatschi auf meiner Terrasse. Die Zwetschgen hat sie von ihrer Bäurin.
 Ich hab noch eine Flasche Prosecco im Keller. Zur Feier des Tages werden wir ein Molkefußbad machen. Prosecco trinken und faul auf der Hausbank rumliegen. Und Zwetschgendatschi essen!
 Ich hol zwei Blechschüsseln, stelle sie nebeneinander vor die Hausbank und gieße heißes Wasser hinein. Dann schütt ich die Molke drauf. Extra aufbewahrt vom letzten Käse.
 Fiona rumort in meiner Hütte herum.
 »Kommst du z'recht?«, frage ich sie. Etwas scheppert. Ich hör sie kichern. Irgendein Problem hat sie mit dem Proseccokorken. »Hast du Hollersirup?«, fragt sie.
 »Aufm Schrank!«
 »Eiswürfel?«
 »Oh, müsst ich noch schnell machen.«
 »Ja, mach mal.«

Ich blinzle. Die Sonne brennt die Hüttenwand auf. Ich hör's auf meiner Haut brutzeln.

Wenn wir länger hier sitzen wollen, wird uns der Hitzschlag treffen.

Ich tappe barfuß in den Speicher rauf und hol mein Sonnensegel: Ein Bettbezug, drei Stricke und ein dürrer Ast, den ich am Geländer festbinde wie einen Schiffsmast.

Mein Blick fällt auf die kurz gemähte Almgartenwiese. Weiter, hinaus ins Tal, bis hinein ins Chiemgau. Ich kenn den Blick auswendig. Ich werd ihn mit nach Hause nehmen, für Dezemberregentage. In der Hütte scheppert ein Teller. Und dann hör ich das Schmatzen eines gierigen Hundemauls.

»Keinen Kuchen für die Nika!«, schimpfe ich.

»Jaaa! Fang schon mal an.«

Meine Füße machen leise platsch. Milchig weiß und cremeduftende Schönheitskur. Ein kluger Mann hat mir mal gesagt: »Du musst deine Füße besser pflegen. Die tragen dich den ganzen Tag rum.«

Ich creme sie ein seitdem. Und ab jetzt mach ich auch noch Molkefußbäder.

»Ist die Gitti aus ihren Flitterwochen schon wieder daheim?«, schreit Fiona aus der Hütte raus.

»Ja, seit Dienstag.«

»Und wann tauscht ihr wieder?«

»Nächsten Sonntag.«

Sieben Tage noch. Ganz schön kurz, so ein halber Sommer ...

»Freust du dich schon auf daheim?« Fiona klimpert im Küchenschrank herum, auf der Suche nach Gläsern.

Ich lächle und sage. »Schau ma mal.« Vielleicht wird's ein heller, warmer Altweibersommer. Mit ein paar Bergtouren. Und Septembernachmittagen im Strandbad ...

Das Tal. Das war ganz schön weit weg. Alm ist irgendwie sicherer. Auf der Alm erwartet niemand vernünftige zusammenhängende Antworten am Fließband. Niemand hupt mich an, wenn ich nicht schnell genug links abbiege. Niemand will mir DSL-Anschlüsse verkaufen, die ich nicht haben will.

Auf der Alm sind Dinge zu tun, und die tust du, und fertig. Den Brunnentrog schrubben. Die Blätschen vor der Hütte abmähen. Den Viechern ihr Salz bringen. Abends mit der Fiona quer durch den Risserkopf-Kessel steigen und ihre Kälber nach Hause holen. Neben der Selma stehen und aus der Stalltür rausschauen, bis die Sonne hinterm Hochlatsch verschwindet. Auf der Alm bin ich müde abends, weil ich das alles gemacht habe. Weil's gut is jetzt. Almfrieden.

Fiona reicht mir ein Glas. Einen perlsprudelnden Humpen. Eine Zitronenscheibe schwimmt darin und lila Kornblumenblüten. Voilà. »Ein Alm-Hugo.«

»Wow«, sage ich und hab vom Hinschauen schon einen Rausch.

»Im Tal kannst dann wieder aus Sektgläsern trinken«, säuselt Fiona. Auf der Alm nimmt man halt, was da ist. Prost.

Ich habe auch wirklich was zu betrinken.

Ich habe nämlich meinen Ex beim Penny getroffen. Das heißt, von Weitem gesehen. Seine neue Freundin ist ziemlich hübsch. Eine typische Bergsportlerin. Farblich abgestimmt in Softshell und DryExtreme. Eigentlich nicht der Penny-Typ. Sie haben sich nach einer Klettertour (ich tippe auf Wilden Kaiser) und Stau auf der Autobahn (wieso wär'n sie denn auch sonst bei uns im Tal, wo's ja keine g'scheit'n Berge hat) bei *meinem* Penny ihre Brotzeit gekauft.

Billy im Kofferraum hat ihn auch gesehen. »Wuiiiii, wuiiiii, wuiiiiiiiiii!« Er liebt diesen Mann.

»Billy, leise.«

Aber wenn ein Hund etwas nicht versteht, dann, warum man sich vor Menschen, die man liebt, versteckt. Ihnen aus dem Weg geht. Ihre Kreise nicht stört.

Mein Ex kennt meinen Golf nicht. Also weiß er nicht, dass ich zehn Meter neben ihm hocke. Wie ein Schnüffler in einem schlechten Film, tief in den Fußraum runtergerutscht. Aber neugierig genug bin ich, dass meine Nase über den Rand des Seitenfensters linst.

Sie essen unter der offenen Kofferraumklappe. An den Rucksack und ein Kletterseil gelehnt. Sie kaut langsam. Bewusst. Bestimmt weiß sie, dass man sein Essen 32-mal kauen sollte, bevor man es runterschluckt. Erst dann wird Nahrung wertvoll und nicht zu Fettpolstern. Sie essen jeder eine Breze, ein Stück Käse, ein paar Nüsse, und dann teilen sie sich einen Apfel ...

Sie haben ja Zeit.

Ich nicht.

Ich sollte seit einer halben Stunde schon auf dem Weg zur Alm hinauf sein. Die Kälber machen mit Sicherheit Stau vorm Stall. Und wenn nicht, müsst ich längst unterwegs sein, sie suchen.

Ich hätte auch aussteigen können, nett Hallo sagen und einen peinlichen Moment verursachen. Keiner hätte die Spannung mehr ausgehalten. Vielleicht hätt ich ihn im Reflex geküsst. Peinlich.

Wie lang ist das her?

Jahre.

Jahrzehnte!

Ich bleibe auf Tauchstation, bis sie auch noch die Brösel ihres Zwetschgendatschi mit Streusel aufgeschleckt (er) beziehungsweise in den Gulli geschüttelt haben (sie). Und noch einen Kaffee geholt, zum Mitnehmen.

Er fährt. Klar. Entspannt kurvt er eine komplette Runde über den Parkplatz, bleibt an der Ausfahrt stehen, blinkt so gelöst und selbstsicher, dass ich platze, und biegt ab. Lässig. Glücklich. Genau am richtigen Fleck im Leben, mit genau der richtigen Person an seiner Seite.

Herzlichen Glückwunsch.

»Wuiiiiii, wuiiiiiiii«, macht Billy.

»Schatz, der ist weg«, erkläre ich ihm. »Wir gehen jetzt unseren eigenen Weg. Okay?«

Ich drück meine Fahrertür auf und kugle hinaus aufs Pflaster. »Unseren eigenen Weg.« Ich bin zu allem entschlossen. Zum Glück entschlossen. Den ersten Schritt mach ich auf den Einkaufswagenpavillon zu. Zu eilig, zu hektisch, zu atemlos. Meine Fußspitze verhakt sich in einer Pflasterritze, und gestreckter Längs haut's mich neben den Golf. Billy im Kofferraum erschrickt zu Tode. Er ist so ein Sensibelchen, es ist furchtbar.

Ich rapple mich hoch, sehe je ein Loch in meinem Knie und sage: »Alles gut, Billy.«

Nicht jeder Schritt muss auf Anhieb glücken. Ich humple auf meinen Einkaufswagen zu, hab keinen Euro, scheiß drauf, dann nehm ich halt eine Schachtel, mal wieder. Es wird ein harter Weg, das seh ich schon. Deswegen ist er aber nicht falsch. Absolut nicht falsch. Der einzig richtige ist es.

Meine eigene Reise.

Nachdem ich alles Fiona erzählt habe, wackelt sie in der lauwarmen Molke nachdenklich mit ihren Zehen.

»Vergiss ihn«, sagt sie, und ihre Zehen nicken euphorisch: »Ja, ja, ja! Vergiss ihn!«

Ich lasse meine Zehen auch durch die Molke plätschern und höre, was Fiona noch zu sagen hat zu diesem Thema.

»Liebe kommt nicht, wenn man die Händ' voll alter Hadern hat.« Sie klopft mir auf die Finger. »Loslassen.«

»Ja.«

»In einen Stein blasen und von der Aiplspitz runterwerfen.«

»Hab ich schon gemacht.«

»Dann halt noch mal. Und dieses Mal meinst' es auch.«

»Dann fällt er jemandem auf den Kopf.«

»Dann nimmst' eine Feder.«

Ich zucke mit den Schultern. Ich sage nicht, dass ich eine Feder habe, die ich dafür auf keinen Fall hernehmen werde.

»Nimmst gleich deine Adlerfeder.«

»Nein!«

»Je mehr dir die Feder wert ist, desto besser. Sonst weißt du nie, ob's dir wirklich ernst ist. Alles unter der Adlerfeder ist Kasperletheater.«

Sie hat recht.

Was hilft es, jahrelang zu sagen: La, la, la, ich hab ihn längst schon losgelassen, wie schön das freie Leben ist. Wenn's gar nicht stimmt. Wenn ich heimlich sage: La la la, er kommt zurück.

Kaas!

Ein völliger Kaas ist das. In hundert Jahren kommt er nicht zurück. Und würd' ich das wollen? Nein.

Und das ist die Wahrheit.

»Wir sollten noch einen trinken«, meint Fiona.

Ich nicke und halt ihr meinen leeren Humpen hin. Obwohl mein schwirrender Kopf sagt: Spinnst du?!

»Ich mach das«, sagt Fiona und patscht barfuß in die Hütte. Ihre Füße sind's nicht gewohnt, so weich zu sein. Der Boden ist ihr zu hart. Sie sucht meine Gummipantoffeln.

»Die hat die Nika gefressen, sorry. Musst die Filzdinger anziehen.«

»Nikaaaa! Du sollst keinen Gummi fressen.«

»Ach. Wer Seife frisst ...«

»Und Käse.«

Wie eine Sprungfeder schießt Nika unter dem Tisch heraus. *Käääää-seee!!??* Sie kennt dieses Wort! Man sollte vermeiden, es zu sagen. Jetzt macht sie wieder zwei Stunden Käseterror.

»Dann gib ihr halt 'n Stück«, meint Fiona. Sie ist immer so praktisch.

»Das wär inkonsequent.«

Fiona würde eigentlich »Ach, Quatsch« sagen. Aber da knallt ihr der Proseccokorken an die Decke. Ich reiche ihr meinen leeren Humpen.

»Hey, magst' jetzt 'n Zwetschgendatschi oder nicht?«

Schlagartig sind weit und breit keine Wolken mehr auch nicht um den Guffert und um keinen Penny-Parkplatz.

Heimgehen

Montag

Ich pack die dicken Lederhandschuhe und die Astschere in den Rucksack, stopf ein T-Shirt dazu, nur für den Fall, bind meine Bergschuhe, und dann geh ich im Bikinitop durch die flimmernde Luft auf meiner Terrasse. Grillhitze mit einem kühlen Wind drüber. Ich hol die Heugabel aus dem Stall und geh rauf Richtung Hochlatsch. Unsere Viecher liegen alle in der Sumpfwiese beim Wiederkäuen. Die Glocken gehen ganz leise, wie Pusteblumen, von einem vergessenen Wind davongeweht. Ich zähl meine Viecher noch mal durch, wenn ich schon da bin. 45. Komplett. »Geht's euch gut, Mädel?«, frage ich sie.

Bimm-bimm-bimm.

Selma sonnt ihren walrossgroßen Körper. Schläfrig schaut sie mich an. Ich lächle. Es wird ein langer, gründlicher Blick. Einer, der durch die Haut und ins Mark geht, und das Unsichtbare an mir sieht. Es irritiert mich, wenn sie so schaut. Sie macht das nicht immer, aber wenn sie's macht, hört sie nicht auf damit.

»Selma, was gibt's?«

Bimm-bimm-bimm! Zum hundertsten Mal wünsche ich mir, ich könnte das, was sie sagt, in Worten verstehen.

Bimm. Bimm.

»Selma, ich *versteh* dich nicht. Vergiss es.« Aber wahrscheinlich höre ich sie trotzdem.

Wird schon noch, grinst sie. *Du musst du selbst sein.*

»Ach, du mit deiner Selbstfindung!«, brumme ich, schwinge die Heugabel auf meine Schulter und stapfe bergauf.

Droben um den Brunnen rum wächst ein Distelacker, der muss weg, bevor die Samen ausfliegen und nächstes Jahr drei neue Disteläcker gründen und dann irgendwann gar kein Gras mehr wächst. So. Das ist simpel. Das begreife ich. Das kann ich machen. Und alles andere – wird warten können, bis es so weit ist.

Der Distelacker ist ein kleines Paradies. Wunderschöne violette, bauchnabelhohe Majestäten. Solche Disteln gibt's im Tal gar nicht mehr. Ich glaube, die Menschen haben sie schon vergessen. Überhaupt vergessen wir viele Dinge. Irgendwann sind sie einfach nicht mehr da, lautlos verschwunden, niemand spricht drüber. Die, die sich noch dran erinnern, müssen in Fernsehdokumentationen davon erzählen, und schon gehen wir an monoton grünbraunen Feldern entlang, auf schnurgeraden Mineralbetonwegen und nennen das »draußen in der Natur«. Wiesen, in denen nichts piekst, nichts brennt und nichts blüht. Keine Brennnesseln mehr, keine Disteln. Niemand vermisst sie.

Ein paar lass ich stehen, wegen ihrer Schönheit. Die anderen fallen meiner Astschere zum Opfer. Ich gable sie auf und mach einen Haufen unter einem Latschenbusch. Droben am Aiplspitz-Grat gibt's noch einen Acker. Es ist noch früh, und die Astschere kann ich auch noch halten. Also stapf ich rauf und zwick weiter, im Gipfelwind.

Ein paar Koima flacken träge am obersten Rand der Wiese. Mit einer Arschbacke schon zur Geißbauern-Alm runter. Ich schau einfach nicht hin, dann mach ich mir keine Sorgen, dann passiert auch nichts. Das ist ein Almgesetz. Hoffe ich zumindest.

Was soll auch passieren beim Daliegen und Wiederkäuen. So sonnendösig sind sie und so vollgefressen, dass sie nicht einmal mehr die Nika interessant finden. »Wua??« Nika kann's gar nicht fassen. Der Billy dagegen ist froh, ignoriert zu werden, und verzieht sich unter einen Baum.

Ich verwandle mich in ein Fließband. Disteln zwicken, Blätschen ausreißen, Haufen machen. Und die ganzen Fichtenkoppen müssen sowieso längst weg, sonst wächst da heroben bald ein Wald.

Zwei Stunden später hör ich auf. Gerade noch rechtzeitig bevor ich aus der Grat-Wiesn einen gepflegten Vorstadtgarten mache.

Ich gable den letzten Distelhaufen in die Latschen. Fertig.

Meine müden Knochen plumpsen ins warme Gras. Die Sonne brennt auf meiner Haut. Ich schau zur Rotwand rüber. Schau mir ihr Leuchten an. Manchmal ist es durchsichtig gelb, manchmal golden, manchmal gleißend weiß. Es ist fast wie in die Sonne schauen. Das hat nicht jeder Berg so. Ich glaube schon, dass sie alle leuchten. Aber nicht alle gleich. Die Aiplspitz hinter mir hat ein ganz anderes Leuchten. Leiser und tiefer. Eher Lila. Ob ich mir das einbilde?

Und wenn ich's mir einbilde, denke ich flüchtig. Schön is.

Und mein nächster Gedanke fliegt vorbei, streift mich, nur mit einem Hauch seiner Schwungfeder, und ist verschwunden, noch bevor ich ihn denken kann.

Ich geh ohne Stecka. Die steile Wiese runter lauf ich freihändig. Vielleicht ist das das Schönste an der Alm. Freihändig über die steile, kurz abgegraste Wiese laufen. Sie federt unter jedem meiner Schritte. Immer leichter gehe ich, immer schneller mit jedem Schritt, und irgendwann laufe und springe ich, ohne drauf zu achten, wo ich auftrete. Alles geht wie von allein. Beine, Schritte, Schuhe, Steine, Weg, Wiese, Bach, drüberhüpfen. Die Bergluft weht wie ein leiser Wind auf meiner Haut. Frei sein. Da sein. Sonne atmen. Staunen, wie blau der Himmel ist, und mich fragen, ob das überhaupt noch eine Farbe ist oder schon was anderes. Dabei, ganz unverhofft, durch die Erinnerung an einen lang vergessenen Kuss laufen. Drüber lachen. Das Leben bis in die letzte Haarspitze an meinen Wadeln spüren. Die Zeit komplett vergessen haben.

Vielleicht bin ich nur dafür hier. Auf meiner Alm. Oder nur dafür auf die Welt gekommen. Über Almwiesen laufen.

Übermorgen
Die Zeit fliegt. Seit ich aufgehört habe, mich dagegen zu wehren, bin ich drei Kilo leichter. Übermorgen fahr ich heim.

Der Wind weht ein gelbes Ahornblatt auf die Terrasse. Still trag ich's in die Hütte. »Schau«, sag ich ganz leise zu Billy, »schon gelb.«

Er schnuppert kurz dran, pflichtbewusst wie er ist. »Kannst du nicht mal was Sinnvolles mit nach Hause bringen?«

Wenn der Ahorn schon bald gelb wird ...

Ich heiz den Ofen noch mal ein und koche Kaffee.

Ich sollte meine Hütte zusammenräumen. Und ausfegen, wie mein Opa immer gesagt hat.

Aber das würd sich so sehr nach Abschied anfühlen. Noch kein Abschied, nicht jetzt.

Das Leben ist zu schade für lange Abschiede.

Ein letztes Mal pack ich meine Astschere und die Heugabel und steig den Berg hinauf. Meine Arme sind bronzebraun, am Bauch und am Rücken hab ich einen Sonnenbrand, weil ich ohne T-Shirt unterwegs war und ohne Hut oder Kopftuch. Und glücklich bin ich. Die Sonne strahlt bis unter meine Haut und in mich hinein. Ich bin ganz sonnenwarm innen drin. »Wir sind aus Sonnenlicht gemacht, wisst ihr das?«, frag ich meine Hunde. Billy studiert den Aiplspitz-Grat. Irgendwo stehen da ein paar Gamsen. Die riecht er. Oder fühlt er, denn manchmal glaub ich nicht, dass er das alles riechen kann. Die Nika dagegen studiert einen Schmetterling. Ich werfe einen Grashalm nach ihr. Sie fängt ihn auf, widmet sich von da an dem Grashalm und zerkaut ihn voller Hingabe. Nikas Leben ist perfekt. So, wie es ist. Jeden Augenblick, immer. Sie lebt voll und ganz. Sie lebt Wiese und Sonnenschein und Schmetterling und Grashalm. »Hey, Nika«, sage ich leise. Sie schluckt den Grashalm runter, bevor sie mich anschaut. Ich lächle sie an.

»Wua?«

Glück ist etwas Leises, etwas Weites. Fast wie gar nichts. Man übersieht's leicht. Es ist wie einen lauten, vollgestopften Raum verlassen und sich auf eine stille Wiese setzen. Einen Schmetterling vorbeifliegen sehen und das Geräusch seiner Flügel erahnen. Lächeln, weil ein Käfer kopfüber in der prall blühenden Distel steckt und keiner weiß, ob er da je wieder rauskommt. Was für ein süßes Leben er hat.

Am Abend pack ich die Isomatte und den dünnen Schlafsack und übernachte auf der »Insel« am Aiplspitz-Grat. Ich hab ein Bier dabei und seh die Sonne hinter der Zugspitz untergehen. So lange, wie man sie im Tal nie untergehen sieht.

Der Wind kommt über den Gipfel. Bläst mir die Haare aus dem Gesicht und Nika das Fell nach vorne.

Ich höre ihm zu, einen Augenblick.

Und dann werf ich die Adlerfeder in den Himmel. Ich sehe, wie sie wegfliegt.

Morgen
Draußen biegt sich die kleine Esche. Es stürmt. Sie steht an einem der großen Felsen, die am Nachmittag, wenn das Sommerlicht langsamer wird, rot zu glühen beginnen. Jetzt sind sie dunkelgrau. Es wird Schnee geben. Hinter der dünnen Fensterscheibe schauen die Fichten ganz schwarz zur Hütte her, und der Miesing steht wolkenumhangen im Südosten. Das war's mit dem Sommer. Es gibt jedes Jahr diesen Tag. Den Tag, an dem der Sommer aufhört. Das ist nicht der Tag, an dem's das erste Mal bis zur Hütte runter schneit. Das kann im Juli auch passieren. Dieses Jahr im Juli hat das Thermometer vor meinem Küchenfenster sicher zwanzigmal unter 5°C angezeigt. Nein, Schnee und Kälte sind kein Kriterium dafür, ob Sommer ist oder nicht. Es ist das Licht. Wenn im Himmel eine andere Glühbirne reingeschraubt wird. Es ist nie das gleiche Datum. Er geht überraschend. Wie ein Reisender im Aufbruch. Wir können ihm noch ein paar Minuten abringen. Ihm noch mal die Hand geben, ihn noch ein paarmal umarmen, ihn anschauen. Damit wir uns erinnern können, wie schön er ist und wie schön es war mit ihm. Und dann geht er. An die Tür, durch die wir ihm nachschauen, hängen wir dann, ein paar Wochen später, die Winterjacken.

Dreißigmal hab ich das schon erlebt, und jedes Jahr will ich's wieder nicht glauben, dass es tatsächlich passiert. Dass es jetzt tatsächlich vorbei ist. Der Sommer geht, wie ein Liebhaber, der nicht bleiben kann, selbst, wenn er wollte.

Ich hol zum letzten Mal meine Kälber in den Stall. 's Wuzerl stakst daher, langsamer als alle anderen, streckt ihren kleinen Kopf mit den viel zu großen Ohren nach vorne und sagt: »Mööööh.«

Ich zerfließe wie Vanilleeis um einen Apfelstrudel. Meine Kaiben ...

Eigentlich wollt ich rübergehen zum alten Schamanenplatz auf der Waldlichtung. Ein paar Kräuter anzünden, ein bisschen Rauch in die vier Himmelsrichtungen blasen, Mutter Erde und Vater Sonne danken und mal wieder eine Antwort finden.

Auf die Frage, wie's weitergeht.

Aber ich geh nicht. Ich bleib im Futtertrog hocken, neben meinem Wuzerl, bis es dunkel wird.

»Ihr werd's ma abgeh.« Traurig bin ich. Gleichzeitig glücklich. Vielleicht gibt's das eine ohne das andere gar nicht.

»Es ist beschissen, wenn man jemanden lieb hat, und gehen muss. Aber solche Zeiten gibt's. Ich glaub, es ist gut, auf der Reise zu sein. Sonst hätten wir uns ja gar nicht getroffen. Danke für die schöne Zeit.«

»Möööh.«

Heute
Es schneit.

Nicht bloß a bissl. Der Risserkopf-Kessel ist weiß. In der Mitte ist ein Schneebrett abgerutscht.

Wir haben den 29. August.

Ich miste den Stall aus und lass die Kälber drin. Raus wollen sie eh nicht. *Kalt, nass, weiß. Brrrrrr. Lieber duftendes sonniges Heu fressen.*

Ist mir auch lieber. Im Stall passiert ihnen nichts.

Und dann, zum krönenden Abschluss meines Sommers, latsche ich drei Stunden durch Graupel, Wind und Schnee, bis ich alle meine Viecher beieinander habe. Einzeln unter den Bäumen. Und die Kleinen ganz drunten beim Bach, da wo sie noch nie waren, den ganzen Sommer nicht. Gut geht's ihnen, kein Kratzer, alle da, sehr gut, und Pfiad' euch.

Heute ist kein Tag für Sentimentalitäten. Es hilft alles nix, ich muss diese Hütte putzen und mein Zeug ins Auto stopfen. Müll, Altglas, Dreckwäsche, Bettdecke, Kissen, Klamotten, Schuhe, Mokkamaschine, eine Bananenschachtel voll Haferflocken und Nudeln, die kein Mensch gegessen hat. Eine Ikeatasche voller *Käääää-seeeee*. Hundefutter, Hundedecken, Hunde.

Drei Hunde.

Mein Pflegegast weicht mir nicht von der Seite. Seit ich angefangen hab einzupacken, klappert die Lucy mit den Zähnen und zittert. In ihren Augen ein Flehen.

»Lucy, alles gut«, sag ich hundertmal. »Geh auf deinen Platz. Der Hannes holt dich.«

Das hält sie drei Sekunden aus. Dann steht sie wieder da, klapper, klapper, und schaut mich an, mit einem Blick, so voller Verzweiflung, dass mir Tränen in die Augen steigen. *Nicht wegfahren! Nicht mich zurücklassen!*

Ich will die Tränen runterschlucken und diesen Ofen fertig putzen. Aber es geht nicht. »Lucy, schau woandershin!«

In mir tut alles weh. Als würde ich zurückgelassen werden, nicht die Lucy. Scheiße. Das ist ein Gefühl, das ich besser kenne als alles andere. Woher? Keine Ahnung. Aber ich will es nie, nie wieder fühlen.

Ich ruf den Hannes an. »Kann ich die Lucy mitnehmen?« Mit nach Hause. Ins Tal. Ins Haus, in den Garten, vor den Ofen. Vorerst. Weil ich denke, dass sie das nicht mehr schafft, die letzten drei Wochen mit Hannes auf der Alm. Nass, kalt und den ganzen Tag draußen am Berg.

Er klingt erleichtert. »Ja, freili. Wenn dir das nicht zu viel wird.«

»Werd ma sehen.«

»Gut. Ich meld mich.«

»Lucy, Auto«, sage ich. Und schon rennt sie raus, freiwillig in den Schneeregen, die fünf Stufen von der Terrasse runter und klebt am Auto. K-rrr, k-rrrr, k-rrrr, klappern ihre Zähne.

Ich mach ihr die Beifahrertür auf, klappe den Sitz um, und bevor ich Hopp sagen kann, hockt sie drin. »Lucy mit.«

»Gleich fahr ma heim«, sage ich. »Mit dir.« Und schlagartig hört sie auf, mit den Zähnen zu klappern, und lässt ihre langen, dürren Knochen auf den Rücksitz fallen.

Heimfahren.

Der Rest geht wie im Flug. Schrubben, fegen, Zeug zamräumen.

»Billy, Nika – Auto.«

Nika, meine Klamotten, das Bettzeug und ein paar Schuhe können noch zu Lucy auf den Rücksitz geschichtet werden. Alles andere türmt sich im Kofferraum und vorne im Beifahrerfußraum. Billy auf den Beifahrersitz. Den Käse muss ich zentral vor seine Schnauze platzieren. Geht nicht anders. »Pfui!«, sage ich. Und meine das als Gesetz. Er schluckt einmal, schielt mich von unten an, und dann rollt er sich auf 40 Zentimeter zusammen.

»Braver Hund.«

Nika sollte sich ein Beispiel nehmen. Ich bind sie hinten am Sicherheitsgurt fest. Da kann sie *Kääää-seee* denken, so viel sie will.

Meine Zeitrechnung ist perfekt. Als ich die letzte Kehrschaufel voll Sommerstaub in den Ofen blase, bremst ein moosgrüner Lada neben dem Misthaufen.

»Seeeervuuuus!«

Die Gitti. Sie sieht aus wie eine karibische Insel.

Sie rennt auf die Terrasse, zirpt: »So ein Sauwetter!«, und ich sage: »Geht ja fast ned anders.« Gitti lacht. »Hab' scho g'hört, hast a Pech g'habt mitm Wetter.«

»Und, lebst no?«, brummt der Charly und trampelt über die Terrasse, bepackt mit Gittis Seesack, Rucksack, Kosmetiktasche und ihrer Bettdecke mit Sonnenuntergang. Die Gitti krault seinen Oberarm, tänzelt an ihm vorbei, hinaus durch den Schneematsch zum Auto, hüpft mit einer Thermoskanne voll Kaffee und einem Tupper-Kuchencontainer zurück in die Hütte, stellt alles auf den Tisch und fragt mich: »Hast scho' was g'essen?«

»Ähm ...«

»Charly, Schatz, bringst du noch 's Brot und des ganze andere Zeug?«

Strahlend sieht Gitti, wie überflüssig es ist, ihm das zu sagen – er ist eh schon auf dem Weg.

»Hock dich her«, ordnet sie an. Und ich folge. Bin froh, dass ich nicht mehr denken muss.

»Wie war's?«

Gittis Grinsen erzählt Sonnenschein, weißer Strand, kristallblaue Lagunen, Bambushütte, Affen auf den Palmen, Kokosnüsse, Liebe.

»Scheee«, sagt sie, und ich sehe, dass Sprache aus mehr als bloß Wörtern besteht.

Sie stellt Teller auf den Tisch. Tassen, ein Tetrapak Milch, Gabeln, Messer. Charly erscheint mit »dem anderen Zeug«. Er zwinkert seine Frau an, als würd er sie gerade zum ersten Mal sehen und feststellen, dass sie genau sein Mädchen ist. Sie verdreht die Augen, küsst ihn, und schwupp-schwupp-schwupp, steht der ganze Tisch voller Brotzeit.

»Und, was macht die Liebe?«, mampft Charly.

»Wart ums nächste Eck«, mampfe ich zurück.

»Sehr gut«, jubelt Gitti.

Und dann fahr ich heim.

Die Scheiben im Golf sind beschlagen vom Hundedampf. Ich kurbel alle Fenster auf. Es schneit ins Auto rein, aber das ist besser als Raubtiermief.

Die Nika bellt zu Fiona rüber, weil sie heute eine pinke Regenjacke anhat.

»Pfiadi!«, schreie ich.

Fiona jodelt zurück.

»Schee war's!!«

»Hollarääidiiiii!!!«

Der Golf biegt zum letzten Mal um die steile Kurve. Und dann in den Wald hinein. Durch den Bach, drunten an der Winterstube vorbei, durchs Gatter am Segelflugplatz, mit 80 vor bis zum Parkplatz, weil bei dem Sauwetter ist eh niemand unterwegs. Und dann nach Hause.

Mein Garten sieht aus wie der peruanische Dschungel. Neben dem Haus ist ein Sumpfgebiet entstanden. Entweder hab ich plötzlich eine Heilquelle, oder eine Wasserleitung hat's zerrissen.

Mein Anrufbeantworter blinkt. Der Computer steht auf dem Tisch, exakt dort, wo ich ihn vor sieben Wochen zugeklappt habe.

Wäsche türmt sich in meinem Keller. Ein ganzer Berg, dick und fett und steil wie der Miesing.

Leere Flaschen machen einen Haufen vor der Holzleg'.

Ich schlage meinen Kalender auf. Dinge, die zu tun sind. Termine, die eingehalten werden müssen. Morgen wird die Mülltonne abgeholt.

Hallo, Tal. Hast dich kaum verändert.

Ich mich vielleicht schon. Schau ma mal.

Epilog

Auf dem Bankerl an der Hauswand ist's noch warm. Die Leute vertilgen Brotzeitteller und Zebrakuchen in rauen Mengen. Ich seh das Gipfelkreuz am Gana-Stoa blinken und blinzle.

Der Hias lacht, als ich ihm Annikas Postkarte vorlese. Aus Kapstadt: »Die Welt ist kleiner, als ich gedacht habe. Ich schreib dir die Karte auf der Suche nach einem vernünftigen Kaffee. Morgen verladen wir den Jeep auf ein Schiff. Grüß alle auf der Alm! A.«

Weltreisende haben den Hias schon immer fasziniert. Er hockt sich für einen Moment unter den Rosenbusch und liest jedes Wort noch mal. Viel Zeit hat er nicht, denn es ist Sonntag. Nächste Woche wird's Winter, sagt der Wetterbericht.

»Wuwuwuwuwuuuuuu!«, bellt die Nika und saust ohne Vorwarnung ums Hauseck.

»Entschuldigung!!«, japse ich.

Aber sie macht Sitz vor einem Tisch. Ah. Käsebrot. Helle Augen lächeln mich an.

»Mog de gern an Kaas?«

Ja. Mag sie.

Das Lächeln bleibt.

Wir gehen nach Hause. Drei Fellmonster und ich. Ich glaube, so kann's weitergehen. Das Leben fängt jeden Tag neu an.

P.S. Die Nelly lässt euch einen schönen Gruß ausrichten. Ihr geht's gut. Jeden Tag bekommt sie sieben Äpfel. Ihr neuer Freund, der kleine Ziegenbock Wiggerl, frisst ihr einen davon weg, meistens.

Rezept Almnuss'n:

Alm-Nuss'n sind in Butterschmalz rausgebackene Teigbällchen, am besten heiß serviert und gerade erst in Zucker gerollt.

Man sollte Unmengen davon machen. Erstens kann kein Mensch mehr aufhören zu essen, sobald er sie auch nur riecht. Und zweitens ist das ein gutes Rezept, um einen Haufen Quark loszuwerden.

Topfen (Quark) fällt massenweise an, wenn du butterst. Und kein Mensch, nicht mal ich, kann so viel Quark essen. Eigentlich musst du Hühner auf der Alm haben, die lieben Topfen. Oder ein Schwein. Schweine lieben den Topfen auch und natürlich die Magermilch. Wenn du ein Schwein hast, dann machst du wahrscheinlich wenig oder gar keinen Topfen.

Du nimmst also deinen Haufen Quark.

Die Mengenangaben aller anderen Zutaten richten sich nach der Größe deines Quarkhaufens.

Dazu kommen:

Mehl (ein Haufen, etwa halb so groß wie dein Quarkhaufen)

Salz (eine Prise, keine Handvoll)

Backpulver, wenn du möchtest.

Mineralwasser mit Sprudel

Zucker (nicht übertreiben. Wenn sie fertig sind, wirst du sie eh in Zucker rollen, das ist süß genug)

ein paar Eier (2, bei 500 g Quark und 250 g Mehl)

Nimm eine große Schüssel, damit du Platz hast zum Teigrühren und -kneten.

Kipp den Quark und das Mehl (und evtl. das Backpulver) zusammen. Langsam.

Das Ganze verkneten.

Wie viel Mehl du brauchst, kannst du ganz leicht abschätzen. Der Teig soll zäh und trotzdem weich sein, wie ein Pizzateig.

Die Eier schlägst du einfach in den Teig. Setzt dich mit der Schüssel auf die Bank und halt sie mit der freien Hand und den Knien fest.

Nimm einen Kochlöffel und baatz den Teig, bis du das Gefühl hast, es ist eine homogene, weiche, geschmeidige Masse.

Der Teig muss dir gefallen, in jedem Stadium. Das ist wichtig.

Wenn du dich vertust und dein Teig zu zäh wird, schüttest du einfach einen Schluck Mineralwasser drauf und rührst oder knetest, bis du zufrieden bist.

Es schadet nicht, wenn er dann ein bisschen stehen bleibt, zugedeckt und warm neben dem Ofen.

In der Zwischenzeit kannst du das Butterschmalz schmelzen und erhitzen. Nimm am besten einen breiten Topf, in dem das Butterschmalz ungefähr fünf Zentimeter hoch schwimmen kann.

Es sollte beinahe kochen, wenn du die Almnuss'n reinlegst.

Du nimmst einen Esslöffel und stichst einen guten Bissen Teig aus der Schüssel.

Schieb ihn direkt vom Löffel in das heiße Butterschmalz. Lehn dich dabei lieber zurück, als angespannt in den Topf zu starren. Genauer schauen macht ein Schmalzgebäck nicht besser. Aber das Fett spritzt dir ins Gesicht, wenn's ein bisschen zu heiß geworden ist.

Du kannst mehrere Teigbatzen gleichzeitig im Topf schwimmen haben. Das Butterschmalz wird idealerweise mit sachten Blasen um die Teigbatzen herumblubbern. Wenn's Vollgas kocht und klingt wie Gewehrschüsse, tu den Topf vom Feuer. Du hast zu viel Hitze im Ofen, ganz am Rand wird zum Schmalzbacken genügen. Wenn's gar nix tut – schür nach.

Während die Teigbatzen im heißen Schmalz schwimmen, drehst du sie ab und zu um und/oder kippst mit dem Löffel Schmalz von oben drüber.

Sie werden goldbraun und kross.

Leg Zeitungspapier auf irgendeiner freien Ablage neben dem Ofen aus und Küchenkrepp drauf.

Fisch die Almnuss'n mit einem Esslöffel aus dem Topf und leg sie auf die Zeitung mit Küchenkrepp. Das Fett muss ein bisschen abtropfen. Der Esslöffel, den du ins Schmalz tauchst, ist glühend heiß. Nicht die Teigreste davon abschlecken!

Sobald du die abtropfenden Alm-Nuss'n anfassen kannst, rollst du sie in Zucker. Den hast du vorher auf einen Teller geschüttet. Vollrohrzucker für Biofreunde, ansonsten weißer Kristallzucker. Auch das muss dir gefallen. Wenn du weißen Zucker schöner findest, nimmst du weißen, auch wenn's kein Bio ist.

Dann legst du sie in eine Schüssel, einen Teller oder einen Korb. Am besten kein Plastik. Plastikschüsseln gib's normalerweise eh nicht auf der Alm. Und mit Servietten ausgelegt, wenn du Servietten hast.
Die Herausforderung ist, das alles gleichzeitig zu machen. Teigbatzen mit dem Löffel ausstechen, ins Schmalz schieben, umdrehen und mit Schmalz überschütten, die abgetropften in Zucker rollen, schön in den Korb richten. Krosse Alm-Nuss'n aus dem Schmalz holen, abtropfen lassen, neue reinschmeißen, die abgetropften in Zucker rollen, in den Korb richten, die im Topf umdrehen und übergießen, rausholen, abtropfen lassen, neue reinschmeißen ...
Du kannst wie ein Dirigent sein oder wie ein Maler. Oder wie ein Maurermeister. Oder King of Chaos. Niemand ist derselbe Mensch.
Es ist dein Werk, deine Kreation. Niemand anders wird Alm-Nuss'n so machen wie du.
Deine Hütte wird rauchen und nach Schmalz stinken. Und Besucherscharen anziehen, denn wenn Menschen etwas sofort riechen, dann dass es hier etwas Einzigartiges gibt.
Lass sie kommen, die Leute, und verfütter ihnen alles, was du hast.
Alm-Nuss'n sind für den Augenblick gemacht. Für ein Lächeln und für ein paar blitzende Augen, die fragen: Ist noch eins da?

Dank

I geh seit ein paar Sommern auf die Alm. Für dieses Buch hab ich von zwei Sommern erzählt.

Die Namen der Berge und Ortschaften habe ich größtenteils geändert.

Die Namen aller Personen, von denen ich erzähle, selbstverständlich auch.

Zum Teil habe ich aus meiner Erinnerung erzählt und zum Teil, um eine Geschichte zu erzählen. Nicht alles, was ich aufgeschrieben habe, hat sich exakt so zugetragen. Ein paar Dinge haben sich so ähnlich zugetragen, würde ich sagen. Oder könnten sich ziemlich genau so zugetragen haben.

Jedem, der sich in diesem Buch vielleicht ganz, vielleicht nur ein bisschen wiedererkennt, danke ich von Herzen.

Holladrio.

Glossar

Begriffe

Almnuss'n Schmalzgebäck, typisch für die Alm. Quarkbällchen.

Alpenkreuzkraut Giftpflanze, kann vor allem für Pferde, aber auch für Rinder tödlich sein. Schädigt die Leber. Hohe, gelb blühende Pflanze, wächst in feuchten Wiesen, an Bächen und überall, wo die Grasnarbe stark beansprucht ist (Trittschäden). Maßnahmen: Vor der Blüte mähen, besser noch ausstechen oder ausreißen. Handschuhe anziehen! Extrem widerstandsfähige Pflanze, deswegen nicht auf den Mist, nicht kompostieren. Am besten verbrennen. Unerfahrene Jungtiere sind am anfälligsten, weil sie einfach alles fressen. Kälber also von Alpenkreuzkraut fernhalten.

auffe hinauf

Auszog'ne berühmtes bayrisches Schmalzgebäck. Heißt Auszog'ne, weil man einen Teigball auseinanderzieht, bis einen Ring bildet, und dann in kochendes Butterschmalz wirft. Am besten heiß, mit Puderzucker und Zwetschgenkompott (auch: Tauch) servieren. Wahlweise ohne Puderzucker zu Kraut oder Kartoffelsuppe.

Baatz Schlamm, Lehm, klebrige-flüssige Masse jeglicher Herkunft.

Batzn Klumpen, unförmige feste Masse.

Blätschen großblättrige »Unkrautpflanzen« auf Wiesen. Dazu gehören alle 130 Arten von Ampfer und alle Arten von Pestwurz. Besonders großblättrige Exemplare tragen auch den bezeichnenden Namen Scheißblätschen. Auch Arschwurz hab ich schon gehört.

Butter, der Butter existiert im Bairischen nur in der maskulinen Form.

Eingrasen Gras mähen, im Ladewagen zum Stall transportieren und an Rinder verfüttern. Wichtige Tätigkeit der Bauern am bayrischen Alpenrand, dem Grünlandgürtel. Hier wächst witterungsbedingt kein Futtermais. Heig'n (heuen) ist folglich der Jahreshöhepunkt.

Facke Ferkel. Verwendet für ein kleines Schwein ebenso wie für eine 1,50 Meter lange 100-Kilo-Sau. Als Koseform auch verwendet für Menschen, die sich beim Essen bekleckern, Dreck an den Schuhen ins Haus tragen o.ä. In diesem Kontext auch verwendet: Fock.

flacken liegen. Eine Flack ist eine Liegestatt, entweder auf einem Holzgestell über dem Kachelofen oder stockbettartig an einer Wand. Matratzenlager.

freile freilich. Niemals wird in Bayern das -lich von freilich ausgesprochen. Das gilt allgemein für alle Endungen auf -lich sowie Endungen auf -ig. Heimelig – hoamle, scheußlich – greisle, rutschig – hei'. Ausnahme: pfundig.

gaseln nach Gas riechen. Ähnlich: goaßl'n – nach Ziege riechen/schmecken, wichtiges Kriterium für Ziegenkäse ist, dass er nicht goaßl't. Schoaßl'n – nach Pfurz riechen.

Glump alles, was unbrauchbar ist, meist billige oder kaputte alte Gegenstände.

Gscheithaferl gscheit bedeutet klug oder vernünftig. Ein Haferl ist ein Gefäß von der Größe einer Tasse bis zur Größe eines mittleren Topfes. Jemand ist ein Gscheithaferl, wenn er/sie einen Topf Wahrheiten über deinem Kopf ausleert, die man selbst schon längst weiß oder wissen müsste.

Hacke, das Axt. In Verbindung mit Alkohol hackedicht oder hackezua.

Hatsch, der langer, gerader Weg. Hatschen bedeutet eigentlich gehen. Im übertragenen Sinn auch humpeln. De Koim hatscht.

Hax, der Bein. Bezeichnet den gesamten Hüft-, Bein- und Fußkomplex. Wobei in Bayern der Fuaß (Fuß) alles von den Zehen bis zum Hüftgelenk umfasst. D' Arm wiederum sind wirklich nur die Arme. Hände können je nach Form einfache Händ, Patscherl oder Pratz'n sein.

Heuschnürl stabiler dünner Hanfstrick, mit dem Heubüschel zusammengebunden werden. Heutzutage aus Synthetik. Auf einem Bauernhof im Überfluss vorhanden, daher für alles einsetzbar, was »derweil schnell« befestigt werden muss. Heuschnürl und Draht, und es hält ewig.

Hiasei (ei): Verzierung von Vornamen im Chiemgau und Berchtesgadner Land, männlich oder weiblich. Marei (Maria). Burgei (Walburga). Resei (Theresa). Irgei (Georg). Im Oberland häufiger *e:* Loise (Alois). Kurwe (Korbinian). Kathe (Katharina)

hinte nach hinten

hoamgeh heimgehen. Mein Signalruf für die Kälber. Mehr oder weniger strikt befolgt.

Holzkretz'n Holzkorb, *Krezt'n:* geflochtener Korb. Der Korb, in dem man Brennholz in die Hütte holt. Der Holzkretz'n bleibt neben dem Ofen stehen, bis er leer ist. Man wirft, weil's praktisch ist, auch Papier und andere zu verbrennende Dinge hinein. Hier erstes Aufkommen der Mülltrennung in Oberbayern.

Jackas'tag Jakobstag. 25. Juli. Namenspatron Jakob, Schutzpatron fürs Wetter. Einige Wetterregeln und Legenden ranken sich um den Tag. Früher Beginn des Getreideschnitts. Also ist mit dem Jakobstag der Gipfel des Sommers überschritten. Am Jackas'tag ist der halbe Almsommer schon rum. Ab diesem Tag geht's rasant auf den Herbst zu.

Kaasen Käsen. Herstellung von Käse und Frischkäse. In Bayern auf der Alm meist nur zum Zeitvertreib der Sennerin praktiziert. In Tirol und der Schweiz allerdings ist die Almkäserei ein ernst zu nehmender Wirtschaftszweig. Käsen kann man in einem alten Topf und mit einem rostigen Schneebesen auf einem Holzherd oder in einem 400-Liter-Edelstahltank mit eingebauter Rühranlage in einer Hightech-Halle, keimfrei bis zur Decke.

Kache kleiner Topf mit einem Henkel und Schnabel

Kaibe/Kaiben Kalb/Kälber

Kieben Kübel, Eimer

Koim Eine Koim ist ein weibliches Jungrind. Eine Koim gibt keine Milch, hat also auch noch kein ausgebildetes Euter.

Kramp'n bayrisches Schimpfwort, verwendet für unansehnliche, unfreundliche, eventuell auch hinkende Geschöpfe.

Leit Hang, geneigte Wiese.

Ochs ein Ochse ist ein kastrierter Stier.

D'Oimarinna Almerinnen, Sennerinnen

Manna Männer. D' Manna sind scheinbar der gewichtigste Teil der bayerischen Gesellschaft, werden aber von den Weiberleit' nicht wirklich ernst genommen, wenn's um wahre Autorität oder tatsächlich zentrale Entscheidungen des Lebens geht. Oft ausgedrückt durch die Sätze: »Etz' schaugst dass'd hoam kimmst!« oder »A Ruah is mit dei'm Schmarrn jetz'.«

Marterl Wegkreuz oder kleine Standsäule mit Heiligenbild oder -figur. Man bleibt stehen, wenn man an einem Marterl vorbeikommt, steckt eine frische Blume dran oder sagt einfach Hallo zum Himmelvater oder an wen auch immer man glaubt.

meycha melken

miat'n Zufüttern von Viehsalz und Klee. Die Sennerin geht mit einem Eimer voll Kleie-/Salz-Gemisch zu einem großen flachen Stein (oder zu einem speziell gefertigten Leckbarren), schreit Kuuuh-di, Kiimm! Woraufhin Koima aus dem hinterletzten Winkel der Alm daherstürmen und mit gierigen Zungen so viel Salz wie möglich in sich reinschaufeln.

Millipitsch'n Milchkanne. Früher Transportgefäß, in dem die Milch vom Hof bis zur Straße gebracht würde, wo der Milchfahrer sie dann abholte. Heute nur noch Restbestände auf Almen und abgelegenen Bergbauernhöfen in Verwendung.

Mogermilli Magermilch. Zentrifugieren trennt Rahm von Magermilch.

niederrocha Wiederkäuen. Bei Rindern ein Zeichen von Entspannung, Wohlbefinden und allgemeiner Zufriedenheit. Stress oder Schmerzen unterdrücken das Wiederkäuen und schädigen so auf Dauer das Verdauungssystem der Tiere. Auf der Alm ist also immer drauf zu achten, ob die Tiere fressen und genügend Wiederkäuen. Sich an einem schönen Tag in die Wiese zu legen und neben eine wiederkäuende Kuh zu kuscheln, ist das Höchste. Frieden. Glück. Leben im Augenblick.

obe/owe hinab

oiche hinunter, altchiemgauerisch

Oim Alm

ratschen sich unterhalten, Neuigkeiten austauschen, philosophieren. Ersetzt auf der Alm Fernsehen, Kino und Kultur.

scheene Stum schöne Stube. Die Stum ist, im Gegensatz zur Küche, wo alles andere stattfindet, der Raum in einem Bauernhaus, in dem Gäste empfangen werden und wo sonntags gegessen wird. Freunde sind keine Gäste. Freunde hocken mit in der Küche.

Schaber Schürze, getragen mit dem Brustteil am Bauch und maximal in Knielänge.

Schuggsn flaches, ufoförmiges Schmalzgebäck. Nicht süß.

schlogn hier: Teig rühren.

schwenden wichtige Tätigkeit auf der Alm. Hauptsächlich Abschneiden und Ausreißen von Latschen oder Fichtensprösslingen auf Lichtweideflächen, das heißt außerhalb des Waldgebiets. Schwenden verhindert das Verwalden der Almflächen. Viele Blumen und Gräser wachsen nur auf lichten Bergwiesen. Schwenden ist also auch Maßnahme zur Arterhaltung. Almbauern haben die Pflicht zur Pflege der Kulturlandschaft.

Seicher Sieb. Breiter Trichter, in den man ein Kannenfilterpapier legt, um die Milch abzusieben.

seym chiemgauerisch für selbst oder selber, wie in »Und selber?«.

soachnoss patschnass. Soach bezeichnet Urin, ist aber so verwendet absolut kein anstößiger Begriff. Auch: *pritschnoss* oder *durch noss*.

Spreiz'lzaun Zaun aus senkrecht montierten gehobelten Holzlatten oder unbehandelten Ästen. Hübsche, aber aufwendige Grundstücksbegrenzung.

staad still, leise. Nicht geräuschlos, aber fast.

Stecka Stecken. Stock. Bergstecken. Haselnussstecken. Die Kunst besteht darin, einen geraden, für die Hand nicht zu dicken, nicht zu dünnen Ast zu finden. Man kann den Ast über Jahre pflegen. Buchstaben oder Ornamente hineinschnitzen, die dann in die Rinde wachsen. Solche Stecka sind rar und etwas sehr Persönliches. Kein Bergler ohne Stecka.

Stoa Stein. Bezeichnet alles vom Kieselstein bis zur Felswand.

trucke trocken

ume hinüber

Wadln Waden, wichtigstes Schönheitskriterium bayrischer Männer.

Woad' die Weide. Bezeichnet auch die Grasmenge und -qualität, die dort noch wächst.

Zaunklamperl Nägel in u-Form mit zwei Spitzen, mit denen man Stacheldraht an Zaunstempen nagelt. Häufig Mangelware auf Almen.

Zoacha Zeichen. Hier: ein gutes Zeichen. Auch verwendet für das Tierkreiszeichen, in dem der Mond gerade steht. Danach richtet es sich zum Beispiel, ob ein guter Tag für Grasmahd, Holzschlag oder Haareschneiden ist.

Ziach Akkordeon, steirische Harmonika. Universalinstrument auf der Alm. Deckt alle musikalischen Sehnsuchte ab, vom rührenden Almlied bis zum schwersten Metal. Wenn einer wirklich Ziach spielen kann, fliegen ihm die Herzen aller Sennerinnen zu. Also – übt's.

Wendungen

'a Kurzform von Ja.

Des waar ja no des Netter! Das wär ja noch schöner! Wörtlich: Das wäre ja das noch Nettere! Verwendet zur Abweisung nicht erwünschter Bezahlung oder als Ausdruck der Empörung über die Absicht oder das Tun eines anderen. »Wos möcht der – a Tennishalle auf mei Wiesn bau'n? Des waar ja no des Netter!«

Do derf'sch ed so g'schricke sei Da darfst du dich nicht einschüchtern/erschrecken lassen. Verwendet als Ermutigung eines zauderlichen Gegenübers oder um dem Gegenüber anzuzeigen, wie mutig man selbst ist (»Do hob i eahm aber einag'holfen in d'Schuah, des sog i da. Ha! Do derf'sch ed so g'schricke sei.«)

ent'n / an Tanzbon ent'n drüben im Nebengebäude oder drüben im Nachbarhaus.

Ha'wee Kurzform von »Habe die Ehre«, im Chiemgau und Miesbacher Land verwendet wie anderswo *Servus* oder *Pfiadi*.

Hoi altbayrischer Ausruf, bei Erstaunen und Verblüffung. Hier verwendet, weil's mein Onkel nicht glauben kann, was ich da für ein Gerät von Hänger daherziehe. *Gell:* Hier mit der Bedeutung: Unglaublich, aber wahr. Als Antwort auf Hoi gebe ich meinem Onkel recht, da ich angesichts des Hängers die gleiche Verblüffung verspüre.

Ihr werd's ma abgeh Ihr werdet mir fehlen. Du gehst ma ab – Ich vermisse dich. Das ist ein Liebesgeständnis, denn so leicht sagt das keiner.

Kaas! Käse! Ausruf, wenn man sagen will, dass etwas völlig unsinnig ist.

Wo tuast'as na' hi? wörtlich: Wo tust du sie denn hin?

na Kurzform von ›nachher‹. Wird verwendet wie etwa.

roas'n/nachroas'n: rennen, hinterherrennen

Auffe roas'n / auf d' Oim roas'n Hinaufgehen / auf die Alm gehen. Roas'n wird im Oberland allgemein verwendet für ›sich dorthin bewegen‹. Zeigt nicht unbedingt die Geschwindigkeit an, im Gegensatz zu roas'n – rennen.

(und jetz') schleichst de! verschwinde. Sich schleichen. Sich davonmachen. In Bayern häufigste Aufforderung, einen Ort zu verlassen. Je nach Tonfall und Lautstärke nett oder feindselig gemeint. Je leiser, desto feindseliger. Ebenso: Aufforderung, seinen Geldbeutel wieder einzustecken, weil man eingeladen ist. »Geh, schleich de.«

Koa Schmoiz / Schmoiz Schmalz. Kein Schmalz haben bedeutet keine Kraft haben. Größter Ausdruck der Bewunderung für einen Mann: »Haggod, der hot a Schmoiz!« Dagegen kann »Host a Schmoiz?« als Herausforderung gesehen werden, seine Kraft, Männlichkeit, Tauglichkeit unter Beweis zu stellen. Man sollte sich bewusst sein, dass man sich, wenn man die Herausforderung mit einem »Freile« annimmt, auf einem schmalen Grat bewegt. Zwischen »Haggod, der hot a Schmoiz« und »Schmoiz hat er ja gar koans.«

Sei tuat's wos. wörtlich: Sein tut's was. Aufseufzen, sich fügen in das Sosein der Dinge, auch wenn's hart ist. Kann Bedauern ausdrücken, leichte Überforderung oder Verblüffung.

Zefix Kurzform von Kruzifix. Gängigster Fluch in Bayern. Kann auch als positive Bekräftigung einer wichtigen Aussage verwendet werden (»Jetz' hoitst dei Mäu' zefix, sonst schäwat's.«) oder als spontaner Ausdruck von Verblüffung (»Zefix, wos is'n 'etz' los!?«).

Die Doktorin und das fiese Vieh

Astrid Brandl

Eine Kuh macht muh – viele Kühe machen Mühe

Geschichten einer furchtlosen Landtierärztin

Piper Taschenbuch, 272 Seiten
€ 9,99 [D], € 10,30 [A], sFr 14,90*
ISBN 978-3-492-30221-0

Ihre Patienten sind ohne Ausnahme unbekleidet, treten nach ihr und bringen Astrid Brandl regelmäßig in »beschissene« Situationen. Doch es muss schon mehr passieren, damit die Tierärztin aus den Gummistiefeln kippt. Zwischen Milchkuh, Mistgabel und Miezekatze erlebt sie tierische Geschichten – da kann es schon mal passieren, dass man bei einer Grippe aus Verzweiflung die Schweinemedizin schluckt …

»Astrid Brandl, Power Frau!« Bild der Frau

Augen öffnend und leicht umsetzbar

Mathias Fischedick
Wer es leicht nimmt, hat es leichter
Wie wir endlich aufhören, uns selbst im Weg zu stehen

Piper Taschenbuch, 256 Seiten
€ 9,99 [D], € 10,30 [A], sFr 14,90*
ISBN 978-3-492-30513-6

Jeder kennt die Gedanken, die uns im Alltag blockieren: »Das schaffe ich nicht!«, »Ich kann ja eh nichts ändern!«, »Die anderen sind schuld!« Sie halten uns aber leider davon ab, unsere Potenziale zu nutzen und unsere Pläne in die Tat umzusetzen. Auf humorvolle Weise nimmt Mentalcoach Mathias Fischedick den Jammerlappen unter die Lupe, der sich in jedem von uns versteckt, und zeigt, wie wir uns mit einfachen Methoden aus der Negativspirale befreien können, um glücklicher und erfolgreicher durchs Leben zu gehen.

Leseproben, E-Books und mehr unter **www.piper.de**

Eine humorvolle Kampfansage an alle Heuchler!

Dominic Boer / Samira El Ouassil
Vegetarier essen meinem Essen das Essen weg
Warum man sich nicht jeden Spaß verderben lassen sollte

Piper Taschenbuch, 256 Seiten
€ 9,99 [D], € 10,30 [A], sFr 14,90*
ISBN 978-3-492-30458-0

Fast-Food essen, Faulenzen, Trash-Fernsehen gucken – alle tun es, aber keiner gibt es gerne zu. Denn irgendwo steht immer ein Empörungsbeauftragter, der uns ein schlechtes Gewissen macht, weil wir am Wochenende schon wieder kein Tierheim gerettet und eine Vernissage mit Benefizaktion besucht haben. Auch der gekaufte Geburtstagskuchen wird von ihnen missbilligend betrachtet und die Urlaubspläne sowieso. Aber keine Panik! Von Altglasrecycling bis Zumba tanzen verraten die Autoren in 55 unkorrekten Geschichten, wie man anständig unanständig ist.

Leseproben, E-Books und mehr unter **www.piper.de**